FACETTEN

**Epochen und Epochenumbrüche
der deutschen Literatur**

Erarbeitet von
Brigitte Bialkowski
Günther Einecke
Jörg Ulrich Meyer-Bothling
Doris Post
Eike Thürmann
Christoph Walther

Ernst Klett Schulbuchverlag Leipzig
Leipzig Stuttgart Düsseldorf

Im Textteil mit * gekennzeichnete Überschriften stammen nicht von den Autorinnen und Autoren, sondern wurden von der Redaktion hinzugefügt.

Informationen und Materialien zum Buch finden Sie im Internet unter
http://www.klett-verlag.de/facetten

1. Auflage   1 5 4 3 2 1 | 2006 2005 2004 2003 2002

Dieses Werk folgt der reformierten Rechtschreibung und Zeichensetzung. Ausnahmen bilden Texte, bei denen künstlerische, philologische oder lizenzrechtliche oder andere Gründe einer Änderung entgegenstehen. Verfasser, deren Texte in einer anderen als der reformierten Schreibung wiedergegeben werden, sind im Inhaltsverzeichnis mit * gekennzeichnet.
Alle Drucke dieser Auflage können im Unterricht nebeneinander benutzt werden, sie sind untereinander unverändert. Die letzte Zahl bezeichnet das Jahr dieses Druckes.

Ernst Klett Schulbuchverlag Leipzig GmbH, Leipzig 2002
Alle Rechte vorbehalten.
Internetadresse: http://www.klett-verlag.de

Trotz aller Bemühungen war es in einigen Fällen nicht möglich, den Rechteinhaber ausfindig zu machen. Berechtigte Ansprüche werden selbstverständlich im Rahmen der üblichen Vereinbarungen abgegolten.

Redaktion: Sabine Grunow, Jens Kapitzky
Layout und Satz: Artbox Grafik & Satz GmbH, Bremen
Umschlag: Artbox Grafik & Satz GmbH, Bremen, unter Verwendung von zwei Arbeiten von Bill Viola:
„The Theater of Memory" (Video/Sound Installation 1985; Foto: Kira Perov/Squidds & Nunns) und „The Passing" (Videotape 1991; Foto: Kira Perov).

Druck: H. Stürtz AG, Würzburg

ISBN 3-12-350443-3

INHALT

WEGE IN DIE AUTONOMIE – EPOCHENUMBRUCH 18./19. JAHRHUNDERT

1. **Natur erfahren** 6
   Barthold Heinrich Brockes – Georg Christoph Lichtenberg – Johann Wolfgang von Goethe – Joseph von Eichendorff – Karoline von Günderode – Annette von Droste-Hülshoff – Heinrich Heine

2. **Fesseln spüren – Fesseln sprengen** 15
   Immanuel Kant – Jean-Jacques Rousseau – Gotthold Ephraim Lessing – Johann Wolfgang von Goethe – Friedrich Schiller – Jakob Michael Reinhold Lenz

3. **Wege in die Freiheit** 23
   3.1 Revolution 23
   Johann Kaspar Lavater – Friedrich Hölderlin – Adolph Freiherr von Knigge – Johann Heinrich Voß/Friedrich Schulz – Matthias Claudius – Johann Wolfgang von Goethe – Friedrich Schiller – Georg Büchner – Heinrich Heine
   3.2 Bildung 32
   Friedrich Schiller – Johann Wolfgang von Goethe – Johann Gottfried Herder – Karoline von Günderode – Friedrich Schlegel – Novalis

4. **Nachtseiten** 38
   August Klingemann – Ernst Theodor Amadeus Hoffmann – Jean Paul

DAS JANUSGESICHT DER MODERNE – EPOCHENUMBRUCH 19./20. JAHRHUNDERT

1. **Großstadterfahrungen** 44
   1.1 Umbrüche 44
   Julius Hart – Ernst Stadler
   1.2 Erzählte Stadterfahrungen 46
   Wilhelm Raabe – Alfred Döblin – Irmgard Keun
   1.3 Stadterfahrungen im Gedicht 50
   Georg Heym – Oskar Loerke – Alfred Wolfenstein – Erich Kästner
   1.4 Nachdenken über die Großstadt 52
   Ödön von Horváth – Siegfried Kracauer*

2. **Erfahrungen in der Industriegesellschaft** 54
   2.1 Der Weberaufstand als Modell 54
   Gerhart Hauptmann – Heinrich Heine – Rezensionen zu „Die Weber"
   2.2 Im „Sumpf" der Schlachthöfe Chicagos 58
   *Upton Sinclair – Bertolt Brecht**
   2.3 Gedanken zur Lage der Gesellschaft 64
   Georg Büchner – Guntram Vesper – Karl Marx/Friedrich Engels

3. **Erfahrungen von Sinn- und Sprachlosigkeit** 68
   3.1 Sinnkrise des Individuums 68
   Else Lasker-Schüler – Gottfried Benn – Bertolt Brecht* – Franz Kafka – Frank Wedekind*
   3.2 Krisenbewusstsein 72
   Friedrich Nietzsche – Sigmund Freud – Hugo von Hofmannsthal – Joseph von Eichendorff – Gottfried Benn – Christian Morgenstern – Richard Huelsenbeck – Kurt Schwitters – Joachim Ringelnatz – Robert Musil*

REFLEXIONEN ÜBER LITERATUR

ANHANG

1. **Verstehensweisen von Literatur** **80**
   Carsten Schlingmann – Veit-Jakobus Dieterich – Umberto Eco – Thomas Gräff

2. **Probleme der Literaturgeschichtsschreibung** **84**
   Rainer Rosenberg – Karl Otto Conrady

3. **Probleme der Gattung** **86**
   3.1 Allgemeines 86
       Klaus Müller-Dyes – Johann Wolfgang von Goethe
   3.2 Lyrik 88
       Peter Wapnewski – Bertolt Brecht* – Hans Magnus Enzensberger* – Günter Eich
   3.3 Epik (Roman) 92
       Marcel Reich-Ranicki – Theodor Fontane – Uwe Johnson – Max Frisch* – Klaus Modick
   3.4 Drama 98
       Aristoteles – Gotthold Ephraim Lessing – Friedrich Schiller – Bertolt Brecht* – Friedrich Dürrenmatt* – Augusto Boal

4. **Zur Rolle des Schriftstellers in der Gesellschaft** **104**
   Gottfried Benn* – Bertolt Brecht* – Peter Handke* – Bodo Kirchhoff

Epochen und Epochenumbrüche 110
Umgang mit Gedichten 112
Umgang mit erzählenden Texten 114
Umgang mit Sachtexten 116
Autoren- und Quellenverzeichnis 118
Abbildungsverzeichnis 120

WEGE IN DIE AUTONOMIE

Epochenumbruch 18./19. Jahrhundert

1 Natur erfahren

Barthold Heinrich Brockes
Die kleine Fliege

Neulich sah ich, mit Ergetzen,
Eine kleine Fliege sich,
Auf ein Erlen-Blättchen setzen,
Deren Form verwunderlich
Von den Fingern der Natur,
So an Farb', als an Figur,
Und an bunten Glanz gebildet.
Es war ihr klein Köpfgen grün,
Und ihr Körperchen vergüldet,
Ihrer klaren Flügel Paar,
Wenn die Sonne sie beschien,

Färbt' ein Rot fast wie Rubin,
Das, indem es wandelbar,
Auch zuweilen bläulich war.
Liebster GOtt! wie kann doch hier
Sich so mancher Farben Zier
Auf so kleinem Platz vereinen,
Und mit solchem Glanz vermählen,
Dass sie wie Metallen scheinen!
Rief ich, mit vergnügter Seelen.
Wie so künstlich! fiel mir ein,
Müssen hier die kleinen Teile
Ineinander eingeschränkt,
Durcheinander hergelenkt,
Wunderbar verbunden sein!
Zu dem Endzweck, dass der Schein
Unsrer Sonnen und ihr Licht,
Das so wunderbarlich-schön,
Und von uns sonst nicht zu sehn,
Unserm forschenden Gesicht
Sichtbar werd', und unser Sinn,
Von derselben Pracht gerühret,
Durch den Glanz zuletzt dahin
Aufgezogen und geführet,
Woraus selbst der Sonnen Pracht
Erst entsprungen, der die Welt,
Wie erschaffen, so erhält,
Und so herrlich zubereitet.
Hast du also, kleine Fliege,
Da ich mich an dir vergnüge,
Selbst zur GOttheit mich geleitet.

(1736)

Georg Christoph Lichtenberg

Als ich im Frühling 1792 an einem sehr schönen Abend am Gartenfenster lag, das etwa 2000 Fuß von der Stadt entfernt ist, war ich begierig zu hören, was nun von dem berühmten Göttingen noch zu meinen Ohren herüberkam, und das war
1) das Rauschen des Wassers bei der großen Mühle
2) das Fahren einiger Wagen oder Kutschen
3) Ein sehr helles und emsiges Schreien von Kindern, vermutlich auf der Maikäfer-Jagd auf dem Walle
4) Hundegebell in allerlei Distanzen und mit allerlei Stimmen und Affekten
5) 3 bis 4 Nachtigallen in den Gärten nah bei oder in der Stadt
6) unzählige Frösche
7) das Klirren geworfener Kegel und
8) ein schlecht geblasener halber Mond, der von allem das Unangenehmste war.
(1792)

Johann Wolfgang von Goethe
Maifest

Wie herrlich leuchtet
Mir die Natur!
Wie glänzt die Sonne!
Wie lacht die Flur!

Es dringen Blüten
Aus jedem Zweig
Und tausend Stimmen
Aus dem Gesträuch

Und Freud und Wonne
Aus jeder Brust.
O Erd', o Sonne,
O Glück, o Lust,

O Lieb', o Liebe,
So golden schön
Wie Morgenwolken
Auf jenen Höhn,

Du segnest herrlich
Das frische Feld,
Im Blütendampfe
Die volle Welt!

O Mädchen, Mädchen,
Wie lieb' ich dich!
Wie blinkt dein Auge,
Wie liebst du mich!

So liebt die Lerche
Gesang und Luft,
Und Morgenblumen
Den Himmelsduft,

Wie ich dich liebe
Mit warmen Blut,
Die du mir Jugend
Und Freud' und Mut

Zu neuen Liedern
Und Tänzen gibst.
Sei ewig glücklich,
Wie du mich liebst.

(1771)

Johann Wolfgang von Goethe
Willkomm und Abschied

Es schlug mein Herz, geschwind zu Pferde!
Es war getan fast eh' gedacht;
Der Abend wiegte schon die Erde,
Und an den Bergen hing die Nacht:
Schon stand im Nebelkleid die Eiche,
Ein aufgetürmter Riese, da,
Wo Finsternis aus dem Gesträuche
Mit hundert schwarzen Augen sah.

Der Mond von einem Wolkenhügel
Sah kläglich aus dem Duft hervor,
Die Winde schwangen leise Flügel,
Umsaus'ten schauerlich mein Ohr;
Die Nacht schuf tausend Ungeheuer;
Doch frisch und fröhlich war mein Mut:
In meinen Adern welches Feuer!
In meinem Herzen welche Glut!

Dich sah ich, und die milde Freude
Floss von dem süßen Blick auf mich,
Ganz war mein Herz an deiner Seite,
Und jeder Atemzug für dich.
Ein rosenfarbenes Frühlingswetter
Umgab das liebliche Gesicht,
Und Zärtlichkeit für mich – Ihr Götter!
Ich hofft' es, ich verdient' es nicht!

Doch ach! schon mit der Morgensonne
Verengt der Abschied mir das Herz:
In deinen Küssen, welche Wonne!
In deinem Auge, welcher Schmerz!
Ich ging, du standst und sahst zur Erden,
Und sahst mir nach mit nassem Blick:
Und doch, welch Glück geliebt zu werden!
Und lieben, Götter, welch ein Glück!

(1789)

Am Text erarbeiten:
die unterschiedliche Naturerfahrung und (lyrische) Gestaltung bei Brockes, Lichtenberg und Goethe

Johann Wolfgang von Goethe
Dornburg

September 1828

Früh, wenn Tal, Gebirg und Garten
Nebelschleiern sich enthüllen,
Und dem sehnlichsten Erwarten
Blumenkelche bunt sich füllen;

Wenn der Äther, Wolken tragend,
Mit dem klaren Tage streitet,
Und ein Ostwind, sie verjagend,
Blaue Sonnenbahn bereitet,

Dankst du dann, am Blick dich weidend,
Reiner Brust der Großen, Holden,
Wird die Sonne, rötlich scheidend,
Rings den Horizont vergolden.

(...)

(1828)

Johann Wolfgang von Goethe
Dornburger Tagebücher (Auszüge)

8. 7. Früh in der Morgendämmerung das Tal und dessen aufsteigende Nebel gesehen ... Ganz reiner Himmel, schon zeitig steigende Wärme ... Abends vollkommen klar. Heftiger Ostwind.

12. 7. Gegen fünf Uhr allgemeiner dichter, hoch in die Atmosphäre verbreiteter Nebel. (Er war, wie ich hörte, seit zwei Uhr aus der Saale aufgestiegen.) Erst gegen sieben Uhr ward die untere Straße, der Fluss und die nächsten Wiesen, sodann, als der Nebel weiter sank, die gegenüber sich hinziehenden Bergrücken sichtbar. Nach und nach hatte er sich ganz niedergesenkt, doch schwebte noch ein merklicher Duft ausgebreitet über dem Tale. Der Himmel war ganz heiter geworden, schön blau, besonders an der Abendseite.

18. 8. Vor Sonnenaufgang aufgestanden. Vollkommene Klarheit des Tales. Der Ausdruck des Dichters: Heilige Frühe ward empfunden. Nun fing das Nebelspiel im Tale seine Bewegung an, welches mit Südwestwind wohl eine Stunde dauerte und sich außer wenigen Streifwolken in völlige Klarheit auflöste ...

5. 9. Starker Nebel schwankend zwischen Niedergehen und Aufsteigen, sich gegen Ersteres hinneigend. Der obere Himmel mit Zirrus besäet, die untere Atmosphäre besonders gegen Osten mit Kumulus besetzt, welche nach und nach ihren Charakter verloren und in Regen drohende Wolken übergingen. (...) Nordwind, der die Atmosphäre nicht aufzuklären vermochte.

7. 9. Starker Nebel; als er sich verteilte, ging ich auf die Terrasse.

8. 9. Diktierte einiges Meteorologische für Zelter. Abends auf der Terrasse. Hoher Barometerstand, schöner Tag.

(1828)

Joseph von Eichendorff
Sehnsucht

Es schienen so golden die Sterne,
Am Fenster ich einsam stand
Und hörte aus weiter Ferne
Ein Posthorn im stillen Land.
Das Herz mir im Leib entbrennte,
Da hab' ich mir heimlich gedacht:
Ach, wer da mitreisen könnte
In der prächtigen Sommernacht!

Zwei junge Gesellen gingen
Vorüber am Bergeshang.
Ich hörte im Wandern sie singen
Die stille Gegend entlang:
Von schwindelnden Felsenschlüften,
Wo die Wälder rauschen so sacht,
Von Quellen, die von den Klüften
Sich stürzen in die Waldesnacht.

Sie sangen von Marmorbildern,
Von Gärten, die überm Gestein
In dämmernden Lauben verwildern,
Palästen im Mondenschein,
Wo die Mädchen am Fenster lauschen,
Wann der Lauten Klang erwacht
Und die Brunnen verschlafen rauschen
In der prächtigen Sommernacht. –

(1834)

Karoline von Günderode
Der Luftschiffer

Gefahren bin ich in schwankendem Kahne,
Auf dem blauligten Ozeane
Der die leuchtenden Sterne umfließt,
Habe die himmlischen Mächte gegrüßt
War in ihrer Betrachtung versunken
Habe den ewigen Äther getrunken
Habe dem Irdischen ganz mich entwandt
Droben die Schriften der Sterne erkannt
Und in ihrem Kreißen und Drehen
Bildlich den heiligen Rhythmus gesehen.
Der gewaltig auch jeglichen Klang
Reißt zu des Wohllauts wogendem Drang.

Aber ach! es ziehet mich hernieder
Nebel überschleiert meinen Blick
Und der Erde Grenzen seh ich wieder.
Wolken treiben mich zu ihr zurück.
Wehe! Das Gesetz der Schwere
Es behauptet neu sein Recht.
Keiner darf sich ihr entziehen
Von dem irdischen Geschlecht.

(1857)

Untersuchen, vergleichen:
Wandel der Naturwahrnehmung und des Naturerlebens (Natur als schöpferische Kraft, als Erlebnisspiegel, als Symbol, als Gegenwelt, ...) in den Texten auf S. 6–9

Erkunden, nachschlagen:
Ursachen für den Wandel der Naturwahrnehmung

Caspar David Friedrich:
Der Morgen, um 1821,
Niedersächsisches Landesmuseum

„Im Vollgenuss der Gesundheit, in keine Verhältnisse verwickelt, von keinen Vorurteilen gefesselt, stand ich da, – ein freier Mensch! – gleich einem rein gestimmten Instrument, das nur auf den Künstler wartet, welche Harmonien er darauf hervorrufen will, war mein Herz für jeden Eindruck empfänglich, von süßen Ahnungen beflügelt und mit heiteren Bildern erfüllt."
(Sophie Mereau, 1794)

Johann Wolfgang von Goethe
Die Leiden des jungen Werther (Auszug)

Am 10. Mai.
Eine wunderbare Heiterkeit hat meine ganze Seele eingenommen, gleich den süßen Frühlingsmorgen, die ich mit ganzem Herzen genieße. Ich bin allein und freue mich meines Lebens in dieser Gegend,
5 die für solche Seelen geschaffen ist wie die meine. Ich bin so glücklich, mein Bester, so ganz in dem Gefühle von ruhigem Dasein versunken, dass meine Kunst darunter leidet. Ich könnte jetzt nicht zeichnen, nicht einen Strich, und ich bin nie ein größerer Maler gewesen als in diesen Augenblicken. Wenn das liebe Tal um mich
10 dampft, und die hohe Sonne an der Oberfläche der undurchdringlichen Finsternis meines Waldes ruht, und nur einzelne Strahlen sich in das innere Heiligtum stehlen, ich dann im hohen Grase am fallenden Bache liege, und näher an der Erde tausend mannigfaltige Gräschen mir merkwürdig werden; wenn ich das Wimmeln der kleinen
15 Welt zwischen Halmen, die unzähligen, unergründlichen Gestalten der Würmchen, der Mückchen näher an meinem Herzen fühle, und fühle die Gegenwart des Allmächtigen, der uns nach seinem Bilde schuf, das Wehen des Allliebenden, der uns in ewiger Wonne schwebend trägt und erhält; mein Freund! wenn's dann um meine Augen
20 dämmert, und die Welt um mich her und der Himmel ganz in meiner Seele ruhn wie die Gestalt einer Geliebten – dann sehne ich mich oft und denke: Ach könntest du das wieder ausdrücken, könntest du dem Papiere das einhauchen, was so voll, so warm in dir lebt, dass es würde der Spiegel deiner Seele, wie deine Seele ist der Spiegel des
25 unendlichen Gottes! – Mein Freund – Aber ich gehe darüber zugrunde, ich erliege unter der Gewalt der Herrlichkeit dieser Erscheinungen.

Am 3. November.
Weiß Gott! ich lege mich so oft zu Bette mit dem Wunsche, ja
30 manchmal mit der Hoffnung, nicht wieder zu erwachen: Und morgens schlage ich die Augen auf, sehe die Sonne wieder, und bin elend. O dass ich launisch sein könnte, könnte die Schuld aufs Wetter, auf einen Dritten, auf eine fehlgeschlagene Unternehmung schieben, so würde die unerträgliche Last des Unwillens doch nur halb
35 auf mir ruhen. Wehe mir! ich fühle zu wahr, dass an mir alle Schuld liegt – nicht Schuld! Genug, dass in mir die Quelle alles Elendes verborgen ist, wie ehemals die Quelle aller Seligkeiten. Bin ich nicht noch ebenderselbe, der ehemals in aller Fülle der Empfindung herumschwebte, dem auf jedem Tritte ein Paradies folgte, der ein Herz
40 hatte, eine ganze Welt liebevoll zu umfassen? Und dies Herz ist jetzt tot, aus ihm fließen keine Entzückungen mehr, meine Augen sind trocken, und meine Sinne, die nicht mehr von erquickenden Tränen gelabt werden, ziehen ängstlich meine Stirn zusammen. Ich leide viel, denn ich habe verloren, was meines Lebens einzige Wonne war,
45 die heilige, belebende Kraft, mit der ich Welten um mich schuf; sie ist dahin! – Wenn ich zu meinem Fenster hinaus an den fernen Hügel sehe, wie die Morgensonne über ihn her den Nebel durchbricht und den stillen Wiesengrund bescheint, und der sanfte Fluss zwischen seinen entblätterten Weiden zu mir herschlängelt, – o! wenn
50 da diese herrliche Natur so starr vor mir steht wie ein lackiertes

○ **Am Text erarbeiten:**
– das Verhältnis zwischen der Gefühlslage Werthers (Innenraum) und seiner Wahrnehmung und Darstellung der Natur
– unterschiedliche sprachliche Mittel zur Darstellung von Gefühlen

Bildchen, und alle die Wonne keinen Tropfen Seligkeit aus meinem Herzen herauf in das Gehirn pumpen kann, und der ganze Kerl vor Gottes Angesicht steht wie ein versiegter Brunnen, wie ein verlechter Eimer. Ich habe mich oft auf den Boden geworfen und Gott um Tränen gebeten, wie ein Ackersmann um Regen, wenn der Himmel ehern über ihm ist und um ihn die Erde verdürstet.

Am 12. Dezember.
Lieber Wilhelm, ich bin in einem Zustande, in dem jene Unglücklichen gewesen sein müssen, von denen man glaubte, sie würden von einem bösen Geiste umhergetrieben. Manchmal ergreift mich's; es ist nicht Angst, nicht Begier – es ist ein inneres, unbekanntes Toben, das meine Brust zu zerreißen droht, das mir die Gurgel zupresst! Wehe! wehe! und dann schweife ich umher in den furchtbaren nächtlichen Szenen dieser menschenfeindlichen Jahreszeit.
Gestern Abend musste ich hinaus. Es war plötzlich Tauwetter eingefallen, ich hatte gehört, der Fluss sei übergetreten, alle Bäche geschwollen und von Wahlheim herunter mein liebes Tal überschwemmt! Nachts nach eilfe rannte ich hinaus. Ein fürchterliches Schauspiel, vom Fels herunter die wühlenden Fluten in dem Mondlichte wirbeln zu sehen, über Äcker und Wiesen und Hecken und alles, und das weite Tal hinauf und hinab *eine* stürmende See im Sausen des Windes! Und wenn dann der Mond wieder hervortrat und über der schwarzen Wolke ruhte, und vor mir hinaus die Flut in fürchterlich herrlichem Widerschein rollte und klang: Da überfiel mich ein Schauer, und wieder ein Sehnen! Ach, mit offenen Armen stand ich gegen den Abgrund und atmete hinab! hinab! und verlor mich in der Wonne, meine Qualen, meine Leiden da hinabzustürmen! dahinzubrausen wie die Wellen! O! – und den Fuß vom Boden zu heben vermochtest du nicht, und alle Qualen zu enden! Meine Uhr ist noch nicht ausgelaufen, ich fühle es! O Wilhelm! wie gern hätte ich mein Menschsein drum gegeben, mit jenem Sturmwinde die Wolken zu zerreißen, die Fluten zu fassen! Ha! und wird nicht vielleicht dem Eingekerkerten einmal diese Wonne zuteil? –
Und wie ich wehmütig hinabsah auf ein Plätzchen, wo ich mit Lotten unter einer Weide geruht, auf einem heißen Spaziergange, – das war auch überschwemmt, und kaum dass ich die Weide erkannte! Wilhelm! Und ihre Wiesen, dachte ich, die Gegend um ihr Jagdhaus! wie verstört jetzt vom reißenden Strome unsere Laube! dacht' ich. Und der Vergangenheit Sonnenstrahl blickte herein, wie einem Gefangenen ein Traum von Herden, Wiesen und Ehrenämtern. Ich stand! – Ich schelte mich nicht, denn ich habe Mut zu sterben. – Ich hätte – Nun sitze ich hier wie ein altes Weib, das ihr Holz von Zäunen stoppelt und ihr Brot an den Türen, um ihr hinsterbendes, freudeloses Dasein noch einen Augenblick zu verlängern und zu erleichtern.
(1774)

Johann Georg Ziesenis: Bildnis des Herzogs Ernst-Ludwig von Sachsen-Gotha, 1768

Erkunden, nachschlagen:
Wirkung des Werther-Romans im 18. Jahrhundert („Werther-Fieber", „Werther-Selbstmorde", „Werther-Mode") usw.)

Bezüge herstellen:
Naturenthusiasmus in Goethes Roman und unser heutiges Naturverständnis

Selbst gestalten:
Antwortbrief aus dem 21. Jahrhundert

Lesetipps zur Rezeption des „Kultromans" im 20. Jahrhundert:
Ulrich Plenzdorf:
Die neuen Leiden des jungen W. (1972)
Cees Nooteboom: Das Paradies ist nebenan (1958/1991)
Helmut Krausser: Fette Welt (1992)

Karoline von Günderode
Ein apokalyptisches Fragment

Ich stand auf einem hohen Fels im Mittelmeer, und vor mir war der Ost, und hinter mir der West, und der Wind ruhte auf der See.
Da sank die Sonne, und kaum war sie verhüllt im Niedergang, so stieg im Aufgang das Morgenrot wieder empor, und Morgen, Mittag, Abend und Nacht jagten sich, in schwindelnder Eile, um den Bogen des Himmels.
Erstaunt sah ich sie sich drehen in wilden Kreisen: Mein Puls floh nicht schneller, meine Gedanken bewegten sich nicht rascher, und die Zeit in mir ging den gewohnten Gang, indes sie außer mir, sich nach neuem Gesetz bewegte.
Ich wollte mich hinstürzen in das Morgenrot, oder mich tauchen in die Schatten der Nacht, um mit in ihre Eile gezogen zu werden und nicht so langsam zu leben: Da ich sie aber immer betrachtete, ward ich sehr müde und entschlief.
Da sah ich ein weites Meer vor mir, das von keinem Ufer umgeben war, weder im Ost noch Süd noch West noch Nord: Kein Windstoß bewegte die Wellen, aber die unermessliche See bewegte sich doch in ihren Tiefen, wie von innern Gärungen bewegt.
Und mancherlei Gestalten stiegen herauf, aus dem Schoß des tiefen Meeres, und Nebel stiegen empor und wurden Wolken, und die Wolken senkten sich und berührten in zuckenden Blitzen die gebärenden Wogen.
Und immer mannigfaltigere Gestalten entstiegen der Tiefe, aber mich ergriffen Schwindel und eine sonderbare Bangigkeit, meine Gedanken wurden hiehin und dorthin getrieben, wie eine Fackel vom Sturmwind, bis meine Erinnerung erlosch.
Da ich aber wieder erwachte und von mir zu wissen anfing, wusste ich nicht, wie lange ich geschlafen hatte, ob es Jahrhunderte oder Minuten waren: Denn ob ich gleich dumpfe und verworrene Träume gehabt hatte, so war mir doch nichts begegnet, was mich an die Zeit erinnert hätte.
Aber es war ein dunkles Gefühl in mir, als habe ich geruht im Schoße dieses Meeres und sei ihm entstiegen, wie die andern Gestalten. Und ich schien mir ein Tropfen Tau, und bewegte mich lustig hin und wider in der Luft und freute mich, dass die Sonne sich in mir spiegle und die Sterne mich beschauten.
Ich ließ mich von den Lüften in raschen Zügen dahintragen, ich gesellte mich zum Abendrot und zu des Regenbogens siebenfarbigen Tropfen, ich reihte mich mit meinen Gespielen um den Mond, wenn er sich bergen wollte, und begleitete seine Bahn.
Die Vergangenheit war mir dahin! ich gehörte nur der Gegenwart. Aber eine Sehnsucht war in mir, die ihren Gegenstand nicht kannte, ich suchte immer, aber jedes Gefundene war nicht das Gesuchte, und sehnend trieb ich mich umher im Unendlichen.
Einst ward ich gewahr, dass alle die Wesen, die aus dem Meere gestiegen waren, wieder zu ihm zurückkehrten und sich in wechselnden Formen wieder erzeugten. Mich befremdete diese Erscheinung: Denn ich hatte von keinem Ende gewusst. Da dachte ich, meine Sehnsucht sei auch, zurückzukehren, zu der Quelle des Lebens.
Und da ich dies dachte, und fast lebendiger fühlte als all mein Bewusstsein, ward plötzlich mein Gemüt wie mit betäubenden Nebeln umgeben. Aber sie schwanden bald, ich schien mir nicht mehr ich, und doch mehr als sonst ich, meine Grenzen konnte ich nicht mehr finden, mein Bewusstsein hatte sie überschritten, es war größer, anders, und doch fühlte ich mich in ihm.
Erlöset war ich von den engen Schranken meines Wesens, und kein einzler Tropfen mehr, ich war allem wiedergegeben, und alles gehörte mir an, ich dachte, und fühlte, wogte im Meer, glänzte in der Sonne, kreiste mit den Sternen: Ich fühlte mich in allem, und genoss alles in mir.
Drum, wer Ohren hat zu hören, der höre! Es ist nicht zwei, nicht drei, nicht tausende, es ist Eins und Alles; es ist nicht Körper und Geist geschieden, dass das eine der Zeit, das andere der Ewigkeit angehöre, es ist Eins, gehört sich selbst, und ist Zeit und Ewigkeit zugleich, und sichtbar, und unsichtbar, bleibend im Wandel, ein unendliches Leben.
(1804)

Am Text erarbeiten:
Bezüge zwischen dem Fragment der Günderode und dem Droste-Hülshoff-Gedicht

Erkunden, nachschlagen:
Naturauffassung der Romantik, Rolle der Schriftstellerinnen Günderode und Droste-Hülshoff in ihrer Zeit

Annette von Droste-Hülshoff
Am Turme

Ich steh auf hohem Balkone am Turm,
Umstrichen vom schreienden Stare,
Und lass gleich einer Mänade den Sturm
Mir wühlen im flatternden Haare;
O wilder Geselle, o toller Fant,
Ich möchte dich kräftig umschlingen,
Und, Sehne an Sehne, zwei Schritte vom Rand
Auf Tod und Leben dann ringen!

Und drunten seh ich am Strand, so frisch
Wie spielende Doggen, die Wellen
Sich tummeln rings mit Geklaff und Gezisch
Und glänzende Flocken schnellen.
O, springen möcht ich hinein alsbald,
Recht in die tobende Meute,
Und jagen durch den korallenen Wald
Das Walross, die lustige Beute!

Und drüben seh ich ein Wimpel wehn
So keck wie eine Standarte,
Seh auf und nieder den Kiel sich drehn
Von meiner luftigen Warte;
O, sitzen möcht ich im kämpfenden Schiff,
Das Steuerruder ergreifen,
Und zischend über das brandende Riff
Wie eine Seemöwe streifen.

Wär ich ein Jäger auf freier Flur,
Ein Stück nur von einem Soldaten,
Wär ich ein Mann doch mindestens nur,
So würde der Himmel mir raten;
Nun muss ich sitzen so fein und klar,
Gleich einem artigen Kinde,
Und darf nur heimlich lösen mein Haar,
Und lassen es flattern im Winde!

(1842)

William Turner: Schatten und Dunkelheit – Der Abend nach der Sintflut, 1843, London, Tate Gallery

Heinrich Heine
Fragen

Am Meer, am wüsten, nächtlichen Meer
Steht ein Jüngling-Mann,
Die Brust voll Wehmut, das Haupt voll Zweifel,
Und mit düstern Lippen fragt er die Wogen:

„O löst mir das Rätsel des Lebens,
Das qualvoll uralte Rätsel,
Worüber schon manche Häupter gegrübelt,
Häupter in Hieroglyphenmützen,
Häupter in Turban und schwarzem Barett,
Perückenhäupter und tausend andre
Arme, schwitzende Menschenhäupter –
Sagt mir, was bedeutet der Mensch?
Woher ist er kommen? Wo geht er hin?
Wer wohnt dort oben auf goldenen Sternen?"

Es murmeln die Wogen ihr ew'ges Gemurmel,
Es wehet der Wind, es fliehen die Wolken,
Es blinken die Sterne, gleichgültig und kalt,
Und ein Narr wartet auf Antwort.

(1827)

Heinrich Heine
Auf diesem Felsen bauen wir

Auf diesem Felsen bauen wir
Die Kirche von dem dritten,
Dem dritten neuen Testament;
Das Leid ist ausgelitten.

Vernichtet ist das Zweierlei,
Das uns so lang betöret;
Die dumme Leiberquälerei
Hat endlich aufgehöret.

Hörst du den Gott im finstern Meer?
Mit tausend Stimmen spricht er.
Und siehst du über unserm Haupt
Die tausend Gotteslichter?

Der heil'ge Gott, der ist im Licht
Wie in den Finsternissen;
Und Gott ist alles was da ist;
Er ist in unsern Küssen.

(1844)

Heinrich Heine
Das Fräulein stand am Meere

Das Fräulein stand am Meere
Und seufzte lang und bang,
Es rührte sie so sehre
Der Sonnenuntergang.

„Mein Fräulein! sein Sie munter,
Das ist ein altes Stück;
Hier vorne geht sie unter
Und kehrt von hinten zurück."

(1844)

Bezüge herstellen: zwischen den Heine-Gedichten und dem Bild Caspar David Friedrichs

Caspar David Friedrich: *Der Mönch am Meer,* 1809/10

2 Fesseln spüren – Fesseln sprengen

Immanuel Kant
Beantwortung der Frage: Was ist Aufklärung? (Auszug)

Aufklärung ist der Ausgang des Menschen aus seiner selbst verschuldeten Unmündigkeit. Unmündigkeit ist das Unvermögen, sich seines Verstandes ohne Leitung eines anderen zu bedienen. *Selbst verschuldet* ist diese Unmündigkeit, wenn die Ursache derselben nicht am Mangel des Verstandes, sondern der Entschließung und des Mutes liegt, sich seiner ohne Leitung eines anderen zu bedienen. Sapere aude! Habe Mut dich deines *eigenen* Verstandes zu bedienen: Ist also der Wahlspruch der Aufklärung.
Faulheit und Feigheit sind die Ursachen, warum ein so großer Teil der Menschen, nachdem sie die Natur längst von fremder Leitung frei gesprochen (naturaliter maiorennes), dennoch gerne zeitlebens unmündig bleiben; und warum es anderen so leicht wird, sich zu deren Vormündern aufzuwerfen. Es ist so bequem, unmündig zu sein. Habe ich ein Buch, das für mich Verstand hat, einen Seelsorger, der für mich ein Gewissen hat, einen Arzt, der für mich die Diät beurteilt, u.s.w.: so brauche ich mich ja nicht selbst zu bemühen. Ich habe nicht nötig zu denken, wenn ich nur bezahlen kann; andere werden das verdrießliche Geschäft schon für mich übernehmen. Dass der bei weitem größte Teil der Menschen (darunter das ganze schöne Geschlecht) den Schritt zur Mündigkeit, außer dem dass er beschwerlich ist, auch für sehr gefährlich halte: Dafür sorgen schon jene Vormünder, die die Oberaufsicht über sie gütigst auf sich genommen haben. Nachdem sie ihr Hausvieh zuerst dumm gemacht haben, und sorgfältig verhüteten, dass diese ruhigen Geschöpfe ja keinen Schritt außer dem Gängelwagen, darin sie sie einsperreten, wagen durften: So zeigen sie ihnen nachher die Gefahr, die ihnen droht, wenn sie versuchen allein zu gehen. Nun ist diese Gefahr zwar eben so groß nicht, denn sie würden durch einige Mal Fallen wohl endlich gehen lernen; allein ein Beispiel von der Art macht doch schüchtern, und schreckt gemeiniglich von allen ferneren Versuchen ab.

Es ist also für jeden einzelnen Menschen schwer, sich aus der ihm beinahe zur Natur gewordenen Unmündigkeit herauszuarbeiten. Er hat sie sogar lieb gewonnen, und ist vor der Hand wirklich unfähig, sich seines eigenen Verstandes zu bedienen, weil man ihn niemals den Versuch davon machen ließ. Satzungen und Formeln, diese mechanischen Werkzeuge eines vernünftigen Gebrauchs oder vielmehr Missbrauchs seiner Naturgaben, sind die Fußschellen einer immer währenden Unmündigkeit. Wer sie auch abwürfe, würde dennoch auch über den schmalesten Graben einen nur unsicheren Sprung tun, weil er zu dergleichen freier Bewegung nicht gewöhnt ist. (…)
Dass aber ein Publikum sich selbst aufkläre, ist eher möglich: Ja es ist, wenn man ihm nur Freiheit lässt, beinahe unausbleiblich. Denn da werden sich immer einige Selbstdenkende, sogar unter den eingesetzten Vormündern des großen Haufens, finden, welche, nachdem sie das Joch der Unmündigkeit selbst abgeworfen haben, den Geist einer vernünftigen Schätzung des eigenen Werts und des Berufs jedes Menschen, selbst zu denken, um sich verbreiten werden. Besonders ist hiebei: dass das Publikum, welches zuvor von ihnen unter dieses Joch gebracht worden, sie hernach selbst zwingt darunter zu bleiben, wenn es von einigen seiner Vormünder, die selbst aller Aufklärung unfähig sind, dazu aufgewiegelt worden (…). Daher kann ein Publikum nur langsam zur Aufklärung gelangen. Durch eine Revolution wird vielleicht wohl ein Abfall von persönlichem Despotism und gewinnsüchtiger oder herrschsüchtiger Bedrückung, aber niemals wahre Reform der Denkungsart zu Stande kommen; sondern neue Vorurteile werden, eben sowohl als die alten, zum Leitbande des gedankenlosen großen Haufens dienen.
Zu dieser Aufklärung aber wird nichts erfordert als *Freiheit*; und zwar die unschädlichste unter allem, was nur Freiheit heißen mag, nämlich die: von seiner Vernunft in allen Stücken *öffentlichen* Gebrauch zu machen.
(1783)

---

age of englihgtenment
siécle des lumiéres
Zeitalter der Aufklärung

G. C. Lichtenberg:
Dass ich etwas, ehe ich es glaube, erst durch meine Vernunft laufen lasse, ist mir nicht ein Haar wunderbarer, als dass ich erst etwas im Vorhof meiner Kehle kaue, ehe ich es herunterschlucke. Es ist sonderbar, so etwas zu sagen, und für unsere Zeiten zu hell, aber ich fürchte, es ist für 200 Jahre, von hier ab gerechnet, zu dunkel.
(1777)

Die Lüftung der Nation kommt mir zur Aufklärung derselben unumgänglich nötig vor. (…) Der Wind muss durchstreichen. (…)
(1784/88)

Man spricht viel von Aufklärung und wünscht mehr Licht. Mein Gott, was hilft aber alles Licht, wenn die Leute entweder keine Augen haben oder die, die sie haben, vorsätzlich verschließen?
(1798)

Räsoniert, so viel ihr wollt und worüber ihr wollt, nur gehorcht!
(Friedrich II. von Preußen)

Am Text erarbeiten:
Kants Verständnis von Aufklärung

Motto von „Emile oder Über die Erziehung":
„Die Übel, an denen wir leiden, sind heilbar; wenn wir uns davon befreien wollen, hilft uns die Natur selbst, denn wir sind zum Gesundsein geboren."
(Seneca, Über den Zorn, 11.13)

Wer hierüber noch niemals nachgedacht hat, dem muss allerdings auffallen, dass die Natur die Menschen so ungesellig gemacht und sogar einen zu des andern Mörder bestimmt habe: Und doch ergibt sich dies offenbar aus der Beschaffenheit ihrer Leidenschaften und wird durch die Erfahrung bekräftigt. Man denke nur, warum mühen wir uns um Begleiter? Warum versehen wir uns mit Waffen, wenn wir eine Reise antreten? Warum verschließen wir Türen und Schränke, sobald wir uns schlafen legen? Wozu sind Gesetze und Männer, die jede Gewaltsamkeit zu rächen befugt sind? Was hegen wir also für Gedanken von unsern Mitbürgern, Nachbarn und Hausgenossen? Klagst du durch solche Vorsichtsmaßregeln das Menschengeschlecht nicht ebenso hart an wie ich? (...)
Aus jedem Bürgerkriege erhellt, wie das menschliche Leben ohne einen allgemeinen Oberherrn beschaffen wäre.
(Thomas Hobbes, Leviathan, 1651)

● **Vergleichen, diskutieren:**
die Auffassung vom Menschen bei Rousseau, Hobbes und Kant

Jean-Jacques Rousseau
Emile oder Über die Erziehung (Auszug)

Alles ist gut, wie es aus den Händen des Schöpfers kommt; alles entartet unter den Händen des Menschen. Der Mensch zwingt ein Land, die Erzeugnisse eines anderen hervorzubringen, einen Baum, die Früchte eines anderen zu tragen. Er vermengt und vertauscht das
5 Wetter, die Elemente und die Jahreszeiten. Er verstümmelt seinen Hund, sein Pferd, seine Sklaven. Alles dreht er um, alles entstellt er. Er liebt die Missgeburt, die Ungeheuer. Nichts will er haben, wie es die Natur gemacht hat, selbst den Menschen nicht. Man muss ihn, wie ein Schulpferd, für ihn dressieren; man muss ihn nach seiner Ab-
10 sicht stutzen wie einen Baum seines Gartens. (...)
In der natürlichen Ordnung sind alle Menschen gleich; ihre gemeinsame Berufung ist: Mensch zu sein. Wer dafür gut erzogen ist, kann jeden Beruf, der damit in Beziehung steht, nicht schlecht versehen. Ob mein Schüler Soldat, Priester oder Anwalt wird, ist mir einerlei.
15 Vor der Berufswahl der Eltern bestimmt ihn die Natur zum Menschen. Leben ist ein Beruf, den ich ihn lehren will. Ich gebe zu, dass er, wenn er aus meinen Händen kommt, weder Anwalt noch Soldat noch Priester sein wird, sondern in erster Linie Mensch. Alles, was ein Mensch zu sein hat, wird er genau so sein wie jeder andere auch;
20 und wenn das Schicksal ihn zwingt, seinen Platz zu wechseln, er wird immer an seinem Platz sein. (...)
Man möchte nur sein Kind behalten; aber das ist nicht genug. Man muss es lehren, sich selbst als Mann zu erhalten, Schicksalsschläge zu ertragen, Reichtum und Armut hinzunehmen, und, wenn es sein
25 muss, im Eis Islands und auf den glühenden Felsen Maltas zu leben. Trotz aller Vorsicht, seinen Tod zu verhüten, muss es dennoch einmal sterben. Und wenn sein Tod auch nicht das Werk eurer Fürsorge ist, so ist sie dennoch fehl am Platz. Es handelt sich weniger darum, den Tod zu verhindern, als es leben zu lehren. Leben ist nicht atmen;
30 leben ist handeln, d.h. von unseren Organen, Sinnen, Fähigkeiten, von allen unseren Bestandteilen Gebrauch zu machen. Sie geben uns das Gefühl, dass wir existieren. Nicht wer am ältesten wird, hat am längsten gelebt, sondern wer am stärksten erlebt hat. Mancher wird mit hundert Jahren begraben, der bei seiner Geburt gestorben war.
35 Es wäre ein Gewinn gewesen, wenn er als Kind gestorben wäre, wenn er wenigstens bis dahin gelebt hätte.
Unsere ganze Weisheit besteht aus Lakaienvorurteilen. All unsere Gewohnheiten sind nur Unterwerfung, Bedrängnis und Zwang. Der Gesellschaftsmensch wird als Sklave geboren und lebt und stirbt als
40 Sklave. Bei seiner Geburt näht man ihn in einen Wickel ein, bei seinem Tode nagelt man ihn in einen Sarg. Solange er Mensch ist, ist er durch unsere Einrichtungen gebunden.
Manche Hebammen behaupten, sie könnten den Kopf eines Neugeborenen in hübschere Formen kneten; und das duldet man! Unsere
45 Köpfe sind also vom Schöpfer schlecht geformt worden; und sie müssen erst durch Hebammen von außen und durch Philosophen von innen die rechte Form bekommen! Die Kariben sind glücklicher dran als wir.
(1762)

Gotthold Ephraim Lessing
Nathan der Weise (Auszug)

NATHAN: Vor grauen Jahren lebt' ein Mann in Osten,
Der einen Ring von unschätzbarem Wert'
Aus lieber Hand besaß. Der Stein war ein
Opal, der hundert schöne Farben spielte,
5 Und hatte die geheime Kraft, vor Gott
Und Menschen angenehm zu machen, wer
In dieser Zuversicht ihn trug. Was Wunder,
Dass ihn der Mann in Osten darum nie
Vom Finger ließ; und die Verfügung traf,
10 Auf ewig ihn bei seinem Hause zu
Erhalten? Nämlich so. Er ließ den Ring
Von seinen Söhnen dem geliebtesten;
Und setzte fest, dass dieser wiederum
Den Ring von seinen Söhnen dem vermache,
15 Der ihm der liebste sei; und stets der liebste,
Ohn' Ansehn der Geburt, in Kraft allein
Des Rings, das Haupt, der Fürst des Hauses werde. –
Versteh mich, Sultan.
SALADIN: Ich versteh dich. Weiter!
20 NATHAN: So kam nun dieser Ring, von Sohn zu Sohn,
Auf einen Vater endlich von drei Söhnen;
Die alle drei ihm gleich gehorsam waren,
Die alle drei er erfolglich gleich zu lieben
Sich nicht entbrechen konnte. Nur von Zeit
25 Zu Zeit schien ihm bald der, bald dieser, bald
Der dritte, – so wie jeder sich mit ihm
Allein befand, und sein ergießend Herz
Die andern zwei nicht teilten, – würdiger
Des Ringes; den er denn auch einem jeden
30 Die fromme Schwachheit hatte, zu versprechen.
Das ging nun so, so lang es ging. – Allein
Es kam zum Sterben, und der gute Vater
Kömmt in Verlegenheit. Es schmerzt ihn, zwei
Von seinen Söhnen, die sich auf sein Wort
35 Verlassen, so zu kränken. – Was zu tun? –
Er sendet in geheim zu einem Künstler,
Bei dem er, nach dem Muster seines Ringes,
Zwei andere bestellt, und weder Kosten
Noch Mühe sparen heißt, sie jenem gleich,
40 Vollkommen gleich zu machen. Das gelingt
Dem Künstler. Da er ihm die Ringe bringt,
Kann selbst der Vater seinen Musterring
Nicht unterscheiden. Froh und freudig ruft
Er seine Söhne, jeden insbesondre;
45 Gibt jedem insbesondre seinen Segen, –
Und seinen Ring, – und stirbt. – Du hörst doch, Sultan?
SALADIN *(der sich betroffen von ihm gewandt)*:
Ich hör, ich höre! – Komm mit deinem Märchen
Nur bald zu Ende. – Wird's?
50 NATHAN: Ich bin zu Ende.
Denn was noch folgt, versteht sich ja von selbst. –

Gotthold Ephraim Lessing
Die Sperlinge

Eine alte Kirche, welche den Sperlingen unzählige Nester gab, ward ausgebessert. Als sie nun in ihrem neuen Glanze da stand, kamen die Sperlinge wieder, ihre alten Wohnungen zu suchen. Allein sie fanden sie
5 alle vermauert. Zu was, schrieen sie, taugt denn nun das große Gebäude? Kommt, verlasst den unbrauchbaren Steinhaufen! *(1759)*

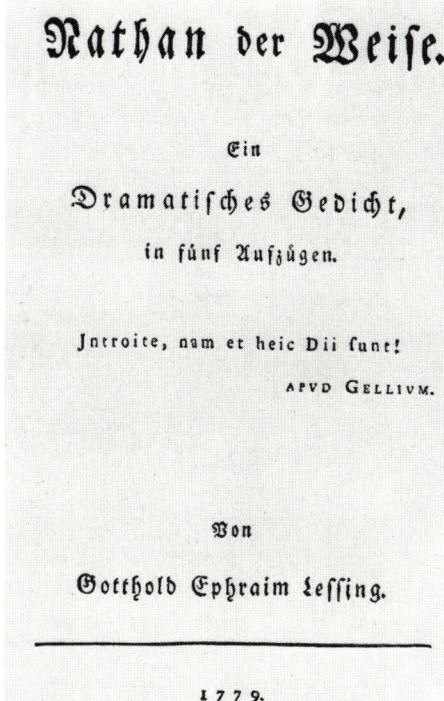

Titelblatt der Ausgabe von 1779

Erkunden, nachschlagen:
Was ist eine Parabel?

Am Text erarbeiten:
Parabelstruktur der Geschichte

Erkunden, nachschlagen:
den Schluss der Parabel und seine Bedeutung für die Frage nach der Wahrheit der Religionen

Kaum war der Vater tot, so kömmt ein jeder
Mit seinem Ring', und jeder will Fürst
Des Hauses sein. Man untersucht, man zankt,
55 Man klagt. Umsonst; der rechte Ring war nicht
Erweislich; –
(*Nach einer Pause, in welcher er des Sultans Antwort erwartet*)
Fast so unerweislich, als
60 Uns itzt – der rechte Glaube.

(1779)

Johann Wolfgang von Goethe
Prometheus

Mythos Prometheus:
Prometheus, ein Titane, war in der griechischen Antike ein Schutzherr der Handwerker, der Töpfer. Er gilt als Menschenbildner, der den Menschen aus Lehm und Tränen geformt und ihm gegen den Willen Zeus' das Feuer vom Himmel gebracht hat. Zur Strafe lässt Zeus ihn an einen Felsen im Kaukasus fesseln, wo ein Adler täglich seine nachwachsende Leber frisst, bis Herakles den Unglücklichen befreit.

Bedecke deinen Himmel, Zeus,
Mit Wolkendunst,
Und übe, dem Knaben gleich,
Der Disteln köpft,
An Eichen dich und Bergeshöhn;
Musst mir meine Erde
Doch lassen stehn,
Und meine Hütte, die du nicht gebaut,
Und meinen Herd,
Um dessen Glut
Du mich beneidest.

Ich kenne nichts ärmers
Unter der Sonn' als euch, Götter!
Ihr nähret kümmerlich
Von Opfersteuern
Und Gebetshauch
Eure Majestät,
Und darbtet, wären
Nicht Kinder und Bettler
Hoffnungsvolle Toren.

Johann Heinrich Füssli: Prometheus

Am Text erarbeiten:
wesentliche Gestaltungsmittel des Gedichts

Bezüge herstellen:
Goethes Gedicht und der griechische Mythos

Selbst gestalten:
verschiedene Versionen des Gedichtvortrags ausprobieren

Erkunden, nachschlagen:
Herkunft und Bedeutung des Begriffs „Genie", „Genie-Kult" des Sturm und Drang

Da ich ein Kind war,
Nicht wusste, wo aus noch ein,
Kehrt' ich mein verirrtes Auge
Zur Sonne, als wenn drüber wär'
Ein Ohr, zu hören meine Klage,
Ein Herz wie meins,
Sich des Bedrängten zu erbarmen.

Wer half mir
Wider der Titanen Übermut?
Wer rettete vom Tode mich,
Von Sklaverei?
Hast du nicht alles selbst vollendet,
Heilig glühend Herz?
Und glühtest jung und gut,
Betrogen, Rettungsdank
Dem Schlafenden da droben?

Ich dich ehren? Wofür?
Hast du die Schmerzen gelindert
Je des Beladenen?
Hast du die Tränen gestillet
Je des Geängsteten?
Hat nicht mich zum Manne geschmiedet
Die allmächtige Zeit
Und das ewige Schicksal,
Meine Herrn und deine?

Wähntest du etwa,
Ich sollte das Leben hassen,
In Wüsten fliehen,
Weil nicht alle
Blütenträume reiften?

Hier sitz' ich, forme Menschen
Nach meinem Bilde,
Ein Geschlecht, das mir gleich sei,
Zu leiden, zu weinen,
Zu genießen und zu freuen sich,
Und dein nicht zu achten,
Wie ich!

(1774)

Friedrich Schiller
Die Räuber 1. Akt, 1. Szene (Auszug)

DER ALTE MOOR: Tu das, mein Sohn. – Ach! es hätte mir doch das Herz gebrochen!
Schreib ihm – –
FRANZ *(schnell)*: Dabei bleibts also?
DER ALTE MOOR: Schreib ihm, dass ich tausend blutige Tränen, tausend schlaflose Nächte – Aber bring meinen Sohn nicht zur Verzweiflung!
FRANZ: Wollt Ihr euch nicht zu Bette legen, Vater? Es griff euch hart an.
DER ALTE MOOR: Schreib ihm, dass die väterliche Brust – ich sage dir, bring meinen Sohn nicht zur Verzweiflung. *(Geht traurig ab)*
FRANZ *(mit Lachen ihm nachsehend)*: Tröste dich, Alter, du wirst ihn nimmer an diese Brust drücken, der Weg dazu ist ihm verrammelt wie der Himmel der Hölle – Er war aus deinen Armen gerissen, ehe du wusstest, dass du es wollen könntest – da müsst ich ein erbärmlicher Stümper sein, wenn ichs nicht einmal so weit gebracht hätte, einen Sohn vom Herzen des Vaters lozulösen, und wenn er mit ehernen Banden daran geklammert wäre – Ich habe einen magischen Kreis von Flüchen um dich gezogen, den er nicht überspringen soll – Glück zu, Franz! Weg ist das Schoßkind – Der Wald ist heller. Ich muss diese Papiere vollends aufheben, wie leicht könnte jemand meine Handschrift kennen! *(Er liest die zerrissenen Briefstücke zusammen)* – Und Gram wird auch den Alten bald fortschaffen – und ihr muss ich diesen Karl aus dem Herzen reißen, wenn auch ihr halbes Leben dran hängen bleiben sollte.

Ich habe große Rechte, über die Natur ungehalten zu sein, und bei meiner Ehre! ich will sie geltend machen. – Warum bin ich nicht der Erste aus Mutterleib gekrochen? Warum nicht der einzige? Warum musste sie mir diese Bürde von Hässlichkeit auflade? Gerade mir? Nicht anders, als ob sie bei meiner Geburt einen Rest gesetzt hätte. Warum gerade mir die Lappländersnase? Gerade mir dieses Mohrenmaul? Diese Hottentottenaugen? Wirklich, ich glaube, sie hat von allen Menschensorten das Scheußliche auf einen Haufen geworfen und mich daraus gebacken. Mord und Tod! Wer hat ihr die Vollmacht gegeben, jenem dieses zu verleihen und mir vorzuenthalten? Könnte ihr jemand darum hofieren, eh er entstund? Oder sie beleidigen, eh er selbst wurde? Warum ging sie so parteilich zu Werke? Nein! nein! Ich tu ihr Unrecht. Gab sie uns doch Erfindungsgeist mit, setzte uns nackt und armselig ans Ufer dieses großen Ozeans *Welt* – Schwimme, wer schwimmen kann, und wer zu plump ist, geh unter! Sie gab mir nichts mit; wozu ich mich machen will, das ist nun meine Sache. Jeder hat gleiches Recht zum Größten und Kleinsten. Anspruch wird an Anspruch, Trieb an Trieb und Kraft an Kraft zernichtet. Das Recht wohnt beim Überwältiger und die Schranken unserer Kraft sind unsere Gesetze.

Wohl gibt es gewisse gemeinschaftliche Pakta, die man geschlossen hat, die Pulse des Weltzirkels zu treiben. Ehrlicher Name! – Wahrhaftig, eine reichhaltige Münze, mit der sich meisterlich schachern lässt, wers versteht, sie gut auszugeben. Gewissen, – o ja freilich! ein tüchtiger Lumpenmann, Sperlinge von Kirschbäumen wegzuschröcken! – auch das ein gut geschriebener Wechselbrief, mit dem auch der Bankerottierer zur Not noch hinauslangt.

Victor Heideloff: Friedrich Schiller liest seinen Freunden aus den „Räubern" vor

Die Uraufführung von Schillers *Die Räuber* 1782 gehörte zu den erfolgreichsten in der Geschichte des Sturm und Drang; ein Augenzeuge berichtete: „Das Theater glich einem Irrenhaus, rollende Augen, geballte Fäuste, stampfende Füße, heisere Schreie im Zuschauerraum. Fremde Menschen fielen einander schluchzend in die Arme, Frauen wankten, einer Ohnmacht nahe, zur Tür. Es war eine allgemeine Auflösung wie im Chaos, aus dessen Nebeln eine neue Schöpfung hervorbricht."
(In: Anton Pilcher: Chronik des Großherzoglichen Hof- und National-Theaters in Mannheim, 1879)

Ich schreibe als Weltbürger, der keinem Fürsten dient. (…) Die Räuber kosteten mir Familie und Vaterland – – Nunmehr sind alle meine Verbindungen aufgelöst. Das Publikum ist mir jetzt alles, mein Studium, mein Souverän, mein Vertrauter. Ihm allein gehör ich jetzt an. Vor diesem und keinem andern Tribunal werde ich mich stellen. Dieses nur fürchte ich und verehr ich. Etwas Großes wandelt mich an bei der Vorstellung, keine andere Fessel zu tragen als den Ausspruch der Welt – an keinen andern Thron mehr zu appellieren als an die menschliche Seele. (…)
(Friedrich Schiller, Programmschrift zur Rheinischen Thalia, 1784)

Daniel Chodowiecki: Die Dankbarkeit. Exempel an Knaben, die für Unterhalt (…) ihren Wohltätern Dank abstatten

● **Diskutieren:**
Rolle des Gefühls in Franz' Monolog

● **Erkunden, nachschlagen:**
Biografie des jungen Schiller, Wirkungsgeschichte der „Räuber", „Theatromanie" in der zweiten Hälfte des 18. Jahrhunderts

In der Tat, sehr lobenswürdige Anstalten, die Narren im Respekt und den Pöbel unter dem Pantoffel zu halten, damit die Gescheiten es desto bequemer haben. Ohne Anstand, recht schnakische Anstalten! Kommen mir für wie die Hecken, die meine Bauern gar schlau um ihre Felder herumführen, dass ja kein Hase drüber setzt, ja beileibe kein Hase! – Aber der gnädige Herr gibt seinem Rappen den Sporn und galoppiert weich über der weiland Ernte. Armer Hase! Es ist doch eine jämmerliche Rolle, der Hase sein müssen auf dieser Welt – Aber der gnädige Herr braucht Hasen!
Also frisch drüber hinweg! Wer nichts fürchtet, ist nicht weniger mächtig als der, den alles fürchtet. Es ist itzo die Mode, Schnallen an den Beinkleidern zu tragen, womit man sie nach Belieben weiter und enger schnürt. Wir wollen uns ein Gewissen nach der neuesten Façon anmessen lassen, um es hübsch weiter aufzuschnallen, wie wir zulegen. Was können wir dafür? Geht zum Schneider! Ich habe Langes und Breites von einer so genannten *Blutliebe* schwatzen gehört, das einem ordentlichen Hausmann den Kopf heiß machen könnte – Das ist dein Bruder! – das ist verdolmetscht: Er ist aus eben dem Ofen geschossen worden, aus dem du geschossen bist – also sei er dir heilig! – Merkt doch einmal diese verzwickte Konsequenz, diesen possierlichen Schluss von der Nachbarschaft der Leiber auf die Harmonie der Geister, von ebenderselben Heimat zu ebenderselben Empfindung, von einerlei Kost zu einerlei Neigung. Aber weiter – es ist dein Vater! Er hat dir das Leben gegeben, du bist sein Fleisch, sein Blut – also sei er dir heilig. Wiederum eine schlaue Konsequenz! Ich möchte doch fragen, *warum* hat er mich gemacht? doch wohl nicht gar aus Liebe zu mir, der erst ein *Ich* werden sollte? Hat er mich gekannt, ehe er mich machte? Oder hat er mich gedacht, wie er mich machte? Oder hat er *mich* gewünscht, da er mich machte? Wusste er, was ich werden würde? Das wollt ich ihm nicht raten, sonst möcht ich ihn dafür strafen, dass er mich doch gemacht hat! Kann ichs ihm Dank wissen, dass ich ein Mann wurde? So wenig, als ich ihn verklagen könnte, wenn er ein Weib aus mir gemacht hätte. Kann ich eine Liebe erkennen, die sich nicht auf Achtung gegen mein *Selbst* gründet? Konnte Achtung gegen mein Selbst vorhanden sein, das erst dadurch entstehen sollte, davon es die Voraussetzung sein muss? Wo stickt dann nun das Heilige? Etwa im Aktus selber, durch den ich entstund? – Als wenn dieser etwas mehr wäre als viehischer Prozess zur Stillung viehischer Begierden! Oder stickt es vielleicht im Resultat dieses Aktus, der noch nichts ist als eiserne Notwendigkeit, die man so gern weg wünschte, wenns nicht auf Unkosten von Fleisch und Blut geschehn müsste? Soll ich ihm etwa darum gute Worte geben, dass er mich liebt? Das ist eine Eitelkeit von ihm, die Schoßsünde aller Künstler, die sich in ihrem Werk kokettieren, wär es auch noch so hässlich. – Sehet also, da ist die ganze Hexerei, die ihr in einen heiligen Nebel verschleiert, unsre Furchtsamkeit zu missbrauchen. Soll auch ich mich dadurch gängeln lassen wie einen Knaben?
Frisch also! mutig ans Werk! – Ich will alles um mich her ausrotten, was mich einschränkt, dass ich nicht *Herr* bin. *Herr* muss ich sein, dass ich das mit Gewalt ertrotze, wo mir die Liebenswürdigkeit gebricht. (*Ab*)
(1781)

Jakob Michael Reinhold Lenz
Zerbin oder die neuere Philosophie (Auszug)

Nach den Gesetzen ist eine verhehlte Schwangerschaft allein hinlänglich, einer Weibsperson das Leben abzusprechen, wenn man auch keine Spur einer Gewalttätigkeit an dem Kinde gewahr wird. Marie hatte das ihrige in der Geschwindigkeit ins Heu verbergen wollen, da eben das Haus, wegen eines Schmauses in der Vakantzeit, voller Gäste war und sie alle Augenblicke gebraucht wurde. Der Kutscher war in ihrer Abwesenheit auf den Heuboden gestiegen, den Pferden etwas Futter zu langen, und er war der erste Angeber dieses unglücklichen Mädchens. Sie ward gefänglich eingezogen: Zerbin ließ sich nichts merken. Man stelle sich die Entschlossenheit, die Großmut, die Liebe dieses unglücklichen Schlachtopfers vor: Sie war durch keine Mittel dahin zu bringen, den Vater ihres Kindes herauszugeben. Alle Klugheit, alle Strenge der Obrigkeit war umsonst; nichts als unzusammenhängende Erdichtungen konnten sie aus ihr bringen. Das war eine Szene, als der Vater, der Schulz aus dem Reichsdorf, zu ihr ins Gefängnis trat.

„Du Allerweltsh –", war sein Willkomm, „was machst du hier? Hab ich dich so gelehrt, Gottes Gebot aus den Augen setzen?"

Sie weinte.

„Durch Henkershand dich verlieren – Wer ist der Vater dazu gewesen, sag mir's! Gottes Gericht soll mich verfolgen, wo ich es nicht so weit bringe, dass der Kerl –", hier kniff er die Daumen ein, sah in die Höhe, biss die Zähne zusammen und der Schaum trat ihm vor den Mund."

Sie weinte immer fort.

„O du Gottvergessene – – nenn mir den Kerl nur!" – Er setzte sich bei ihr auf eine zerbrochene Tonne nieder.

„Ich weiß ihn nicht, Vater, ich kenn' ihn nicht."

„Du kennst ihn nicht – so wird Gott ihn finden, Gottes Gericht ihn finden! Du kennst ihn nicht? Du wirst dir doch nicht im Schlaf so was haben anräsonieren lassen – meine einzige Tochter auf dem Schafott – Nenn mir ihn, sag mir ihn, ich will ihm nichts zu Leide tun!" –

„Freilich, war's so gut als im Schlaf, Vater, im Rausch, Vater! als wir von einer Hochzeit kamen. Es war ein Schuhmachergesell, den Mainzer nannten sie ihn."

„Gott wird ihn finden, den Schuhmachergesellen – O mein Kind, mein Kind!" Hier umarmte er sie heulend, und drückte sie, unter erschrecklichem Schluchzen, zu wiederholten Malen an sein Herz.

„Wenn ich mich hier in deine Stelle setzte, du bist jung; du kannst noch lange leben –."

„Ich überlebte es nicht –."

„Ich hatte dir mein neues Haus zugedacht; es ist unter Dach; du sollst mir den Nagler Rein heiraten; es ist ein junges frisches Blut und hat dich jederzeit so lieb gehabt. Alle Abend bin ich mit meinem alten Weibe hinspaziert, und haben nach dem Bau gesehen und von dir geredt, wie wir im Winter so vergnügt miteinander leben und fleißig zueinander zu Licht gehen wollten. ‚Ich habe noch fünf Pfund von dem schönen weißen Flachs; die soll sie mir abspinnen helfen', sagte sie. ‚Sie wird doch itzt in der Stadt nicht so galant geworden sein, dass sie das Spinnrad nicht mehr in die Hand nehmen darf' –

Zerbin – ein junger Student der Philosophie – verfolgt „mit der Gradheit seines Herzens" hohe Tugendideale. Die Erzählung von Lenz zeigt den Prozess seiner moralischen Korrumpierung. Unter dem Druck der Umgebung entscheidet sich Zerbin gegen seine unstandesgemäße Geliebte Marie und für seine Karriere. Im Namen der Liebe bittet er Marie um Verschwiegenheit.

Erkunden, nachschlagen:
Biografie von J. M. R. Lenz, sein Verhältnis zu Goethe

Wir werden geboren – unsere Eltern geben uns Brot und Kleid – unsere Lehrer drücken in unser Hirn Worte, Sprachen, Wissenschaften – irgendein artiges Mädchen drückt in unser Herz den Wunsch es eigen zu besitzen, es in unsere Arme als unser Eigentum zu schließen, wenn sich nicht gar ein tierisch Bedürfnis mit hineinmischt – es entsteht eine Lücke in der Republik wo wir hineinpassen – unsere Freunde, Verwandte, Gönner setzen an und stoßen uns glücklich hinein – wir drehen uns eine Zeit lang in diesem Platz herum wie die andern Räder und stoßen und treiben – bis wir wenns noch so ordentlich geht abgestumpft sind und zuletzt wieder einem neuen Rade Platz machen müssen – das ist, Meine Herren! ohne Ruhm zu melden unsere Biografie – und was bleibt nun der Mensch noch anders als eine vorzüglich künstliche kleine Maschine, die in die große Maschine, die wir Welt, Weltbegebenheiten, Weltläufe nennen besser oder schlimmer hineinpasst.

Kein Wunder, dass die Philosophen so philosophieren, wenn die Menschen so leben. Aber heißt das gelebt? heißt das seine Existenz gefühlt, seine selbstständige Existenz, den Funken von Gott?

(J. M. R. Lenz, 1774)

Am Text erarbeiten:
Personenkonstellation,
Tabus im Gespräch zwischen den Personen

Diskutieren:
Parteinahme im Text und beim heutigen Leser

Lesetipps:
Georg Büchner: Lenz (1835)
Sigrid Damm: Vögel, die suchen Land (1985)
Gert Hofmann: Die Rückkehr des verlorenen J. M. R. Lenz nach Riga (1998)

ach, du gottloses Kind! es war, als ob sie das im prophetischen Geist gesagt hätte."

Sie, auf seine Hand weinend: „Könnt ihr mir denn nicht verzeihen, Vater?"

„Er, der Nagler Rein, stund denn so dabei und lächelte und die Tränen quollen ihm in die Augen. Sag ich doch, es war, als ob's uns allen geahnt hätte."

„Grüßt den guten Rein, sagt, ich werde noch in der Ewigkeit für ihn beten, dass er eine bessere Frau bekomme, als ich ihm gewesen wäre. Sagt ihm, es soll ihm nicht leid sein um mich."

„Wem sollt' es nicht leid sein um dich." Hier heulte er wieder an ihrem Halse. „Darf deine Mutter auch kommen, dich zu sehen?"

„Meine Mutter – wo ist sie – wo ist meine gute Mutter? Geschwind lasst sie hereinkommen! Ich habe nicht lange mehr hier zu bleiben."

Walter (so hieß der Alte) schlug in die Hände. „Ist denn keine Gnade, kein Pardon nicht möglich? Ich will mich dem Gerichtsherrn zu Füßen werfen –."

„Meine Mutter, Walter! – Ich schwör euch, es stirbt kein Mensch so gern als ich", – sie flog an die Tür: „Meine Mutter! Lasst meine Mutter hereinkommen!"

Hier traten die Mutter und einige Verwandtinnen herein; es ging ein allgemeines Geheul an, das den Kerkermeister selber aus seiner Fassung brachte, dass er das Zimmer verlassen musste. Die grausame Stunde rückte heran. Man sprach noch immer in der Stadt davon, sie würde Gnade bekommen; bis zum letzten Augenblick, noch da ihr die Augen verbunden wurden, stand das Volk in dieser Erwartung: Man konnte es nicht begreifen, nicht fassen, dass eine so liebenswürdige Gestalt unter Henkershänden umkommen sollte: Der Prediger war nicht imstande, ihr ein einziges Trostwort zuzusprechen – – vergeblich! Die Gesetze waren zu streng, der Fall zu deutlich; sie ward enthauptet.

Sie hat bis an den letzten Augenblick die liebenswürdige, milde Heiterkeit in ihren Mienen, sogar in ihrer ganzen Stellung, in dem nachlässigen Herabsinken ihrer Arme und des Haupts, noch beibehalten, die ihren Charakter so vorzüglich auszeichnete. Sie stand da, etwa wie eine von den ersten Bekennerinnen des Christentums, die für ihren Glauben Schmach und Martern getrost entgegen sahen. Sie wandte sich noch oft sehnsuchtsvoll herum, gleich als ob ihre Augen unter dem gedrängten Haufen Volks jemanden mit Unruhe suchten. Jedermann sagte, sie suche ihren Liebhaber, und die nah bei ihr gestanden, versichern, sie haben sie noch in den letzten Augenblicken einen Namen sehr undeutlich aussprechen hören, der von einem heftigen Tränenausbruch begleitet wurde. Sie hielt sich sodann eine Minute die Hand vor die Augen, welche sie hierauf, wie außer sich, halb ohnmächtig dem Scharfrichter reichte, weil sie sich nicht mehr auf den Füßen erhalten konnte. Er band ihr die Augen zu – und die schöne Seele flog gen Himmel.

(1776)

3 Wege in die Freiheit

3.1 Revolution

Anonym
Ça ira*

Die Zeiten, Brüder, sind nicht mehr
Wo Thron und Zepter galten;
Bald sind die Königsthrone leer
Und ach! im Grab erkalten
Wird Fürstenmajestät. Ha ha! Ça ira!

Von seiner jähen Höhe fällt
Der Adel zum Erschrecken,
Wird in der aufgeklärten Welt
Kein weiteres Unheil hecken.
Die Wappenhoheit sinkt. Ha ha! Ça ira!

Auch Priestermacht, Religion
Samt Götterfurcht und Glaube
Wer achtet sie? Mit Schimpf und Hohn
Verscharrt man sie im Staube.
Da faulen, modern sie. Ha ha! Ça ira!

Frei sind die Menschen von Natur,
Tand sind die Fürstenblitze!
Drum keine Krone mehr als nur
Die Jakobinermütze.
Kein Fürst, nur Sansculotten. Ha ha! Ça ira!

(1789)

Französischer Freiheitsbaum, gemalt 1792 von J.W. v. Goethe, der den Herzog von Sachsen-Weimar auf dem Feldzug gegen das revolutionäre Frankreich begleitete.

Erkunden, nachschlagen:
politische Situation und Entwicklung in Deutschland zwischen 1789 und 1794

1789
- 5.5. Eröffnung der Generalstände
- 14.7. Sturm auf die Bastille
- 26.8. Erklärung der „Menschen-Bürgerrechte"
- 5.–6.10. Weiberzug nach Versailles
- 2.11. Verstaatlichung der Kirchengüter

1790
- 27.4. Gründung des radikalen Klubs der Cordeliers (Danton)
- 12.7. Zivilkonstitution des Klerus
- 14.7. Förderationsfest in Paris

1791
- 20.6. Fluchtversuch des Königs
- 3.9. Frankreich wird nach einer neuen Verfassung eine konstitutionelle Monarchie
- 1.10. Eröffnung der gesetzgebenden Versammlung

1792
- 20.4. Kriegserklärung Frankreichs an Österreich, Beginn der Koalitionskriege
- 10.8. Sturm auf die Tuilerien, Sturz der Monarchie
- 20.9. erste Sitzung des Konvents
- 21.9. Abschaffung des Königtums
- 11.12. Beginn des Prozesses gegen Ludwig XVI.

1793
- 21.1. Hinrichtung Ludwig XVI.
- 6.4. Bildung des Wohlfahrtausschusses durch den Justizminister Danton
- 31.5.–2.6. Ausschaltung der Girondisten
- 13.7. Ermordung Marats
- 5.9. Der Konvent fordert den Terror
- 16.10. Hinrichtung Marie Antoinettes
- 10.11. Fest der Freiheit und Vernunft

1794
- 13.3. Verhaftung der Hébertisten
- 30.3. Verhaftung der Dantonisten
- 10.6. Verschärfung des Justizterrors Hinrichtung Dantons
- 28.7. Hinrichtung Robespierres

Johann Kaspar Lavater
Nein, Traum nicht, Wunder unsrer Zeit*

(…)
Nein, Traum nicht, Wunder unsrer Zeit!
Es ging, wie Hoffnung sang –
Der Traum der ward zur Wirklichkeit –
Der kühnste Wurf gelang!

(1791)

Johann Kaspar Lavater
Nein, Traum nicht, Schande unsrer Zeit*

Nein, Traum nicht, Schande unsrer Zeit –
Es ging nicht, wie man sang!
Unglaubliches ward Wirklichkeit!
Der frechste Wurf gelang!
(…)

(1792)

Diskutieren:
Reaktion deutscher Schriftsteller auf die Französische Revolution

Friedrich Hölderlin
Die Weisheit des Traurers (Auszug)

Halt ein! Tyrann! Es fähret des Würgers Pfeil
Daher. Halt ein! es nahet der Rache Tag
Dass er, wie Blitz die giftge Staude,
Nieder den taumelnden Schädel schmett're.

Wie da der große Geist um den Thron sich krümmt
Mit heulendem Gewinsel Erbarmung fleht!
Hinweg! Tyrannen keine Gnade
Ewige Rache den Völkerschändern! (…)

(1789)

Friedrich Hölderlin
Hymne an die Freiheit (Auszug)

Staunend kennt der große Stamm sich wieder,
Millionen knüpft der Liebe Band;
Glühend steh'n, und stolz, die neuen Brüder,
Stehn und dulden für das Vaterland;
Wie der Efeu, treu und sanft umwunden,
Zu der Eiche stolzen Höh'n hinauf,
Schwingen, ewig brüderlich verbunden,
Nun am Helden Tausende sich auf. (…)

(1790)

Friedrich Hölderlin
Briefe an seinen Bruder (Auszüge)

Juli 1793
Dass Marat, der schändliche Tyrann, ermordet ist, wirst du nun auch wissen. Die heilige Nemesis wird auch den übrigen Volksschändern zu seiner Zeit den Lohn ihrer niedrigen Ränke und unmenschlichen Entwürfe angedeihen lassen. (…)

September 1793
(…) Meine Liebe ist das Menschengeschlecht, freilich nicht das verdorbene, knechtische, träge, wie wir es nur zu oft finden, auch in der eingeschränktesten Erfahrung. Aber ich liebe die große, schöne Anlage auch in verdorbenen Menschen. Ich liebe das Geschlecht der kommenden Jahrhunderte. Denn dies ist meine seligste Hoffnung, der Glaube, der mich stark erhält und tätig, unsere Enkel werden besser sein als wir, die Freiheit muss einmal kommen, und die Tugend wird besser gedeihen in der Freiheit heiligem, erwärmenden Lichte, als unter der eiskalten Zone des Despotismus. Wir leben in einer Zeitperiode, wo alles hinarbeitet auf bessere Tage. Diese Keime von Aufklärung, diese stillen Wünsche und Bestrebungen Einzelner zur Bildung des Menschengeschlechts werden sich ausbreiten und verstärken, und herrliche Früchte tragen. (…)

21. August 1794
(…) Dass Robespierre den Kopf lassen musste, scheint mir gerecht, und vielleicht von guten Folgen zu sein. Lass erst die beiden Engel, die Menschlichkeit und den Frieden, kommen, was die Sache der Menschheit ist, gedeihet dann gewiss! Amen. (…)

Adolf Freiherr von Knigge
An seine Tochter Philippine

Gestern, meine liebe Philippine, habe ich deinen Brief erhalten, als ich eben von einem herrlichen, schönen Feste nach Hause kam. Es war ein Freiheitsfest zu Ehren der französischen Revolution. Es wurde außer der Stadt gefeiert; alles, was von rechtlichen für Freiheit
5 warmen Leuten in Hamburg lebt, war zugegen, kein Edelmann, außer mir, dem Grafen Dohna und Ramdohr aus Celle – kein Fürstenknecht war dazu eingeladen. Alle Frauenzimmer waren weiß gekleidet und trugen weiße Strohhüte mit dem Nationalbande, wovon ich dir hier eine Probe schicke – auch Schärpen und Ordensbänder
10 davon. Die Damen gaben dann auch den Herren Stücke von diesem Bande. Als ich mein Stückchen erhielt, machte ich meinen Orden los und heftete stattdessen dies Band an, welches allgemeinen Beifall fand. Wir hatten auch Musik. Ein Chor von Jungfrauen, die musikalisch waren, sang ein dazu verfertigtes Lied, dessen Refrain von uns
15 allen wiederholt wurde. Wir blieben von zehn Uhr des Morgens an den ganzen Tag zusammen. Die drei schönsten jungen Weiber sammelten für die Armen. *Klopstock* las zwei neue Oden. Bei Abfeuerung der Kanonen, Musik und lautem Jubel wurden Gesundheiten getrunken, unter anderem: auf baldige Nachfolge in Deutschland,
20 Abschaffung des Despotismus etc. Vor und nach Tische wurde getanzt. – Es war ein herrlicher Tag und es wurde manche Träne der Rührung vergossen. *(15. 7. 1790)*

Das beim Freiheitsfest von Harvestehude gesungene, von Johann Heinrich Voß und Friedrich Schulz verfasste Freiheitslied beginnt mit den Strophen:

Freie Deutsche! singt die Stunde,
Die der Knechtschaft Ketten brach,
Schwöret Treu' dem großen Bunde
Unsrer Schwester Frankreich nach!
Eure Herzen sein Altäre,
Zu der hohen Freiheit Ehre.

  Chor
Lasst uns großer Tat uns freun!
Frei, frei, frei und reines Herzens sein!

Fünfundzwanzig Millionen
Feiern heut das Bundesfest,
Das nur die Despoten-Throne
Und die Sklaven zittern lässt
Gute Bürger! Gute Fürsten!
Lasst nach höh'rer Tugend dürsten.
(…)

Matthias Claudius
Sie dünkten sich die Herren aller Herr'n (Auszug)

Sie dünkten sich die Herren aller Herr'n,
Zertraten alle Ordnung, Sitt' und Weise.
Und gingen übermütig neue Gleise
Von aller wahren Weisheit fern,
Und trieben ohne Glück und Stern
Im Dunkeln hin, nach ihres Herzens Gelüste.
Und machten Elend nah' und fern.
Sie mordeten den König, ihren Herrn,
Sie morden sich einander, morden gern,
Und tanzen um das Blutgerüste.
(…)

Sie wollten ohne Gott sein, ohn' ihn leben
In ihrem tollen Sinn;
Und sind nun auch dahin gegeben,
Zu leben ohne ihn.
(…)

Der Keim des Lichtes und der Liebe
Der ist in ihnen stumm und tot;
Sie haben alles Große, alles Gute Spott.
Sie beten Unsinn an, und tun dem Teufel Ehre,
Und stellen Gräuel auf Altäre.
(…)

(1793)

Johann Wolfgang von Goethe
Venetianische Epigramme

50

Alle Freiheits-Apostel, sie waren mir immer zuwider;
Willkür suchte doch nur jeder am Ende für sich.
Willst du viele befrein, so wag es, vielen zu dienen!
Wie gefährlich das sei, willst du es wissen? versuch's.

(1790)

J. W. v. Goethe/F. Schiller
Unglückliche Eilfertigkeit

Ach, wie sie Freiheit schrien und Gleichheit,
geschwind wollt ich folgen
Und weil die Trepp' mir zu lang däuchte,
so sprang ich vom Dach.

(1796)

Friedrich Schiller
Brief an Herzog Friedrich Christian von Augustenburg
(Auszug)

Der Versuch des französischen Volks, sich in seine heiligen Menschenrechte einzusetzen und eine politische Freiheit zu erringen, hat bloß das Unvermögen und die Unwürdigkeit desselben an den Tag gebracht und nicht nur dieses unglückliche Volk, sondern mit ihm auch einen beträchtlichen Teil Europens und ein ganzes Jahrhundert in Barbarei und Knechtschaft zurückgeschleudert. Der Moment war der günstigste, aber er fand eine verderbte Generation, die ihn nicht wert war und weder zu würdigen noch zu benutzen wusste. Der Gebrauch, den sie von diesem großen Geschenk des Zufalls macht und gemacht hat, beweist unwidersprechlich, dass das Menschengeschlecht der vormundschaftlichen Gewalt noch nicht entwachsen ist, dass das liberale Regiment der Vernunft da noch zu frühe kommt, wo man kaum damit fertig wird, sich der brutalen Gewalt der Tierheit zu erwehren, und dass derjenige noch nicht reif ist zur *bürgerlichen* Freiheit, dem noch so vieles zur *menschlichen* fehlt. (...)

Die Aufklärung, deren sich die höheren Stände unsers Zeitalters nicht mit Unrecht rühmen, ist bloß theoretische Kultur und zeigt, im Ganzen genommen, so wenig einen veredelnden Einfluss auf die Gesinnung, dass sie vielmehr bloß dazu hilft, die Verderbnis in ein System zu bringen und unheilbarer zu machen. Ein raffinierter und konsequenter Epikurism hat angefangen, alle Energie des Charakters zu ersticken, und die immer fester sich zuschnürende Fessel der Bedürfnisse, die vermehrte Abhängigkeit der Menschlichkeit vom Physischen hat es allmählich dahin geleitet, dass die Maxime der Passivität und des leidenden Gehorsams als höchste Lebensregel gilt. Daher die Beschränktheit im Denken, die Kraftlosigkeit im Handeln, die klägliche Mittelmäßigkeit im Hervorbringen, die unser Zeitalter zu seiner Schande charakterisiert. Und so sehen wir den Geist der Zeit zwischen Barbarei und Schlaffheit, Freigeisterei und Aberglauben, Rohheit und Verzärtelung schwanken, und es ist bloß das *Gleichgewicht der Laster*, was das Ganze noch zusammenhält.

Und ist dieses nun die Menschheit, möchte ich fragen, für deren Rechte der Philosoph sich verwendet, die der edle Weltbürger in Gedanken hat, und an welcher ein neuerer Solon seine Ideen von einer Staatsverfassung realisieren möchte? Ich zweifle sehr. Nur seine Fähigkeit als ein sittliches Wesen zu handeln, gibt dem Menschen Anspruch auf Freiheit: Ein Gemüt aber, das nur sinnlicher Bestimmungen fähig ist, ist der Freiheit so wenig wert als empfänglich. Alle Reform, die Bestand haben soll, muss von der Denkungsart ausgehen, und wo eine Verderbnis in den Prinzipien herrscht, da kann nichts Gesundes, nichts Gutartiges aufkeimen. Nur der Charakter der Bürger erschafft und erhält den Staat und macht politische und bürgerliche Freiheit möglich. Denn wenn die Weisheit selbst in Person vom Olymp herabstiege und die vollkommenste Verfassung einführte, so müsste sie ja doch Menschen die Ausführung übergeben.

Wenn ich also, Gnädigster Prinz, über die gegenwärtigen politischen Bedürfnisse und Erwartungen meine Meinung sagen darf, so gestehe ich, dass ich jeden Versuch einer Staatsverbesserung aus Prinzipien (denn jede andere ist bloßes Not- und Flickwerk) so lange für unzeitig und jede darauf gegründete Hoffnung so lange für schwärme-

Friedrich Schiller, nach einem Pastell von Ludovike Simanowiz (Ausschnitt), Marbach, Schiller-Nationalmuseum

risch halte, bis der Charakter der Menschheit von seinem tiefen Verfall wieder emporgehoben worden ist – eine Arbeit für mehr als ein Jahrhundert. Man wird zwar unterdessen von manchem abgestellten Missbrauch, von mancher glücklich versuchten Reform im Einzelnen, von manchem Sieg der Vernunft über das Vorurteil hören, aber was hier zehn große Menschen aufbauten, werden dort fünfzig Schwachköpfe wieder niederreißen. Man wird in andern Weltteilen den Negern die Ketten abnehmen und in Europa den – Geistern anlegen. So lange aber der oberste Grundsatz der Staaten von einem empörenden Egoismus zeugt und so lange die Tendenz der Staatsbürger nur auf das physische Wohlsein beschränkt ist, so lange, fürchte ich, wird die politische Regeneration, die man so nahe glaubte, nichts als ein schöner philosophischer Traum bleiben.

Soll man also aufhören, darnach zu streben? Soll man gerade die wichtigste aller menschlichen Angelegenheiten einer gesetzlosen Willkür, einem blinden Zufall anheim stellen, während dass das Reich der Vernunft nach jeder andern Seite zusehends erweitert wird? Nichts weniger, Gnädigster Prinz. Politische und bürgerliche Freiheit bleibt immer und ewig das heiligste aller Güter, das würdigste Ziel aller Anstrengungen und das große Zentrum aller Kultur – aber man wird diesen herrlichen Bau nur auf dem festen Grund eines veredelten Charakters aufführen, man wird damit anfangen müssen, für die Verfassung Bürger zu erschaffen, ehe man den Bürgern eine Verfassung geben kann. (…)

Auf dem Charakter wird bekanntlich durch *Berichtigung der Begriffe* und durch *Reinigung der Gefühle* gewirkt. Jenes ist das Geschäft der *philosophischen*, dieses vorzugsweise der *ästhetischen* Kultur. Aufklärung der Begriffe kann es allein nicht ausrichten, denn von dem Kopf ist noch ein gar weiter Weg zu dem Herzen, und bei weitem der größere Teil der Menschen wird durch Empfindungen zum Handeln bestimmt. Aber das Herz allein ist ein ebenso unsicherer Führer, und die zarteste Empfindsamkeit wird nur ein desto leichterer Raub der Schwärmerei, wenn ein heller Verstand sie nicht leitet. (…)

Das dringendere Bedürfnis unseres Zeitalters scheint mir die Veredlung der Gefühle und die sittliche Reinigung des Willens zu sein, denn für die Aufklärung des Verstandes ist schon sehr viel getan worden. Es fehlt uns nicht sowohl an der Kenntnis der Wahrheit und des Rechts als an der Wirksamkeit dieser Erkenntnis zur Bestimmung des Willens, nicht sowohl an Licht als an Wärme, nicht sowohl an philosophischer als an ästhetischer Kultur. Diese letztere halte ich für das wirksamste Instrument der Charakterbildung und zugleich für dasjenige, welches von dem politischen Zustand vollkommen unabhängig und also auch ohne Hilfe des Staates zu erhalten ist.

Und hier ist es nun, Gnädigster Prinz, wo die Kunst und der Geschmack ihre bildende Hand an den Menschen legen und ihren veredelnden Einfluss beweisen. Die Künste des Schönen und Erhabenen beleben, üben und verfeinern das Empfindungsvermögen, sie erheben den Geist von den groben Vergnügen des Stoffes zum reinen Wohlgefallen an bloßen Formen und gewöhnen ihn, auch in seine Genüsse Selbsttätigkeit zu mischen. Die wahre Verfeinerung der Gefühle besteht aber jederzeit darin, dass der höhern Natur des Menschen und dem göttlichen Teil seines Wesens, seiner Vernunft und seiner Freiheit, ein Anteil daran verschafft wird.
(13.7.1793)

○ **Am Text erarbeiten:**
– gesellschaftliche Leitbilder, die Schiller befürwortet bzw. ablehnt
– Begriff der „ästhetischen Kultur"

○ **Erkunden, nachschlagen:**
Schillers Idee der ästhetischen Erziehung und Bildung des Menschen

○ **Diskutieren, erörtern:**
Einschätzung des Schillerschen Konzepts aus heutiger Sicht

○ **Selbst gestalten:**
fiktives Interview mit Schiller über persönliche Autonomie, politische Freiheit und ästhetische Erziehung und Bildung

Georg Büchner
Dantons Tod 1. Akt, 1. Szene

Hérault-Séchelles, einige Damen (am Spieltisch). Danton, Julie (etwas weiter weg, Danton auf einem Schemel zu den Füßen von Julie)

DANTON: Sieh die hübsche Dame, wie artig sie die Karten dreht! ja wahrhaftig, sie versteht's; man sagt, sie halte ihrem Manne immer wieder das cœr und anderen Leuten das carreau hin. Ihr könntet einen noch in die Lüge verliebt machen.
JULIE: Glaubst du an mich?
DANTON: Was weiß ich? Wir wissen wenig voneinander. Wir sind Dickhäuter, wir strecken die Hände nacheinander aus, aber es ist vergebliche Mühe, wir reiben nur das grobe Leder aneinander ab, – wir sind sehr einsam.
JULIE: Du kennst mich, Danton.
DANTON: Ja, was man so kennen heißt. Du hast dunkle Augen und lockiges Haar und einen feinen Teint und sagst immer zu mir: lieb Georg! Aber *(er deutet ihr auf Stirn und Augen)* da, da, was liegt hinter dem? Geh, wir haben grobe Sinne. Einander kennen? Wir müssten uns die Schädeldecken aufbrechen und die Gedanken einander aus den Hirnfasern zerren.
EINE DAME *(zu Hérault)*: Was haben Sie nur mit Ihren Fingern vor?
HÉRAULT: Nichts!
DAME: Schlagen Sie den Daumen nicht so ein, es ist nicht zum Ansehn.
HÉRAULT: Sehn Sie nur, das Ding hat eine ganz eigne Physiognomie.
DANTON: Nein Julie, ich liebe dich wie das Grab.
JULIE *(sich abwendend)*: Oh!
DANTON: Nein, höre! Die Leute sagen, im Grab sei Ruhe, und Grab und Ruhe seien eins. Wenn das ist, lieg' ich in deinem Schoß schon unter der Erde. Du süßes Grab, deine Lippen sind Totenglocken, deine Stimme ist mein Grabgeläut, deine Brust mein Grabhügel und dein Herz mein Sarg.
DAME: Verloren!
HÉRAULT: Das war ein verliebtes Abenteuer, es kostet Geld wie alle andern.
DAME: Dann haben Sie Ihre Liebeserklärungen, wie ein Taubstummer, mit den Fingern gemacht.
HÉRAULT: Ei, warum nicht? Man will sogar behaupten, gerade die würden am leichtesten verstanden. Ich zettelte eine Liebschaft mit einer Kartenkönigin an; meine Finger waren in Spinnen verwandelte Prinzen, Sie Madame, waren die Fee; aber es ging schlecht, die Dame lag immer in den Wochen, jeden Augenblick bekam sie einen Buben. Ich würde meine Tochter dergleichen nicht spielen lassen, die Herren und Damen fallen so unanständig übereinander und die Buben kommen gleich hinten nach.
(Camille Desmoulins und Philippeau treten ein.)
HÉRAULT: Philippeau, welch trübe Augen! Hast du dir ein Loch in die rote Mütze gerissen, hat der heilige Jakob ein böses Gesicht gemacht, hat es während des Guillotinierens geregnet oder hast du einen schlechten Platz bekommen und nichts sehen können?
CAMILLE: Du parodierst den Sokrates. Weißt du auch, was der Göttliche den Alcibiades fragte, als er ihn eines Tages finster und niedergeschlagen fand: „Hast du deinen Schild auf dem Schlachtfeld verloren, bist du im Wettlauf oder im Schwertkampf besiegt worden, hat ein andrer besser gesungen oder besser die Zither geschlagen?" Welche klassischen Republikaner! Nimm einmal unsere Guillotinenromantik dagegen!
PHILLIPPEAU: Heute sind wieder zwanzig Opfer gefallen. Wir waren im Irrtum, man hat die Hébertisten nur auf's Schafott geschickt, weil sie nicht systematisch genug verfuhren, vielleicht auch, weil die Dezemvirn sich verloren glaubten, wenn es nur eine Woche Männer gegeben hätte, die man mehr fürchtete als sie.
HÉRAULT: Sie möchten uns zu Antediluvianern machen. St. Just säh' es nicht ungern, wenn wir wieder auf allen vieren kröchen, damit uns der Advokat von Arras nach der Mechanik des Genfer Uhrmachers Fallhütchen, Schulbänke und einen Herrgott erfände.
PHILLIPPEAU: Sie würden sich nicht scheuen, zu dem Behuf an Marats Rechnung noch einige Nullen zu hängen. Wie lange sollen wir noch schmutzig und blutig sein wie neugeborne Kinder, Särge zur Wiege haben und mit Köpfen spielen? Wir müssen vorwärts. Der Gnadenausschuss muss durchgesetzt,

die ausgestoßnen Deputierten müssen wieder aufgenommen werden!

HÉRAULT: Die Revolution ist in das Stadium der Reorganisation gelangt.
Die Revolution muss aufhören, und die Republik muss anfangen. In unsern Staatsgrundsätzen muss das Recht an die Stelle der Pflicht, das Wohlbefinden an die der Tugend und die Notwehr an die der Strafe treten. Jeder muss sich geltend machen und seine Natur durchsetzen können. Er mag nun vernünftig oder unvernünftig, gebildet oder ungebildet, gut oder böse sein, das geht den Staat nichts an. Wir alle sind Narren, es hat keiner das Recht, einem andern seine eigentümliche Narrheit aufzudrängen.
Jeder muss in seiner Art genießen können, jedoch so, dass keiner auf Unkosten eines andern genießen oder ihn in seinem eigentümliche Genuss stören darf.

CAMILLE: Die Staatsform muss ein durchsichtiges Gewand sein, das sich dicht an den Leib des Volkes schmiegt. Jedes Schwellen der Adern, jedes Spannen der Muskeln, jedes Zucken der Sehnen muss sich darin abdrücken. Die Gestalt mag nun schön oder hässlich sein, sie hat einmal das Recht, zu sein, wie sie ist, wir sind nicht berechtigt, ihr ein Röcklein nach Belieben zuzuschneiden.
Wir werden den Leuten, welche über die nackten Schultern der allerliebsten Sünderin Frankreich den Nonnenschleier werfen wollen, auf die Finger schlagen.
Wir wollen nackte Götter, Bacchantinnen, olympische Spiele und von melodischen Lippen: Ach, die gliederlösende, böse Liebe!
Wir wollen den Römern nicht verwehren, sich in die Ecke zu setzen und Rüben zu kochen, aber sie sollen uns keine Gladiatorspiele mehr geben wollen.
Der göttliche Epikur und die Venus mit dem schönen Hintern müssen statt der Heiligen Marat und Chalier die Türsteher der Republik werden.
Danton, du wirst den Angriff im Konvent machen!

DANTON: Ich werde, du wirst, er wird. Wenn wir bis dahin noch leben, sagen die alten Weiber. Nach einer Stunde werden sechzig Minuten verflossen sein. Nicht wahr, mein Junge?

CAMILLE: Was soll das hier? Das versteht sich von selbst.

DANTON: Oh, es versteht sich alles von selbst. Wer soll denn all die schönen Dinge ins Werk setzen?

PHILLIPPEAU: Wir und die ehrlichen Leute.

DANTON: Das *und* dazwischen ist ein langes Wort, es hält uns ein wenig weit auseinander; die Strecke ist lang, die Ehrlichkeit verliert den Atem, eh' wir zusammenkommen. Und wenn auch! – den ehrlichen Leuten kann man Geld leihen, man kann bei ihnen Gevatter stehn und seine Töchter an sie verheiraten, aber das ist alles!

CAMILLE: Wenn du das weißt, warum hast du den Kampf begonnen?

DANTON: Die Leute waren mir zuwider. Ich konnte dergleichen gespreizte Katonen nie ansehn, ohne ihnen einen Tritt zu geben. Mein Naturell ist einmal so. (Er erhebt sich.)

JULIE: Du gehst?

DANTON (zu Julie): Ich muss fort, sie reiben mich mit ihrer Politik noch auf.
(Im Hinausgehen.) Zwischen Tür und Angel will ich euch prophezeien: Die Statue der Freiheit ist noch nicht gegossen, der Ofen glüht, wir alle können uns noch die Finger dabei verbrennen. (Ab)

CAMILLE: Lasst ihn, glaubt ihr, er könne die Finger davon lassen, wenn es zum Handeln kömmt?

HÉRAULT: Ja, aber bloß zum Zeitvertreib, wie man Schach spielt.

(1835)

○ **Bezüge herstellen:** Danton als historische Person und literarische Figur Büchners

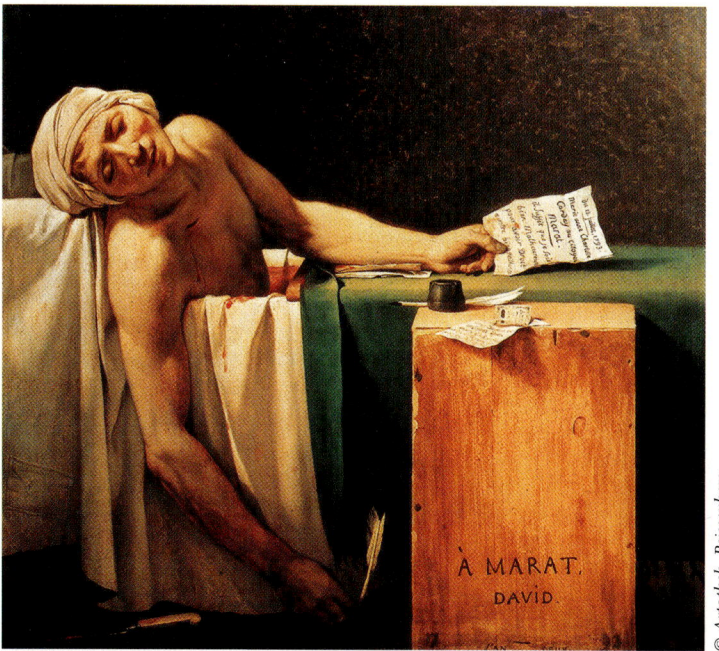

Jacques Louis David: Der tote Marat, 1793, Musée d'Art Ancien, Brüssel

Heinrich Heine
Wo soll ich hin?*

Ich bin müde und lechze nach Ruhe. Ich werde mir ebenfalls eine deutsche Nachtmütze anschaffen und über die Ohren ziehen. Wenn ich nur wüsste, wo ich jetzt mein Haupt niederlegen kann. In Deutschland ist es unmöglich. Jeden Augenblick würde ein Polizeidiener herankommen und mich rütteln, um zu erproben, ob ich wirklich schlafe; schon diese Idee verdirbt mir alles Behagen. Aber in der Tat, wo soll ich hin? Wieder nach Süden? Nach dem Lande, wo die Zitronen blühen und die Goldorangen? Ach! vor jedem Zitronenbaum steht dort eine östreichische Schildwache und donnert dir ein schreckliches Wer da! entgegen. Wie die Zitronen, so sind auch die Goldorangen jetzt sehr sauer. Oder soll ich nach Norden? Etwa nach Nordosten? Ach, die Eisbären sind jetzt gefährlicher als je, seitdem sie sich zivilisieren und Glaceehandschuh tragen. Oder soll ich wieder nach dem verteufelten England, wo ich nicht in effigie hängen, wie viel weniger in Person leben möchte! Man sollte einem noch Geld dazugeben um dort zu wohnen, und stattdessen kostet einem der Aufenthalt in England doppelt so viel wie an anderen Orten. Nimmermehr nach diesem schnöden Lande, wo die Maschinen sich wie Menschen, und die Menschen wie Maschinen gebärden. Das schnurrt und schweigt so beängstigend. (...)
Einer meiner Freunde, welcher jüngst aus Frankreich kam, behauptete, die Engländer bereisten den Kontinent aus Verzweiflung über die plumpe Küche ihrer Heimat; an den französischen Table-d'hoten sähe man dicke Engländer, die nichts als Vol-au-Vents, Crème, Süprèms, Ragouts, Gelees und dergleichen luftige Speisen verschluckten, und zwar mit jenem kolossalen Appetite, der sich daheim an Rostbeefmassen und Yorkshirer Plumpudding geübt hatte, und wodurch am Ende alle französischen Gastwirte zu Grunde gehen müssen. Ist etwa wirklich die Exploitation der Table-d'hoten der geheime Grund, weshalb die Engländer herumreisen? Während wir über die Flüchtigkeit lächeln, womit sie überall die Merkwürdigkeiten und Gemäldegalerien ansehen, sind sie es vielleicht, die uns mystifizieren und ihre belächelte Neugier ist nichts als ein pfiffiger

Heinrich Heine, nach einer Porträtzeichnung von F. L. Laynaud

Deckmantel für ihre gastronomischen Absichten?
Aber wie vortrefflich auch die französische Küche, in Frankreich selbst soll es jetzt schlecht aussehen, und die große Retirade hat noch kein Ende. Die Jesuiten florieren dort und singen Triumphlieder. Die dortigen Machthaber sind dieselben Toren, denen man bereits vor fünfzig Jahren die Köpfe abgeschlagen ... Was halfs! sie sind dem Grabe wieder entstiegen und jetzt ist ihr Regiment törigter als früher; denn, als man sie aus dem Totenreich ans Tageslicht herauffließ, haben manche von ihnen, in der Hast, den ersten besten Kopf aufgesetzt, der ihnen zur Hand lag, und da ereigneten sich gar heillose Missgriffe: Die Köpfe passen manchmal nicht zu dem Rumpf und zu dem Herzen, das drin spukt. Da ist mancher, welcher wie die Vernunft selbst auf der Tribüne sich ausspricht, sodass wir den klugen Kopf bewundern, und doch lässt er sich gleich darauf von dem unverbesserlich verrückten Herzen zu den dümmsten Handlungen verleiten ... Es ist ein grauenhafter Widerspruch zwischen den Gedanken und Gefühlen, den Grundsätzen und Leidenschaften, den Reden und den Taten dieser Revenants!
Oder soll ich nach Amerika, nach diesem ungeheuren Freiheitsgefängnis, wo die unsichtbaren Ketten mich noch schmerzlicher drücken würden als zu Hause die sichtbaren, und wo der widerwärtigste aller Tyran-

nen, der Pöbel, seine rohe Herrschaft ausübt! Du weißt, wie ich über dieses gottverfluchte Land denke, das ich einst liebte, als ich es nicht kannte … Und doch muss ich es öffentlich loben und preisen, aus Metierpflicht … Ihr lieben deutschen Bauern! geht nach Amerika! dort gibt es weder Fürsten noch Adel, alle Menschen sind dort gleich, gleiche Flegel … mit Ausnahme freilich einiger Millionen, die eine schwarze oder braune Haut haben und wie die Hunde behandelt werden! Die eigentliche Sklaverei, die in den meisten nordamerikanischen Provinzen abgeschafft, empört mich nicht so sehr wie die Brutalität, womit dort die freien Schwarzen und die Mulatten behandelt werden. Wer auch nur im entferntesten Grade von einem Neger stammt, und wenn auch nicht mehr in der Farbe, sondern nur in der Gesichtsbildung eine solche Abstammung verrät, muss die größten Kränkungen erdulden, Kränkungen, die uns in Europa fabelhaft dünken. Dabei machen diese Amerikaner großes Wesen von ihrem Christentum und sind die eifrigsten Kirchengänger. Solche Heuchelei haben sie von den Engländern gelernt, die ihnen übrigens ihre schlechtesten Eigenschaften zurückließen. Der weltliche Nutzen ist ihre eigentliche Religion und das Geld ist ihr Gott, ihr einziger, allmächtiger Gott. Freilich, manches edle Herz mag dort im Stillen die allgemeine Selbstsucht und Ungerechtigkeit bejammern. Will es aber gar dagegen ankämpfen, so harret seiner ein Märtyrtum, das alle europäischen Begriffe übersteigt. Ich glaube, es war in New York, wo ein protestantischer Prediger über die Misshandlung der farbigen Menschen so empört war, dass er, dem grausamen Vorurteil trotzend, seine eigene Tochter mit einem Neger verheiratete. Sobald diese wahrhaft christliche Tat bekannt wurde, stürmte das Volk nach dem Hause des Predigers, der nur durch die Flucht dem Tode entrann; aber das Haus ward demoliert, und die Tochter des Predigers, das arme Opfer, ward vom Pöbel ergriffen und musste seine Wut entgelten. She was flinshed, d.h. sie ward splitternackt ausgekleidet, mit Teer bestrichen, in den aufgeschnittenen Federbetten herumgewälzt, in solcher anklebenden Federhülle durch die Stadt geschleift und verhöhnt …
Oh Freiheit! du bist ein böser Traum!

(1830)

○ **Am Text erarbeiten:**
Rolle klischeehafter Typisierungen in Heines Text

○ **Diskutieren:**
Bedeutung vergleichbarer Typisierungen im heutigen Alltag

Heinrich Heine
Deutschland. Ein Wintermärchen (Auszug)

Ich ging nach Haus und schlief, als ob
Die Engel gewiegt mich hätten.
Man ruht in deutschen Betten so weich,
Denn das sind Federbetten.

Wie sehnt ich mich oft nach der Süßigkeit
Des vaterländischen Pfühles,
Wenn ich auf harten Matratzen lag,
In der schlaflosen Nacht des Exiles!

Man schläft sehr gut und träumt auch gut
In unseren Federbetten.
Hier fühlt die deutsche Seele sich frei
von allen Erdenketten.

Sie fühlt sich frei und schwingt sich empor
Zu den höchsten Himmelsräumen.
O deutsche Seele, wie stolz ist dein Flug
In deinen nächtlichen Träumen!

Die Götter erbleichen, wenn du nahst!
Du hast auf deinen Wegen
Gar manches Sternlein ausgeputzt
Mit deinen Flügelschlägen!

Franzosen und Russen gehört das Land,
Das Meer gehört den Briten,
Wir aber besitzen im Luftreich des Traums
Die Herrschaft unbestritten.

Hier üben wir die Hegemonie,
Hier sind wir unzerstückelt;
Die andern Völker haben sich
auf platter Erde entwickelt. – –

(1844)

Der Denker-Club, anonyme Karikatur um 1825

3.2 Bildung

Friedrich Schiller
Ankündigung der Monatsschrift „Die Horen" (Auszug)

Horen, die Göttinnen der gesetzlichen Ordnung (Eunomia), der Gerechtigkeit (Dike) und des Friedens (Irene)

Zu einer Zeit, wo das nahe Geräusch des Kriegs das Vaterland ängstigt, wo der Kampf politischer Meinungen und Interessen diesen Krieg beinahe in jedem Zirkel erneuert und nur allzu oft Musen und Grazien daraus verscheucht, wo weder in den Gesprächen noch in den Schriften des Tages vor diesem allverfolgenden Dämon der Staatskritik Rettung ist, möchte es ebenso gewagt als verdienstlich sein, den so sehr zerstreuten Leser zu einer Unterhaltung von ganz entgegengesetzter Art einzuladen. In der Tat scheinen die Zeitumstände einer Schrift wenig Glück zu versprechen, die sich über das Lieblingsthema des Tages ein strenges Stillschweigen auferlegen und ihren Ruhm darin suchen wird, durch etwas anderes zu gefallen, als wodurch jetzt alles gefällt. Aber je mehr das beschränkte Interesse der Gegenwart die Gemüter in Spannung setzt, einengt und unterjocht, desto dringender wird das Bedürfnis, durch ein allgemeines und höheres Interesse an dem, was rein menschlich und über allen Einfluss der Zeiten erhaben ist, sie wieder in Freiheit zu setzen und die politisch geteilte Welt unter der Fahne der Wahrheit und Schönheit wieder zu vereinigen.

Dies ist der Gesichtspunkt, aus welchem die Verfasser dieser Zeitschrift dieselbe betrachtet wissen möchten. Einer heitern und leidenschaftsfreien Unterhaltung soll sie gewidmet sein, und dem Geist und Herzen des Lesers, den der Anblick der Zeitbegebenheiten bald entrüstet, bald niederschlägt, eine fröhliche Zerstreuung gewähren. Mitten in diesem politischen Tumult soll sie für Musen und Charitinnen* einen engen vertraulichen Zirkel schließen, aus welchem alles verbannt sein wird, was mit einem unreinen Parteigeist gestempelt ist. Aber indem sie sich alle Beziehungen auf den jetzigen Weltlauf und auf die nächsten Erwartungen der Menschheit verbietet, wird sie über die vergangene Welt die Geschichte und über die kommende die Philosophie befragen, wird sie zu dem Ideale veredelter Menschheit, welches durch die Vernunft aufgegeben, in der Erfahrung aber so leicht aus den Augen gerückt wird, einzelne Züge sammeln und an dem stillen Bau besserer Begriffe, reinerer Grundsätze und edlerer Sitten, von dem zuletzt alle wahre Verbesserung des gesellschaftlichen Zustandes abhängt, nach Vermögen geschäftig sein. Sowohl spielend als ernsthaft wird man im Fortgange dieser Schrift dieses einzige Ziel verfolgen, und so verschieden auch die Wege sein mögen, die man dazu einschlagen wird, so werden doch alle, näher oder entfernter, dahin gerichtet sein, wahre Humanität zu befördern. Man wird streben, die Schönheit zur Vermittlerin der Wahrheit zu machen und durch die Wahrheit der Schönheit ein dauerndes Fundament und eine höhere Würde zu geben. Soweit es tunlich ist, wird man die Resultate der Wissenschaft von ihrer scholastischen Form zu befreien und in einer reizenden, wenigstens einfachen, Hülle dem Gemeinsinn verständlich zu machen suchen. Zugleich aber wird man auf dem Schauplatze der Erfahrung nach neuen Erwerbungen für die Wissenschaft ausgehen und da nach Gesetzen forschen, wo bloß der Zufall zu spielen und die Willkür zu herrschen scheint. Auf diese Art glaubt man zur Aufhebung der Scheidewand beizutragen, welche die schöne Welt von der gelehrten zum Nachteile beider trennt. (...)

Die Horen waren es, welche die neugeborene Venus bei ihrer ersten Erscheinung in Zypern empfingen, sie mit göttlichen Gewanden bekleideten und so (...) in den Kreis der Unsterblichen führten: eine reizende Dichtung, durch welche angedeutet wird, dass das Schöne schon in seiner Geburt sich unter Regeln fügen muss und nur durch Gesetzmäßigkeit würdig werden kann, einen Platz im Olymp, Unsterblichkeit und einen moralischen Wert zu erhalten. In leichten Tänzen umkreisen diese Göttinnen die Welt, öffnen und schließen den Olymp und schirren die Sonnenpferde an, das belebende Licht durch die Schöpfung zu versenden. Man sieht sie im Gefolge der Huldgöttinnen und in dem Dienst der Königin des Himmels, weil Anmut und Ordnung, Wohlanständigkeit und Würde unzertrennlich sind.
(1794)

Charitinnen: Göttinnen der Anmut

● **Am Text erarbeiten:** das Programm der Zeitschrift „Die Horen"

● **Erkunden, nachschlagen:** Rolle der Literatur in Deutschland zur Zeit der Ankündigung der „Horen"

Johann Wolfgang von Goethe
Wilhelm Meisters Lehrjahre (Auszüge)

5. Buch „(...) Dass ich Dir's mit *einem* Worte sage: Mich selbst, ganz wie ich da bin, auszubilden, das war dunkel von Jugend auf mein Wunsch und meine Absicht. Noch hege ich eben diese Gesinnungen, nur dass mir die Mittel, die mir es möglich machen werden, etwas deutlicher sind. Ich habe mehr Welt gesehen, als du glaubst, und sie besser benutzt, als du denkst. Schenke deswegen dem, was ich sage, einige Aufmerksamkeit, wenn es gleich nicht ganz nach deinem Sinne sein sollte.

Wäre ich ein Edelmann, so wäre unser Streit bald abgetan; da ich aber nur ein Bürger bin, so muss ich einen eigenen Weg nehmen, und ich wünsche, dass du mich verstehen mögest. Ich weiß nicht, wie es in fremden Ländern ist, aber in Deutschland ist nur dem Edelmann eine gewisse allgemeine, wenn ich sagen darf, personelle Ausbildung möglich. Ein Bürger kann sich Verdienst erwerben und zur höchsten Not seinen Geist ausbilden; seine Persönlichkeit geht aber verloren, er mag sich stellen, wie er will. Indem es dem Edelmann, der mit den Vornehmsten umgeht, zur Pflicht wird, sich selbst einen vornehmen Anstand zu geben, indem dieser Anstand, da ihm weder Tür noch Tor verschlossen ist, zu einem freien Anstand wird, da er mit seiner Figur, mit seiner Person, es sei bei Hofe oder bei der Armee, bezahlen muss, so hat er Ursache, etwas auf sie zu halten und zu zeigen, dass er etwas auf sie hält. Eine gewisse feierliche Grazie bei gewöhnlichen Dingen, eine Art von leichtsinniger Zierlichkeit bei ernsthaften und wichtigen kleidet ihn wohl, weil er sehen lässt, dass er überall im Gleichgewicht steht. Er ist eine öffentliche Person, und je ausgebildeter seine Bewegungen, je sonorer seine Stimme, je gehaltener und gemessener sein ganzes Wesen ist, desto vollkommner ist er. Wenn er gegen Hohe und Niedre, gegen Freunde und Verwandte immer ebenderselbe bleibt, so ist nichts an ihm auszusetzen, man darf ihn nicht anders wünschen. Er sei kalt, aber verständig; verstellt, aber klug. Wenn er sich äußerlich in jedem Momente seines Lebens zu beherrschen weiß, so hat niemand eine weitere Forderung an ihn zu machen, und alles Übrige, was er an und um sich hat, Fähigkeit, Talent, Reichtum, alles scheinen nur Zugaben zu sein.

Nun denke dir irgendeinen Bürger, der an jene Vorzüge nur einigen Anspruch zu machen gedächte; durchaus muss es ihm misslingen, und er müsste desto unglücklicher werden, je mehr sein Naturell ihm zu jener Art zu sein Fähigkeit und Trieb gegeben hätte. Wenn der Edelmann im gemeinen Leben gar keine Grenzen kennt, wenn man aus ihm Könige oder königähnliche Figuren erschaffen kann, so darf er überall mit einem stillen Bewusstsein vor seinesgleichen treten; er darf überall vorwärts dringen, anstatt dass dem Bürger nichts besser ansteht, als das reine, stille Gefühl der Grenzlinie, die ihm gezogen ist. Er darf nicht fragen: ‚Was bist du?', sondern nur: ‚Was hast du? welche Einsicht, welche Kenntnis, welche Fähigkeit, wie viel Vermögen?' Wenn der Edelmann durch die Darstellung seiner Person alles gibt, so gibt der Bürger durch seine Persönlichkeit nichts und soll nichts geben. Jener darf und soll scheinen; dieser soll nur sein, und was er scheinen will, ist lächerlich oder abgeschmackt. Jener soll tun und wirken, dieser soll leisten und schaffen; er soll einzelne Fähigkeiten ausbilden, um brauchbar zu werden, und es wird schon vorausgesetzt, dass in seinem Wesen keine Harmonie sei noch sein dürfe, weil er, um sich auf *eine* Weise brauchbar zu machen, alles Übrige vernachlässigen muss.

An diesem Unterschiede ist nicht etwa die Anmaßung der Edelleute und die Nachgiebigkeit der Bürger, sondern die Verfassung der Gesellschaft selbst schuld; ob sich daran einmal etwas ändern wird und was sich ändern wird, bekümmert mich wenig; genug, ich habe, wie die Sachen jetzt stehen, an mich selbst zu denken und wie ich mich selbst und das, was mir ein unerlässliches Bedürfnis ist, rette und erreiche.

Ich habe nun einmal gerade zu jener harmonischen Ausbildung meiner Natur, die mir

---

Bildung:
„liberal education"
„Culture générale"

gebildet:
„educated, cultured, well-bred"
„cultivé, lettré"

Mit „Wilhelm Meisters Lehrjahre" hat Goethe den modernen Erziehungs- und Bildungsroman begründet. In dieser Form des Romans wird das breite Spektrum der im weitesten Sinne „bildenden" Kräfte einer Zeit dargestellt, und zwar anhand der Entwicklung der handelnden Personen. Das Buch schildert in erster Linie Wilhelms Weg aus dem bürgerlichen Elternhaus über die Mitgliedschaft in einer Theatergruppe bis hin zur „Turmgesellschaft", die einer Freimaurersekte ähnelt. Die Bekenntnisse einer schönen Seele (im 6. Buch) liefern eine Beschreibung des Pietismus, während Mignon und der Harfner irrationale und tragische Aspekte der Kunst verkörpern.

Bildung ist ein geschmeidiger und trainierter Zustand des Geistes, der entsteht, wenn man alles einmal gewusst und alles wieder vergessen hat.
(G. C. Lichtenberg)

„Jede Anlage ist wichtig und sie muss entwickelt werden. Wenn einer nur das Schöne, der andere nur das Nützliche befördert, so machen beide zusammen erst einen Menschen aus. Der Nützliche befördert sich selbst, denn die Menge bringt es hervor, und alle können's nicht entbehren; das Schöne muss befördert werden, denn wenige stellen's dar und viele bedürfen's. (...) Eine Kraft beherrscht die andere, aber keine kann die andere bilden; in jeder Anlage liegt auch allein die Kraft, sich zu vollenden; das verstehen so wenig Menschen, die doch lehren und wirken wollen."

(Goethe, Wilhelm Meisters Lehrjahre)

● **Am Text erarbeiten:**
Entwicklung der Bildungsidee von der individuellen Selbstbildung zur „sozialen" Bildung in den beiden Textauszügen

● **Erkunden, nachschlagen:**
die Wirkung von Goethes „Wilhelm Meister" auf den Entwicklungs- und Bildungsroman im 19. und 20. Jahrhundert

● **Diskutieren:**
„Bildungs"-Vorstellungen heute

meine Geburt versagt, eine unwiderstehliche Neigung. Ich habe, seit ich dich verlassen, durch Leibesübung viel gewonnen; ich habe viel von meiner gewöhnlichen Verlegenheit abgelegt und stelle mich so ziemlich dar. Ebenso habe ich meine Sprache und Stimme ausgebildet, und ich darf ohne Eitelkeit sagen, dass ich in Gesellschaften nicht missfalle. Nun leugne ich dir nicht, dass mein Trieb täglich unüberwindlicher wird, eine öffentliche Person zu sein und in einem weitern Kreise zu gefallen und zu wirken. Dazu kömmt meine Neigung zur Dichtkunst und zu allem, was mit ihr in Verbindung steht, und das Bedürfnis, meinen Geist und Geschmack auszubilden, damit ich nach und nach auch bei dem Genuss, den ich nicht entbehren kann, nur das Gute wirklich für gut und das Schöne für schön halte. Du siehst wohl, dass das alles für mich nur auf dem Theater zu finden ist, und dass ich mich in diesem einzigen Elemente nach Wunsch rühren und ausbilden kann. Auf den Brettern erscheint der gebildete Mensch so gut persönlich in seinem Glanz als in den obern Klassen; Geist und Körper müssen bei jeder Bemühung gleichen Schritt gehen, und ich werde da so gut sein und scheinen können als irgend anderswo. Suche ich daneben noch Beschäftigungen, so gibt es dort mechanische Quälereien genug und ich kann meiner Geduld tägliche Übung verschaffen. (...)"

7. Buch: Eines Abends sagte Jarno zu ihm: „Wir können Sie nun so sicher als den Unsern ansehen, dass es unbillig wäre, wenn wir Sie nicht tiefer in unsere Geheimnisse einführten. Es ist gut, dass der Mensch, der erst in die Welt tritt, viel von sich halte, dass er sich viele Vorzüge zu erwerben denke, dass er alles möglich zu machen suche; aber wenn seine Bildung auf einem gewissen Grade steht, dann ist es vorteilhaft, wenn er sich in einer größern Masse verlieren lernt, wenn er lernt, um anderer willen zu leben und seiner selbst in einer pflichtmäßigen Tätigkeit zu vergessen. Da lernt er erst sich selbst kennen; denn das Handeln eigentlich vergleicht uns mit andern. Sie sollen bald erfahren, welch eine kleine Welt sich in Ihrer Nähe befindet und wie gut Sie in dieser kleinen Welt gekannt sind; morgen früh vor Sonnenaufgang sein Sie angezogen und bereit!"

Jarno kam zur bestimmten Stunde und führte ihn durch bekannte und unbekannte Zimmer des Schlosses, dann durch einige Galerien, und sie gelangten endlich vor eine große alte Türe, die stark mit Eisen beschlagen war. Jarno pochte, die Türe tat sich ein wenig auf, sodass ein Mensch hineinschlüpfen konnte. Jarno schob Wilhelmen hinein, ohne ihm zu folgen. Dieser fand sich in einem dunkeln und engen Behältnisse, es war finster um ihn, und als er einen Schritt vorwärts gehen wollte, stieß er schon wider. Eine nicht ganz unbekannte Stimme rief ihm zu: „Tritt herein!", und nun bemerkte er erst, dass die Seiten des Raums, in dem er sich befand, nur mit Teppichen behangen waren, durch welche ein schwaches Licht hindurch schimmerte. „Tritt herein!", rief es nochmals; er hob den Teppich auf und trat hinein. Der Saal, in dem er sich nunmehr befand, schien ehemals eine Kapelle gewesen zu sein; anstatt des Altars stand ein großer Tisch auf einigen Stufen, mit einem grünen Teppich behangen, darüber schien ein zugezogener Vorhang ein Gemälde zu bedecken; an den Seiten waren schön gearbeitete Schränke mit feinen Drahtgittern verschlossen, wie man sie in Bibliotheken zu sehen pflegt, nur sah er anstatt der Bücher viele Rollen aufgestellt. Niemand befand sich in dem Saal; die aufgehende Sonne fiel durch die farbigen Fenster Wilhelmen gerade entgegen und begrüßte ihn freundlich.

„Setze dich!", rief die Stimme, die von dem Altar her zu tönen schien. Wilhelm setzte sich auf einen kleinen Armstuhl, der wider den Verschlag des Eingangs stand; es war kein anderer Sitz im ganzen Zimmer, er musste sich darein ergeben, ob ihn schon die Morgensonne blendete; der Sessel stand fest, er konnte nur die Hand vor die Augen halten.

Indem eröffnete sich mit einem kleinen Geräusche der Vorhang über dem Altar und zeigte innerhalb eines Rahmens eine leere, dunkle Öffnung. Es trat ein Mann hervor in gewöhnlicher Kleidung, der ihn begrüßte und zu ihm sagte: „Sollten Sie mich nicht wiedererkennen? Sollten Sie unter andern Dingen, die Sie wissen möchten, nicht auch zu erfahren wünschen, wo die Kunstsammlung Ihres Großvaters sich gegenwärtig befindet? Erinnern Sie sich des Gemäldes nicht mehr, das Ihnen so reizend war? Wo mag der kranke Königssohn wohl jetzo schmachten?" – Wilhelm erkannte leicht den Fremden, der in jener bedeutenden Nacht sich mit ihm im Gasthause unterhalten hatte. „Vielleicht", fuhr dieser fort, „können wir jetzt über Schicksal und Charakter eher einig werden."

Wilhelm wollte eben antworten, als der Vorhang sich wieder rasch zusammenzog. „Sonderbar!" sagte er bei sich selbst, „sollten zufällige Ereignisse einen Zusammenhang haben? Und das, was wir Schicksal nennen, sollte es bloß Zufall sein? Wo mag sich meines Großvaters Sammlung befinden? und warum erinnert man mich in diesen feierlichen Augenblicken daran?"

Er hatte nicht Zeit, weiter zu denken, denn der Vorhang öffnete sich wieder, und ein Mann stand vor seinen Augen, den er sogleich für den Landgeistlichen erkannte, der mit ihm und der lustigen Gesellschaft jene Wasserfahrt gemacht hatte; er glich dem Abbé, ob er gleich nicht dieselbe Person schien. Mit einem heitern Gesichte und einem würdigen Ausdruck fing der Mann an: „Nicht vor Irrtum zu bewahren, ist die Pflicht des Menschenerziehers, sondern den Irrenden zu leiten, ja ihn seinen Irrtum aus vollen Bechern ausschlürfen zu lassen, das ist Weisheit der Lehrer. Wer seinen Irrtum nur kostet, hält lange damit haus, er freuet sich dessen als eines seltenen Glücks, aber wer ihn ganz erschöpft, der muss ihn kennen lernen, wenn er nicht wahnsinnig ist." Der Vorhang schloss sich abermals und Wilhelm hatte Zeit nachzudenken. „Von welchem Irrtum kann der Mann sprechen", sagte er zu sich selbst, „als von dem, der mich mein ganzes Leben verfolgt hat, dass ich da Bildung suchte, wo keine zu finden war, dass ich mir einbildete ein Talent erwerben zu können, zu dem ich nicht die geringste Anlage hatte!"

Der Vorhang riss sich schneller auf, ein Offizier trat hervor und sagte nur im Vorbeigehen: „Lernen Sie die Menschen kennen, zu denen man Zutrauen haben kann!" Der Vorhang schloss sich und Wilhelm brauchte sich nicht lange zu besinnen, um diesen Offizier für denjenigen zu erkennen, der ihn in des Grafen Park umarmt hatte und Schuld gewesen war, dass er Jarno für einen Werber hielt. Wie dieser hierher gekommen und wer er sei, war Wilhelmen völlig ein Rätsel. – „Wenn so viele Menschen an dir teilnahmen, deinen Lebensweg kannten und wussten, was darauf zu tun sei, warum führten sie dich nicht strenger? warum nicht ernster? warum begünstigten sie deine Spiele, anstatt dich davon wegzuführen?"

„Rechte nicht mit uns!", rief eine Stimme; „du bist gerettet, und auf dem Wege zum Ziel. Du wirst keine deiner Torheiten bereuen und keine zurückwünschen, kein glücklicheres Schicksal kann einem Menschen werden."
(1795/1796)

○ **Lesetipp:**
Karl Philipp Moritz:
Anton Reiser
(1785–1790)

Johann Gottfried Herder
Briefe zur Beförderung der Humanität (Auszug)

Humanität ist der *Charakter unsres Geschlechts*; er ist uns aber nur in Anlagen angeboren und muss uns eigentlich angebildet werden. Wir bringen ihn nicht fertig auf die Welt mit; auf der Welt aber soll er das Ziel unsres Bestrebens, die Summe unsrer Übungen, unser *Wert* sein: denn eine *Angelität* im Menschen kennen wir nicht, und wenn der Dämon, der uns regiert, kein humaner Dämon ist, werden wir Plagegeister der Menschen. Das *Göttliche* in unserm Geschlecht ist also *Bildung zur Humanität*; alle großen und guten Menschen, Gesetzgeber, Erfinder, Philosophen, Dichter, Künstler, jeder edle Mensch in seinem Stande, bei der Erziehung seiner Kinder, bei der Beobachtung seiner Pflichten, durch Beispiel, Werk, Institut und Lehre hat dazu mitgeholfen. Humanität ist der Schatz und die Ausbeute aller menschlichen Bemühungen, gleichsam die *Kunst unsres Geschlechtes*. Die Bildung zu ihr ist ein Werk, das unablässig fortgesetzt werden muss, oder wir sinken, höhere und niedere Stände, zur rohen Tierheit, zur *Brutalität* zurück. (...)

Wir können nicht glücklich oder ganz würdig und moralisch gut sein, solange z. B. *ein Sklave durch Schuld der Menschen unglücklich ist*: Denn die Laster und böse Gewohnheiten, die ihn unglücklich machen, wirken auch auf uns oder kommen von uns her.
(1794/97)

○ **Bezüge herstellen:**
Herders Position im Vergleich mit Kant, Rousseau und Hobbes
(S. 15 f.)

Johann Wolfgang von Goethe
Italienische Reise (Auszug)

Ich kann sagen, dass ich nur in Rom empfunden habe, was eigentlich ein Mensch sei. Zu dieser Höhe, zu diesem Glück der Empfindung bin ich später nie wieder gekommen, ich bin, mit meinem Zustand in Rom verglichen, eigentlich nachher nie wieder froh geworden. (J. W. v. Goethe, 1828)

Den 10. November 1786.
Ich lebe nun hier mit einer Klarheit und Ruhe, von der ich lange kein Gefühl hatte. Meine Übung, alle Dinge, wie sie sind, zu sehen und abzulesen, meine Treue, das Auge licht sein zu lassen, meine völlige Entäußerung von aller Prätention kommen mir einmal wieder recht zustatten und machen mich im Stillen höchst glücklich. Alle Tage ein neuer merkwürdiger Gegenstand, täglich frische, große, seltsame Bilder und ein Ganzes, das man sich lange denkt und träumt, nie mit der Einbildungskraft erreicht.

Heute war ich bei der Pyramide des Cestius und abends auf dem Palatin, oben auf den Ruinen der Kaiserpaläste, die wie Felsenwände dastehn. Hievon lässt sich nun freilich nichts überliefern! Wahrlich, es gibt hier nichts Kleines, wenn auch wohl hier und da etwas Scheltenswertes und Abgeschmacktes; doch auch ein solches hat teil an der allgemeinen Großheit genommen.

Kehr' ich nun in mich selbst zurück, wie man doch so gern tut bei jeder Gelegenheit, so entdecke ich ein Gefühl, das mich unendlich freut, ja, das ich sogar auszusprechen wage. Wer sich mit Ernst hier umsieht und Augen hat zu sehen, muss solid werden, er muss einen Begriff von Solidität fassen, der ihm nie so lebendig ward.

Der Geist wird zur Tüchtigkeit gestempelt, gelangt zu einem Ernst ohne Trockenheit, zu einem gesetzten Wesen mit Freude. Mir wenigstens ist es, als wenn ich die Dinge dieser Welt nie so richtig geschätzt hätte als hier. Ich freue mich der gesegneten Folgen auf mein ganzes Leben.

Und so lasst mich auffraffen, wie es kommen will, die Ordnung wird sich geben. Ich bin nicht hier um nach meiner Art zu genießen; befleißigen will ich mich der großen Gegenstände, lernen und mich ausbilden, ehe ich vierzig Jahre alt werde.

Am Text erarbeiten: „Bildungs"-Wirkung des klassisch-antiken Roms

---

Karoline von Günderode
Reise ins Mittelalter

Rückwärts in schönre Tage lass uns blicken, die gewesen. Vielleicht sind wir eben jetzt auf einer Bildungsstufe angelangt, wo unser höchstes und würdigstes Bestreben sich dahin richten sollte, die großen Kunstmeister der Vorwelt zu verstehen und mit dem Reichtum und der Fülle ihrer poesiereichen Darstellungen unser dürftiges Leben zu befruchten. Denn, abgeschlossen sind wir durch enge Verhältnisse von der Natur, durch engere Begriffe vom wahren Lebensgenuss, durch unsere Staatsformen von aller Tätigkeit im Großen. So fest umschlossen ringsum, bleibt uns nur übrig den Blick hinauf zu richten zum Himmel oder brütend in uns selbst zu wenden. Sind nicht beinahe alle Arten der neuern Poesie durch diese unsere Stellung bestimmt? Liniengestalten entweder, die körperlos hinaufstreben im unendlichen Raum zu zerfließen oder bleiche, lichtscheue Erdgeister, die wir grübelnd aus der Tiefe unsers Wesens heraufbeschwören; aber nirgends kräftige, markige Gestalten. Der Höhe dürfen wir uns rühmen und der Tiefe, aber behagliche Ausdehnung fehlt uns durchaus. Wie Shakespeares Julius Cäsar möcht' ich rufen: „Bringt fette Leute zu mir, und die ruhig schlafen, ich fürchte diesen hagern Cassius." – Da ich nun selbst nicht über die Schranken meiner Zeit hinaus reiche, dünkt es dir nicht besser für mich, den Weg eigner poetischer Produktion zu verlassen und ein ernsthaftes Studium der Poeten der Vorzeit und besonders des Mittelalters zu beginnen? Ich weiß zwar, dass es mir Mühe kosten wird, ich werde gleichsam einen Zweig aus meiner Natur herausschneiden müssen, denn ich schaue mich am fröhlichsten in einem Produkt meines Geistes an und habe nur wahrhaftes Bewusstsein durch dieses Hervorgebrachte; aber um Etwas desto gewisser zu gewinnen, muss man stets ein Anderes aufgeben, das ist ein allgemeines Schicksal, und es soll mich nicht erschrecken. *(1806)*

Am Text erarbeiten: Günderodes Perspektive auf die Literatur ihrer Zeit und die antike Kunst

Diskutieren: Rolle von „Bildungs"-Reisen Anfang des 19. und des 21. Jahrhunderts

Friedrich Schlegel
116. Athenäum-Fragment

Die romantische Poesie ist eine progressive Universalpoesie. Ihre Bestimmung ist nicht bloß, alle getrennten Gattungen der Poesie wieder zu vereinigen und die Poesie mit der Philosophie und Rhetorik in Berührung zu setzen. Sie will und soll auch Poesie und Prosa, Genialität und Kritik, Kunstpoesie und Naturpoesie bald mischen, bald verschmelzen, die Poesie lebendig und gesellig, und das Leben und die Gesellschaft poetisch machen, den Witz poetisieren, und die Formen der Kunst mit gediegnem Bildungsstoff jeder Art anfüllen und sättigen, und durch die Schwingungen des Humors beseelen. Sie umfasst alles, was nur poetisch ist, vom größten wieder mehrere Systeme in sich enthaltenden Systeme der Kunst, bis zu dem Seufzer, dem Kuss, den das dichtende Kind aushaucht in kunstlosen Gesang. Sie kann sich so in das Dargestellte verlieren, dass man glauben möchte poetische Individuen jeder Art zu charakterisieren sei ihr Eins und Alles; und doch gibt es noch keine Form, die so dazu gemacht wäre, den Geist des Autors vollständig auszudrücken: sodass manche Künstler, die nur auch einen Roman schreiben wollten, von ungefähr sich selbst dargestellt haben. Nur sie kann gleich dem Epos ein Spiegel der ganzen umgebenden Welt, ein Bild des Zeitalters werden. Und doch kann auch sie am meisten zwischen dem Dargestellten und dem Darstellenden, frei von allem realen und idealen Interesse auf den Flügeln der poetischen Reflexion in der Mitte schweben, diese Reflexion immer wieder potenzieren und wie in einer endlosen Reihe von Spiegeln vervielfachen. (…) Andre Dichtarten sind fertig und können nun vollständig zergliedert werden. Die romantische Dichtart ist noch im Werden; ja das ist ihr eigentliches Wesen, dass sie ewig nur werden, nie vollendet sein kann. Sie kann durch keine Theorie erschöpft werden, und nur eine divinatorische Kritik dürfte es wagen ihr Ideal charakterisieren zu wollen. Sie allein ist unendlich, wie sie allein frei ist, und das als ihr erstes Gesetz anerkennt, dass die Willkür des Dichters kein Gesetz über sich leide. Die romantische Dichtart ist die einzige, die mehr als Art und gleichsam die Dichtkunst selbst ist: Denn in einem gewissen Sinn ist oder soll alle Poesie romantisch sein.

(1801)

Fragment (lat. fragmentum: Bruchstück): unvollständig überliefertes oder nicht vollendetes Werk; „offene" Form, in der sich Überlegungen frei vom Zwang eines systematischen Gedankenganges assoziativ entfalten können.

Wie mach ich's bloß, dass ich aus dieser Verbannung des Wirklichen erlöst werde?
(Bettina von Arnim)

○ **Diskutieren:**
Schlegels Programm der Universalpoesie als modernes Literaturkonzept

---

Novalis
Wenn nicht mehr Zahlen und Figuren

Wenn nicht mehr Zahlen und Figuren
Sind Schlüssel aller Kreaturen,
Wenn die, so singen oder küssen,
Mehr als die Tiefgelehrten wissen,
Wenn sich die Welt ins freie Leben
Und in die Welt wird zurückbegeben,
Wenn dann sich wieder Licht und Schatten
Zu echter Klarheit werden gatten
Und man in Märchen und Gedichten
Erkennt die ewgen Weltgeschichten,
Dann fliegt vor Einem geheimen Wort
Das ganze verkehrte Wesen fort.

(1800)

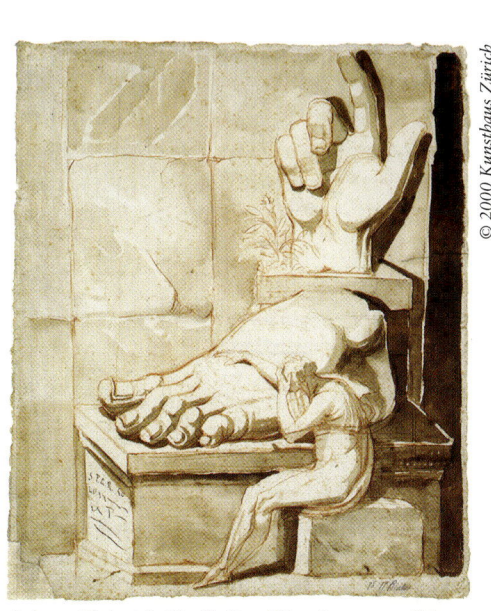

Johann Heinrich Füssli: Der Künstler verzweifelt vor der Größe der antiken Trümmer, 1778/80

○ **Lesetipps:**
Johann Gottfried Seume: Der Spaziergang nach Syrakus im Jahre 1802 (1803)
F.C. Delius: Der Spaziergang von Rostock nach Syrakus (1995)

4 Nachtseiten

August Klingemann
Nachtwachen des Bonaventura (Auszug)

Ernst August Friedrich Klingemann (1777–1831) ist Autor zahlreicher Dramen und Romane, daneben war er – mit kurzer Unterbrechung – von 1817 bis zu seinem Tod Direktor des Braunschweiger Theaters, wo 1829 unter seiner Regie die erste öffentliche Aufführung von Goethes „Faust" stattfand.
Die unter dem Pseudonym „Bonaventura" veröffentlichten „Nachtwachen des Bonaventura" sind das berühmteste Werk Klingemanns. Der Roman besteht aus 16 Nachtwachen und bringt die Skepsis des Autors gegenüber jeder Art von Dogmatismus und Fortschrittsgläubigkeit zum Ausdruck; zugleich hat er Züge einer Persiflage auf die Nachtstücke der Romantiker.
Die Autorenschaft Klingemanns war lange unsicher, erst vor wenigen Jahren konnte ihm das Werk eindeutig zugeordnet werden – zuvor waren u.a. C. Brentano, F. Schlegel, C. v. Schelling und E. T. A. Hoffmann als mögliche Autoren genannt worden.

Erste Nachtwache.
Die Nachtstunde schlug; ich hüllte mich in meine abenteuerliche Vermummung, nahm die Pike und das Horn zur Hand, ging in die 5 Finsternis hinaus und rief die Stunde ab, nachdem ich mich durch ein Kreuz gegen die bösen Geister geschützt hatte.
Es war eine von jenen unheimlichen Nächten, wo Licht und Finsternis schnell und 10 seltsam miteinander abwechselten. Am Himmel flogen die Wolken, vom Winde getrieben, wie wunderliche Riesenbilder vorüber und der Mond erschien und verschwand im raschen Wechsel. Unten in den Straßen herr-15 schte Totenstille, nur hoch oben in der Luft hauste der Sturm, wie ein unsichtbarer Geist.
Es war mir schon recht und ich freute mich über meinen einsam widerhallenden Fuß-20 tritt, denn ich kam mir unter den vielen Schläfern vor wie der Prinz im Märchen in der bezauberten Stadt, wo eine böse Macht jedes lebende Wesen in Stein verwandelt hatte; oder wie ein einzig Übriggebliebener 25 nach einer allgemeinen Pest oder Sündflut.
(...)
Halt! dort wacht ein Kranker – auch in Träumen, wie ein Poet in wahren Fieberträumen!
30 Der Mann war ein Freigeist von jeher, und er hält sich stark in seiner letzten Stunde, wie Voltaire. Da sehe ich ihn durch den Einschnitt im Fensterladen; er schaut blass und ruhig in das leere Nichts, wohin er nach 35 einer Stunde einzugehen gedenkt um den traumlosen Schlaf auf immer zu schlafen. Die Rosen des Lebens sind von seinen Wangen abgefallen, aber sie blühen rund um ihn auf den Gesichtern dreier holder Knaben.
40 Der jüngste droht ihm kindlich unwissend in das blasse Antlitz, weil es nicht mehr lächeln will, wie sonst. Die andern beiden stehen ernst betrachtend, sie können sich den Tod noch nicht denken in ihrem frischen Leben.
45 Das junge Weib dagegen mit aufgelöstem Haar und offner schöner Brust, blickt verzweifelnd in die schwarze Gruft und wischt nur dann und wann den Schweiß wie mechanisch von der kalten Stirn des Sterben-50 den.
Neben ihm steht, glühend vor Zorn, der Pfaff mit aufgehobenem Kruzifixe, den Freigeist zu bekehren. Seine Rede schwillt mächtig an wie ein Strom und er malt das Jenseits 55 in kühnen Bildern; aber nicht das schöne Morgenrot des neuen Tages und die aufblühenden Lauben und Engel, sondern, wie ein wilder Höllenbreugel, die Flammen und Abgründe und die ganze schaudervolle Un-60 terwelt des Dante.
Vergebens! der Kranke bleibt stumm und starr, er sieht mit einer fürchterlichen Ruhe ein Blatt nach dem andern abfallen und fühlt, wie sich die kalte Eisrinde des Todes 65 höher noch höher zum Herzen hinaufzieht. Der Nachwind pfiff mir durch die Haare und schüttelte die morschen Fensterläden, wie ein unsichtbarer herannahender Todesgeist. Ich schauderte, der Kranke blickte 70 plötzlich kräftig um sich, als gesundete er rasch durch ein Wunder und fühlte neues höheres Leben. Dieses schnelle leuchtende Auflodern der schon verlöschenden Flamme, der sichere Vorbote des nahen Todes, 75 wirft zugleich ein glänzendes Licht in das vor dem Sterbenden aufgestellte Nachtstück, und leuchtet rasch und auf einen Augenblick in die dichterische Frühlingswelt des Glaubens und der Poesie.
80 Der Kranke wies die höhere Hoffnung fest und entschieden zurück und führte dadurch einen großen Moment herbei. Der Pfaff donnerte ihm zornig in die Seele und malte jetzt mit Flammenzügen wie ein Verzwei-85 felnder und bannte den ganzen Tartarus herauf in die letzte Stunde des Sterbenden. Dieser lächelte nur und schüttelte den Kopf. Ich war in diesem Augenblicke seiner Fortdauer gewiss; denn nur das endliche Wesen 90 kann den Gedanken der Vernichtung nicht denken, während der unsterbliche Geist nicht vor ihr zittert, der sich, ein freies Wesen, ihr frei opfern kann, wie sich die indischen Weiber kühn in die Flammen stürzen, 95 und der Vernichtung weihen.
(1804)

Ernst Theodor Amadeus Hoffmann
Die Elixiere des Teufels (Auszug)

*Nachgelassene Papiere des Bruders Medardus eines Kapuziners
Herausgegeben von dem Verfasser der Fantasiestücke in Callots
Manier*

Der von dem Fürsten bestimmte Tag der Vermählung war gekommen. Aurelie wollte in erster Frühe vor dem Altar der heiligen Rosalia in der nahe gelegenen Klosterkirche getraut sein. Wachend und nach langer Zeit zum ersten Mal inbrünstig betend, brachte ich die Nacht zu. Ach! ich Verblendeter fühlte nicht, dass das Gebet, womit ich mich zur Sünde rüstete, höllischer Frevel sei! – Als ich zu Aurelien eintrat, kam sie mir, weiß gekleidet und mit duftenden Rosen geschmückt, in holder Engelsschönheit entgegen. Ihr Gewand sowie ihr Haarschmuck hatte etwas sonderbar Altertümliches, eine dunkle Erinnerung ging in mir auf, aber von tiefem Schauer fühlte ich mich durchbebt, als plötzlich das Bild des Altars, an dem wir getraut werden sollten, mir vor Augen stand. Das Bild stellte das Martyrium der heiligen Rosalia dar und gerade so wie Aurelie war sie gekleidet. – Schwer wurde es mir den grausigen Eindruck, den dies auf mich machte, zu verbergen. Aurelie gab mir mit einem Blick, aus dem ein ganzer Himmel voll Liebe und Seligkeit strahlte, die Hand, ich zog sie an meine Brust und mit dem Kuss des reinsten Entzückens durchdrang mich aufs Neue das deutliche Gefühl, dass nur durch Aurelie meine Seele errettet werden könne. Ein fürstlicher Bedienter meldete, dass die Herrschaft bereit sei uns zu empfangen. Aurelie zog schnell die Handschuhe an, ich nahm ihren Arm, da bemerkte das Kammermädchen, dass das Haar in Unordnung gekommen sei, sie sprang fort um Nadeln zu holen. Wir warteten an der Türe, der Aufenthalt schien Aurelie unangenehm. In dem Augenblick entstand ein dumpfes Geräusch auf der Straße, hohle Stimmen riefen durcheinander und das dröhnende Gerassel eines schweren, langsam rollenden Wagens ließ sich vernehmen. Ich eilte ans Fenster. – Da stand eben vor dem Palast der vom Henkersknecht geführte Leiterwagen, auf dem der Mönch rückwärts saß, vor ihm ein Kapuziner, laut und eifrig mit ihm betend. Er war entstellt von der Blässe der Todesangst und dem struppigen Bart – doch waren die Züge des grässlichen Doppelgängers mir nur zu kenntlich. – Sowie der Wagen, augenblicklich gehemmt durch die andrängende Volksmasse, wieder fortrollte, warf er den stieren, entsetzlichen Blick der funkelnden Augen zu mir herauf und lachte und heulte auf: „Bräutigam, Bräutigam! ... komm ... komm aufs Dach ... aufs Dach ... da wollen wir ringen miteinander, und wer den andern herabstößt, ist König und darf Blut trinken!" Ich schrie auf: „Entsetzlicher Mensch ... was

Francisco de Goya: Der Traum der Vernunft gebiert Ungeheuer

E. T. A. Hoffmann (1776–1822) war Schriftsteller, Komponist und Maler zugleich. Er studierte zunächst 1792–95 in Königsberg Jura, später hatte er dann neben verschiedenen juristischen Ämtern (u. a. in Posen, Warschau und Berlin) Stellungen als Kapellmeister, Komponist und Bühnenbildner u. a. in Bamberg, Leipzig und Dresden inne.
Sein erzählerisches Werk setzt wesentlich die in der Romantik entdeckte „Nachtseite der Naturwissenschaft" (G. H. Schubert) voraus, die als Gegenpol zur „Tageshelle" des rationalen Verstandes aufgefasst wird. Die wichtige Erfahrung des Gegensatzes zwischen künstlerischer und prosaischer, innerer und äußerer Welt führt bei Hoffmann zur Doppelgesichtigkeit der Erscheinungen und schließlich zum Motiv des Doppelgängers, das auch im Roman „Die Elexiere des Teufels" eine zentrale Rolle spielt.

Am Text erarbeiten: Gestaltung des Doppelgängermotivs durch Hoffmann

willst du … was willst du von mir." – Aurelie umfasste mich mit beiden Armen, sie riss mich mit Gewalt vom Fenster, rufend: „Um Gottes und der heiligen Jungfrau willen … Sie führen den Medardus … den Mörder meines Bruders, zum Tode … Leonard … Leonard!" – Da wurden die Geister der Hölle in mir wach und bäumten sich auf mit der Gewalt, die ihnen verliehen über den frevelnden, verruchten Sünder. – Ich erfasste Aurelien mit grimmer Wut, dass sie zusammenzuckte: „Ha ha ha … Wahnsinniges, törigtes Weib … ich … ich, dein Buhle, dein Bräutigam, bin der Medardus … bin deines Bruders Mörder … du, Braut des Mönchs, willst Verderben herabwinseln über deinen Bräutigam? Ho ho ho! … ich bin König … ich trinke dein Blut!" – Das Mordmesser riss ich heraus – ich stieß nach Aurelien, die ich zu Boden fallen lassen – ein Blutstrom sprang hervor über meine Hand. – Ich stürzte die Treppen hinab, durch das Volk hin zum Wagen, ich riss den Mönch herab und warf ihn zu Boden; da wurde ich fest gepackt, wütend stieß ich mit dem Messer um mich herum – ich wurde frei – ich sprang fort – man drang auf mich ein, ich fühlte mich in der Seite durch einen Stich verwundet, aber das Messer in der rechten Hand und mit der linken kräftige Faustschläge austeilend, arbeitete ich mich durch bis an die nahe Mauer des Parks, die ich mit einem fürchterlichen Satz übersprang. „Mord … Mord … Haltet … haltet den Mörder!", riefen Stimmen hinter mir her, ich hörte es rasseln, man wollte das verschlossene Tor des Parks sprengen, unaufhaltsam rannte ich fort. Ich kam an den breiten Graben, der den Park von dem dicht dabei gelegenen Walde trennte, ein mächtiger Sprung – ich war hinüber, und immer fort und fort rannte ich durch den Wald, bis ich erschöpft unter einem Baume niedersank. Es war schon finstre Nacht worden, als ich wie aus tiefer Betäubung erwachte. Nur der Gedanke, zu fliehen wie ein gehetztes Tier, stand fest in meiner Seele. Ich stand auf, aber kaum war ich einige Schritte fort, als, aus dem Gebüsch hervorrauschend, ein Mensch auf meinen Rücken sprang und mich mit den Armen umhalste. Vergebens versuchte ich ihn abzuschütteln – ich warf mich nieder, ich drückte mich hinterrücks an die Bäume, alles umsonst. Der Mensch kicherte und lachte höhnisch; da brach der Mond hell leuchtend durch die schwarzen Tannen und das totenbleiche, grässliche Gesicht des Mönchs – des vermeintlichen Medardus, des Doppelgängers, starrte mich an mit dem grässlichen Blick, wie von dem Wagen herauf. – „Hi … hi … hi … Brüderlein … Brüderlein, immer, immer bin ich bei dir … lasse dich nicht … lasse … dich nicht … kann nicht lau … laufen … wie du … muss mich tra … tragen … Komme vom Ga … Galgen … haben mich rä … rädern wollen … hi hi …" So lachte und heulte das grause Gespenst, indem ich, von wildem Entsetzen gekräftigt, hoch emporsprang wie ein von der Riesenschlange eingeschnürter Tiger! – Ich raste gegen Baum- und Felsstücke, um ihn, wo nicht zu töten, doch wenigstens hart zu verwunden, dass er mich zu lassen genötigt sein sollte. Dann lachte er stärker, und *mich* nur traf jäher Schmerz; ich versuchte, seine unter meinem Kinn festgeknoteten Hände loszuwinden, aber die Gurgel einzudrücken drohte mir des Ungetüms Gewalt. Endlich, nach tollem Rasen, fiel er plötzlich herab, aber kaum war ich einige Schritte fortgerannt, als er von neuem auf meinem Rücken saß, kichernd und lachend und jene entsetzlichen Worte stammelnd! Aufs Neue jene Anstrengungen wilder Wut – aufs Neue befreit! – aufs Neue umhalst von dem fürchterlichen Gespenst. – Es ist mir nicht möglich, deutlich anzugeben, wie lange ich, von dem Doppelgänger verfolgt, durch finstre Wälder floh, es ist mir so, als müsse das Monate hindurch, ohne dass ich Speise und Trank genoss, gedauert haben. Nur *eines* lichten Augenblicks erinnere ich mich lebhaft, nach welchem ich in gänzlich bewusstlosen Zustand verfiel. Eben war es mir geglückt, meinen Doppelgänger abzuwerfen, als ein heller Sonnenstrahl und mit ihm ein holdes, anmutiges Tönen den Wald durchdrang. Ich unterschied eine Klosterglocke, die zur Frühmette läutete. „Du hast Aurelie ermordet!" Der Gedanke erfasste mich mit des Todes eiskalten Armen und ich sank bewusstlos nieder.

(1816)

Jean Paul
Rede des toten Christus vom Weltgebäude herab, dass kein Gott sei[1]
(Auszug)

Die Kindheit, und noch mehr ihre Schrecken als ihre Entzückungen, nehmen im Traume wieder Flügel und Schimmer an und spielen wie Johanniswürmchen in der kleinen Nacht der Seele. Zerdrückt uns diese flatternden Funken nicht! – Lasset uns sogar die dunkeln peinlichen Träume als hebende Halbschatten der Wirklichkeit! – Und womit will man uns *die* Träume ersetzen, die uns aus dem untern Getöse des Wasserfalls wegtragen in die stille Höhe der Kindheit, wo der Strom des Lebens noch in seiner kleinen Ebene schweigend und als ein Spiegel des Himmels seinen Abgründen entgegenzog? –

Ich lag einmal an einem Sommerabende vor der Sonne auf einem Berge und entschlief. Da träumte mir, ich erwachte auf dem Gottesacker. Die abrollenden Räder der Turmuhr, die eilf Uhr schlug, hatten mich erweckt. Ich suchte im ausgeleerten Nachthimmel die Sonne, weil ich glaubte, eine Sonnenfinsternis verhülle sie mit dem Mond. Alle Gräber waren aufgetan und die eisernen Türen des Gebeinhauses gingen unter unsichtbaren Händen auf und zu. An den Mauern flogen Schatten, die niemand warf, und andere Schatten gingen aufrecht in der bloßen Luft. In den offenen Särgen schlief nichts mehr als die Kinder. Am Himmel hing in großen Falten bloß ein grauer schwüler Nebel, den ein Riesenschatten wie ein Netz immer näher, enger und heißer hereinzog. Über mir hört' ich den fernen Fall der Lawinen, unter mir den ersten Tritt eines unermesslichen Erdbebens. Die Kirche schwankte auf und nieder von zwei unaufhörlichen Misstönen, die in ihr miteinander kämpften und vergeblich zu einem Wohllaut zusammenfließen wollten. Zuweilen hüpfte an ihren Fenstern ein grauer Schimmer hinan und unter dem Schimmer lief das Blei und Eisen zerschmolzen nieder. Das Netz des Nebels und die schwankende Erde rückten mich in den Tempel, vor dessen Tore in zwei Gift-Hecken zwei Basilisken funkelnd brüteten. Ich ging durch unbekannte Schatten, denen alte Jahrhunderte aufgedrückt waren. – Alle Schatten standen um den Altar und allen zitterte und schlug statt des Herzens die Brust. (...)

Jetzo sank eine hohe edle Gestalt mit einem unvergänglichen Schmerz aus der Höhe auf den Altar hernieder und alle Toten riefen: „Christus! ist kein Gott?"
Er antwortete: „Es ist keiner."
Der ganze Schatten jedes Toten erbebte, nicht bloß die Brust allein und einer um den andern wurde durch das Zittern zertrennt.
Christus fuhr fort: „Ich ging durch die Welten, ich stieg in die Sonnen und flog mit den Milchstraßen durch die Wüsten des Himmels; aber es ist kein Gott. Ich stieg herab, so weit das Sein seine Schatten wirft, und schauete in den Abgrund und rief: ,Vater, wo bist du?', aber ich hörte nur den ewigen Sturm, den niemand regiert, und der schimmernde Regenbogen aus Wesen stand ohne eine Sonne, die ihn schuf, über dem Abgrunde und tropfte hinunter. Und als ich aufblickte zur unermesslichen Welt nach dem göttlichen *Auge*, starrte sie mich mit einer leeren bodenlosen *Augenhöhle* an; und die Ewigkeit lag auf dem Chaos und zernagte es und wiederkäuete sich. – Schreiet fort, Misstöne, zerschreiet die Schatten; denn Er ist nicht!"

Die entfärbten Schatten zerflatterten, wie weißer Dunst, den der Frost gestaltet, im warmen Hauche zerrinnt; und alles wurde leer. Da kamen, schrecklich für das Herz, die gestorbenen Kinder, die im Gottesacker erwacht waren, in den Tempel und warfen sich vor die hohe Gestalt am Altare und sagten: „Jesus! haben wir keinen Vater?" – Und er antwortete mit strömenden Tränen: „Wir sind alle Waisen, ich und ihr, wir sind ohne Vater."

Da kreischten die Misstöne heftiger – die zitternden Tempelmauern rückten auseinander – und der Tempel und die Kinder sanken unter – und die ganze Erde und die Sonne sanken nach – und das ganze Weltgebäude sank mit seiner Unermesslichkeit vor uns vorbei – und oben am Gipfel der unermesslichen Natur stand Christus und schauete in das mit tausend Sonnen durchbrochne Weltgebäude herab, gleichsam in das in die ewige Nacht gewühlte Bergwerk, in dem die Sonnen wir Grubenlichter und die Milchstraßen wie Silberadern gehen.

Bei der „Rede des toten Christus ..." handelt es sich um eine Beigabe zu Jean Pauls humoristischem Roman „Blumen-Frucht- und Dornenstücke oder Ehestand, Tod und Hochzeit des Armenadvokaten F. St. Siebenkäs im Reichsmarktflecken Kuhschnappel" *(1796/97)*

[1] Wenn einmal mein Herz so unglücklich und ausgestorben wäre, dass in ihm alle Gefühle, die das Dasein Gottes bejahen, zerstöret wären: so würd' ich mich mit diesem meinem Aufsatz erschüttern und – er würde mich heilen und mir meine Gefühle wiedergeben.

Jean Paul (eigentlich Johann Paul Friedrich Richter, 1762–1825) war ein bereits zu Lebzeiten umstrittener, von den einen (u. a. Goethe, Schiller) mit Unverständnis betrachteter, von anderen (u. a. Börne, Stifter, Hesse) hoch geschätzter Autor, dessen Werk sich einer Einordnung bis heute weitgehend entzieht. Typisch für die zumeist auktorial erzählten Romane Jean Pauls sind die ausführlichen Kommentare, Assoziationen und Abschweifungen des Erzählers bis hin zu so genannten „Beigaben", d. h. der Hinzufügung von Passagen, die mit der Handlung des eigentlichen Textes nur entfernt zu tun haben.

Am Text erarbeiten:
die Bilder des apokalyptischen Traums;
die Bedeutung dieses Traums

Und als Christus das reibende Gedränge der Welten, den Fackeltanz der himmlischen Irrlichter und die Korallenbänke schlagender Herzen sah, und als er sah, wie eine Weltkugel um die andere ihre glimmenden Seelen auf das Totenmeer ausschüttete, wie eine Wasserkugel schwimmende Lichter auf die Wellen streut: So hob er groß wie der höchste Endliche die Augen empor gegen das Nichts und gegen die leere Unermesslichkeit und sagte: „Starres, stummes Nichts! Kalte, ewige Notwendigkeit! Wahnsinniger Zufall!" Kennt ihr das unter euch? Wann zerschlagt ihr das Gebäude und mich? – Zufall weißt du selber, wenn du mit Orkanen durch das Sternen-Schneegestöber schreitest und eine Sonne um die andere auswehst, und wenn der funkelnde Tau der Gestirne ausblinkt, indem du vorübergehest? – Wie ist jeder so allein in der weiten Leichengruft des All! Ich bin nur neben mir – O Vater! o Vater! wo ist deine unendliche Brust, dass ich an ihr ruhe? – Ach, wenn jedes Ich sein eigner Vater und Schöpfer ist, warum kann es nicht auch sein eigner Würgengel sein? ...
Ist das neben mir noch ein Mensch? Du Armer! Euer kleines Leben ist der Seufzer der Natur oder nur sein Echo – ein Hohlspiegel wirft seine Strahlen in die Staubwolken aus Totenasche auf euere Erde hinab, und dann entsteht ihr bewölkten, wankenden Bilder. – Schaue hinunter in den Abgrund, über welchen Aschenwolken ziehen – Nebel voll Welten steigen aus dem Totenmeer, die Zukunft ist ein steigender Nebel, und die Gegenwart ist der fallende. – Erkennst du deine Erde?"
Hier schauete Christus hinab, und sein Auge wurde voll Tränen, und er sagte: „Ach, ich war sonst auf ihr: Da war ich noch glücklich, da hatt' ich noch meinen unendlichen Vater und blickte noch froh von den Bergen in den unermesslichen Himmel und drückte die durchstochne Brust an sein linderndes Bild und sagte noch im herben Tode: ‚Vater, ziehe deinen Sohn aus der blutenden Hülle und heb' ihn an dein Herz!' ... Ach, ihr überglücklichen Erdenbewohner, ihr glaubt *Ihn* noch. Vielleicht gehet jetzt euere Sonne unter, und ihr fallet unter Blüten, Glanz und Tränen auf die Knie und hebet die seligen Hände empor und rufet unter tausend Freudentränen zum aufgeschlossenen Himmel hinauf: ‚Auch mich kennst du, Unendlicher, und alle meine Wunden, und nach dem Tode empfängst du mich und schließest sie alle.' ... Ihr Unglücklichen, nach dem Tode werden sie nicht geschlossen. Wenn der Jammervolle sich mit wundem Rücken in die Erde legt, um einem schönern Morgen voll Wahrheit, voll Tugend und Freude entgegenzuschlummern: So erwacht er im stürmischen Chaos, in der ewigen Mitternacht – und es kommt kein Morgen und keine heilende Hand und kein unendlicher Vater! – Sterblicher neben mir, wenn du noch lebst, so bete Ihn an: Sonst hast du Ihn auf ewig verloren."
Und als ich niederfiel und ins leuchtende Weltgebäude blickte: sah ich die emporgehobenen Ringe der Riesenschlange der Ewigkeit, die sich um das Welten-All gelagert hatte – und die Ringe fielen nieder, und sie umfasste das All doppelt – dann wand sie sich tausendfach um die Natur – und quetschte die Welten aneinander – und drückte zermalmend den unendlichen Tempel zu einer Gottesacker-Kirche zusammen – und alles wurde eng, düster, bang – und ein unermesslich ausgedehnter Glockenhammer sollte die letzte Stunde der Zeit schlagen und das Weltgebäude zersplittern ... als ich erwachte.
Meine Seele weinte vor Freude, dass sie wieder Gott anbeten konnte – und die Freude und das Weinen und der Glaube an ihn waren das Gebet. Und als ich aufstand, glimmte die Sonne tief hinter den vollen purpurnen Kornähren und warf friedlich den Widerschein ihres Abendrotes dem kleinen Monde zu, der ohne eine Aurora im Morgen aufstieg; und zwischen dem Himmel und der Erde streckte eine frohe vergängliche Welt ihre kurzen Flügel aus und lebte, wie ich, vor dem unendlichen Vater; und von der ganzen Natur um mich flossen friedliche Töne aus, wie von fernen Abendglocken.
(1796/97)

DAS JANUSGESICHT DER MODERNE

Epochenumbruch 19./20. Jahrhundert

1900 JANUAR

NR. 1 V. JAHRGANG

...r Zeit steigen herauf, beide hart nebeneinander; die Größe und die Bestialität; der Fortschritt ...d der Servilismus; der machtvolle Gedanke der Freiheit, der Zauber technischen Könnens, die ...tige Lüftung stiller Elementargeheimnisse, die Verfeinerung und Erhöhung der Menschlich-...it, die Verbreitung der ethischen Idee – auf der anderen Seite die stärkste Machtanbetung aller ...eiten, die Herrschaft des Säbels, und noch über dem Säbel die Vergottung des Geldes.

Alfred Kerr am 15.10.1899

1 Großstadterfahrungen

1.1 Umbrüche

Julius Hart
Auf der Fahrt nach Berlin

Von Westen kam ich, – schwerer Haideduft
Umfloss mich noch, vor meinen Augen hoben
Sich weiße Birken in die klare Luft,
Von lauten Schwärmen Krähenvolks umstoben,
Weit, weit die Haide, Hügel gelben Sand's,
Und binsenüberwachsne Wasserkolke,
Fern zieht ein Schäfer in des Sonnenbrand's
Braunglühendem Reich verträumt mit seinem Volke.

Von Westen kam ich und mein Geist umspann
Weichmütig rasch entschwundne Jugendtage,
Wars eine Träne, die vom Aug mir rann,
Klangs von dem Mund wie sehnsuchtsbange Klage? ...
Von Westen kam ich und mein Geist entflog
Voran und weit in dunkle Zukunftsstunden ...
Wohl hob er mächtig sich, sein Flug war hoch,
Und Schlachten sah er, Drang und blut'ge Wunden.

Vorbei die Spiele, durch den Nebelschwall
Des grauenden Septembermorgens jagen
Des Zuges Räder, und vom dumpfen Schall
Stöhnt, dröhnt und sausts im engen Eisenwagen ...
Zerzauste Wolken, winddurchwühlter Wald
Und braune Felsen schießen wirr vorüber,
Dort graut die Havel, und das Wasser schwallt,
Die Brücke, hei! dumpf braust der Zug hinüber.

Die Fenster auf! Dort drüben liegt Berlin!
Dampf wallt empor und Qualm, in schwarzen Schleiern
Hängt tief und steif die Wolke drüber hin,
Die bleiche Luft drückt schwer und liegt wie bleiern ...
Ein Flammenherd darunter – ein Vulkan,
Von Millionen Feuerbränden lodernd, ...
Ein Paradies, ein süßes Kanaan, –
Ein Höllenreich und Schatten bleich vermodernd.

Hindonnernd rollt der Zug! Es saust die Luft,
Ein andrer rast dumpfrasselnd risch vorüber,
Fabriken rauchgeschwärzt, im Wasserduft
Glänzt Flamm um Flamme, düster, trüb und trüber,
Engbrüst'ge Häuser, Fenster schmal und klein,
Bald braust es dumpf durch dunkle Brückenbogen,
Bald blitzt es unter uns wie grauer Wasserschein,
Und unter Kähnen wandeln müd' die Wogen.

Vorbei, vorüber! Und ein geller Pfiff!
Weiß fliegt der Dampf, ... ein Knirschen an den Schienen!
Die Bremse stöhnt laut unter starkem Griff ...
Langsamer nun! Es glänzt in aller Mienen!

Der neue Anhalter Bahnhof: Hinter der Fassade im historisierenden Stil der Zeit wurde in einer hochmodernen Stahl-Glas-Konstruktion die größte freitragende Bahnhofshalle Berlins errichtet.

Glashallen über uns, rings Menschenwirr'n, ...
Halt! Und „Berlin!" Hinaus aus engem Wagen!
„Berlin!" „Berlin!" Nun hoch die junge Stirn,
Ins wilde Leben lass dich mächtig tragen!

Berlin! Berlin! Die Menge drängt und wallt,
Wirst du versinken hier in dunklen Massen ...
Und über dich hinschreitend stumm und kalt,
Wird niemand deine schwache Hand erfassen?
Du suchst – du suchst die Welt in dieser Flut,
Suchst glühende Rosen, grüne Lorbeerkronen, ...
Schau dort hinaus! ... Die Luft durchquillt's wie Blut,
Es brennt die Schlacht und niemand wird dich schonen.

Schau dort hinaus! Es flammt die Luft und glüht,
Horch Geigenton zu Tanz und üpp'gem Reigen!
Schau dort hinaus, der fahle Nebel sprüht,
Aus dem Gerippe nackt herniedersteigen ...
Zusammen liegt hier Tod und Lebenslust,
Und Licht und Nebel in den langen Gassen – – –
Nun zeuch hinab, so stolz und selbstbewusst,
Welch Spur willst du in diesen Fluten lassen?

(1882)

Berlin
1871 – Reichsgründung
827 000 Einwohner

Berlin
1900 – Jahrhundertwende
2 000 000 Einwohner

Berlin
1920 – Groß-Berlin
3 858 000 Einwohner

Berlin
Ist damit die zweitgrößte Stadt Europas und flächenmäßig größer als London oder New York

An Texten erarbeiten:
Ambivalenz der Großstadterfahrung in den beiden Gedichten:
„Zusammen liegt hier Tod und Lebenslust,
Und Licht und Nebel in den langen Gassen – – –" *(Hart)*
„Zur Wollust. Zum Gebet. Zum Meer. Zum Untergang." *(Stadler)*

Ernst Stadler
Fahrt über die Kölner Rheinbrücke bei Nacht

Der Schnellzug tastet sich
   und stößt die Dunkelheit entlang.
Kein Stern will vor. Die ganze Welt ist nur ein enger,
   nachtumschienter Minengang,
5 Darein zuweilen Förderstellen
   blauen Lichtes jähe Horizonte reißen: Feuerkreis
Von Kugellampen, Dächern, Schloten,
   dampfend, strömend ... nur sekundenweis ...
Und wieder alles schwarz.
10 Als führen wir ins Eingeweid der Nacht zur Schicht.
Nun taumeln Lichter her ... verirrt, trostlos vereinsamt ...
   mehr ... und sammeln sich ... und werden dicht.
Gerippe grauer Häuserfronten liegen bloß,
   im Zwielicht bleichend, tot –
15 etwas muss kommen ... o, ich fühl es schwer
Im Hirn. Eine Beklemmung singt im Blut.
   Dann dröhnt der Boden plötzlich wie ein Meer:
Wir fliegen, aufgehoben,
   königlich durch nachtentrissne Luft, hoch übern Strom.
20 O Biegung der Millionen Lichter, stumme Wacht,
Vor deren blitzender Parade
   schwer die Wasser abwärts rollen.
Endloses Spalier, zum Gruß gestellt bei Nacht!
Wie Fackeln stürmend! Freudiges!
25 Salut von Schiffen über blauer See! Bestirntes Fest!
Wimmelnd, mit hellen Augen hingedrängt!
   Bis wo die Stadt
   mit letzten Häusern ihren Gast entlässt.
Und dann die langen Einsamkeiten. Nackte Ufer.
30 Stille. Nacht. Besinnung. Einkehr. Kommunion.
   Und Glut und Drang
Zum Letzten, Segnenden. Zum Zeugungsfest.
   Zur Wollust. Zum Gebet. Zum Meer.
   Zum Untergang.

(1913)

1.2 Erzählte Stadterfahrungen

Spreegasse (Sperlingsgasse) in Berlin von der Jungfernbrücke aus gesehen, um 1905

Für einen zweijährigen Aufenthalt war der junge Raabe an Ostern 1854 aus Wolfenbüttel nach Berlin gekommen, das damals 400 000 Einwohner hatte. Er zog in die Spreegasse Nr. 7, später dann in Nr. 12 um und begann am 15. November des gleichen Jahres mit der Niederschrift der Chronik.
(Volker Klotz, Die erzählte Stadt, S. 167)

„Ohne Bekannte und Freunde in der großen Stadt war ich vollständig auf mich selbst beschränkt und bildete mir in dem Getümmel eine eigene Welt."
Aus einem Brief Wilhelm Raabes vom 23.05.1854

* Kartaune: schweres Geschütz

* Feldschlange: leichtes Geschütz (mit langem Rohr)

Wilhelm Raabe
Die Chronik der Sperlingsgasse (Auszug)

Am 20. November.
Ich liebe in großen Städten diese ältern Stadtteile mit ihren engen, krummen, dunkeln Gassen, in welche der Sonnenschein nur verstohlen hineinzublicken wagt; ich liebe sie mit ihren Giebelhäusern und wundersamen Dachtraufen, mit ihren alten Kartaunen* und
5 Feldschlangen*, welche man als Prellsteine an die Ecken gesetzt hat. Ich liebe diesen Mittelpunkt einer vergangenen Zeit, um welchen sich ein neues Leben in liniengraden, parademäßig aufmarschierten Straßen und Plätzen angesetzt hat, und nie kann ich um die Ecke meiner Sperlingsgasse biegen, ohne den alten Geschützlauf mit der
10 Jahreszahl 1589, der dort lehnt, liebkosend mit der Hand zu berühren. Selbst die Bewohner des ältern Stadtteils scheinen noch ein originelleres, sonderbareres Völkchen zu sein als die Leute der modernen Viertel. Hier in diesen winkligen Gassen wohnt das Volk des Leichtsinns dicht neben dem der Arbeit und des Ernstes, und der
15 zusammengedrängtere Verkehr reibt die Menschen in tolleren, ergötzlicheren Szenen aneinander als in den vornehmeren, aber auch öderen Straßen. Hier gibt es noch die alten Patrizierhäuser – die Geschlechter selbst sind freilich meistens lange dahin –, welche nach einer Eigentümlichkeit ihrer Bauart oder sonst einem Wahrzeichen
20 unter irgendeiner naiven, merkwürdigen Benennung im Munde des Volkes fortleben. Hier sind die dunkeln, verrauchten Kontore der alten, gewichtigen Handelsfirmen, hier ist das wahre Reich der Keller- und Dachwohnungen. Die Dämmerung, die Nacht produzieren hier wundersamere Beleuchtungen durch Lampenlicht und Mondschein,
25 seltsamere Töne als anderswo. Das Klirren und Ächzen der verrosteten Wetterfahnen, das Klappern des Windes mit den Dachziegeln, das Weinen der Kinder, das Miauen der Katzen, das Gekeif der Weiber, wo klingt es passender – man möchte sagen dem Ort angemessener – als hier in diesen engen Gassen, zwischen diesen hohen Häu-
30 sern, wo jeder Winkel, jede Ecke, jeder Vorsprung den Ton auffängt, bricht und verändert zurückwirft! –
Horch, wie in dem Augenblick, wo ich dieses niederschreibe, drunten in jenem gewölbten Torwege die Drehorgel beginnt, wie sie ihre klagenden, an diesem Ort wahrhaft melodischen Tonwogen über
35 das dumpfe Murren und Rollen der Arbeit hinwälzt! – Die Stimme Gottes spricht zwar vernehmlich genug im Rauschen des Windes, im Brausen der Wellen und im Donner, aber nicht vernehmlicher als in diesen unbestimmten Tönen, welche das Getriebe der Menschenwelt hervorbringt. Ich behaupte, ein angehender Dichter oder Maler –
40 ein Musiker, das ist freilich eine andere Sache – dürfe nirgend anders wohnen als hier! (...)
Die Sperlingsgasse ist ein kurzer, enger Durchgang, welcher die Kronenstraße mit einem Ufer des Flusses verknüpft, der in vielen Armen und Kanälen die große Stadt durchwindet. Sie ist bevölkert und le-
45 bendig genug, einen mit nervösem Kopfweh Behafteten wahnsinnig zu machen und ihn im Irrenhause enden zu lassen; mir aber ist sie seit vielen Jahren eine unschätzbare Bühne des Weltlebens, wo Krieg und Friede, Elend und Glück, Hunger und Überfluss, alle Antinomien des Daseins sich widerspiegeln.

„In der Natur liegt alles ins Unendliche auseinander, im Geist konzentriert sich das Universum in einem Punkt", dozierte einst mein alter Professor der Logik. Ich schrieb das damals zwar gewissenhaft nach in meinem Heft, bekümmerte mich aber nicht viel um die Wahrheit dieses Satzes. Damals war ich jung, und Marie, die niedliche kleine Putzmacherin, wohnte mir gegenüber und nähte gewöhnlich am Fenster, während ich, Kants Kritik der reinen Vernunft vor der Nase, die Augen – nur bei ihr hatte. Sehr kurzsichtig und zu arm, mir für diese Fensterstudien eine Brille, ein Fernglas oder einen Operngucker zuzulegen, war ich in Verzweiflung. Ich begriff, was es heißt: Alles liegt ins Unendliche auseinander.
Da stand ich eines schönen Nachmittags wie gewöhnlich am Fenster, die Nase gegen die Scheibe drückend, und drüben unter Blumen, in einem lustigen, hellen Sonnenstrahl, saß meine in Wahrheit ombra adorata. Was hätte ich darum gegeben zu wissen, ob sie herüberlächele!
Auf einmal fiel mein Blick auf eines jener kleinen Bläschen, die sich oft in den Glasscheiben finden. Zufällig schaute ich hindurch nach meiner kleinen Putzmacherin, und – ich begriff, dass das Universum sich in einem Punkt konzentrieren könne.
So ist es auch mit diesem Traum- und Bilderbuch der Sperlingsgasse. Die Bühne ist klein, der darauf Erscheinenden sind wenig, und doch können sie eine Welt von Interesse in sich begreifen für den Schreiber und eine Welt von Langeweile für den Fremden, den Unberufenen, welchem einmal diese Blätter in die Hände fallen sollten. *(1855)*

Kommentieren, Stellung nehmen:
Die Sperlingsgasse als Spiegel der Welt, als Bühne?

Erkunden, nachschlagen:
Realismus, Poetischer Realismus

Alfred Döblin
Berlin Alexanderplatz (Auszug)

Am Alexanderplatz reißen sie den Damm auf für die Untergrundbahn. Man geht auf Brettern. Die Elektrischen fahren über den Platz die Alexanderstraße herauf durch die Münzstraße zum Rosenthaler Tor. Rechts und links sind Straßen. In den Straßen steht Haus bei Haus. Die sind vom Keller bis zum Boden mit Menschen voll. Unten sind die Läden.
Destillen, Restaurationen, Obst- und Gemüsehandel, Kolonialwaren und Feinkost, Fuhrgeschäft, Dekorationsmalerei, Anfertigung von Damenkonfektion, Mehl und Mühlenfabrikate, Autogarage, Feuersozietät: Vorzug der Kleinmotorspritze ist einfache Konstruktion, leichte Bedienung, geringes Gewicht, geringer Umfang. – Deutsche Volksgenossen, nie ist ein Volk schmählicher getäuscht worden, nie wurde eine Nation schmählicher, ungerechter betrogen als das deutsche Volk. Wisst ihr noch, wie Scheidemann am 9. November 1918 von der Fensterbrüstung des Reichstags uns Frieden, Freiheit und Brot versprach: Und wie hat man das Versprechen gehalten! – Kanalisationsartikel, Fensterreinigungsgesellschaft, Schlaf ist Medizin, Steiners Paradiesbett. – Buchhandlung, die Bibliothek des modernen Menschen, unsere Gesamtausgaben führender Dichter und Denker setzen sich zusammen zur Bibliothek des modernen Menschen. Es sind die großen Repräsentanten des europäischen Geisteslebens. – Das Mieterschutzgesetz ist ein Fetzen Papier. Die Mieten steigen

Der Roman „Berlin Alexanderplatz. Die Geschichte vom Franz Biberkopf" gliedert sich in neun durch Texte im Stil der Moritat bzw. von Stummfilm-Zwischentiteln eingeleitete Bücher: „Hier im Beginn verlässt Franz Biberkopf das Gefängnis Tegel." „Hier erlebt Franz Biberkopf, der anständige, gutwillige, den ersten Schlag. Er wird betrogen." „Er wird in ein Verbrechen hineingerissen (…)." Kurz gefasst lässt sich die Handlung so zusammenfassen: Der ehemalige Beton- und Transportarbeiter Biberkopf, der seine Freundin Ida im Affekt tödlich verletzt hat, versucht nach seiner Entlassung aus dem Gefängnis als Straßenhändler Fuß zu fassen. Er gerät jedoch ins Verbrechermilieu; als Mitwisser soll er umgebracht werden und verliert durch den Angriff einen Arm. Biberkopf wird Zuhälter. Der Psychopath Reinhold ermordet seine Geliebte, die Prostituierte Mieze. Als mutmaßlicher Täter verhaftet, bricht Biberkopf zusammen und kommt ins Irrenhaus. Reinhold wird als Täter entlarvt; Biberkopf erfährt eine innere Wandlung und erhält eine Anstellung als Hilfsportier.

„Berlin Alexanderplatz" wurde 1931 von Piet Jutzi und 1980 von Rainer Werner Fassbinder verfilmt.

ständig. Der gewerbliche Mittelstand wird auf das Pflaster gesetzt und auf diese Weise erdrosselt, der Gerichtsvollzieher hält reiche
25 Ernte. Wir verlangen öffentliche Kredite bis zu 15 000 Mark an das Kleingewerbe, sofortiges Verbot aller Pfändungen bei Kleingewerbetreibenden. – Der schweren Stunde wohlvorbereitet entgegenzugehen ist Wunsch und Pflicht jeder Frau. Alles Denken und Fühlen der werdenden Mutter kreist um das Ungeborene. Da ist die Auswahl
30 des richtigen Getränks für die werdende Mutter von besonderer Wichtigkeit. Das echte Engelhardt-Karamelmalzbier besitzt wie kaum ein anderes Getränk die Eigenschaften des Wohlgeschmacks, der Nährkraft, Bekömmlichkeit, erfrischenden Wirkung. – Versorge dein Kind und deine Familie durch Abschluss einer Lebensversiche-
35 rung einer schweizerischen Lebensversicherung, Rentenanstalt Zürich. – Ihr Herz lacht! Ihr Herz lacht vor Freude, wenn Sie ein mit den berühmten Höffner-Möbeln ausgestattetes Heim besitzen. Alles, was Sie sich an angenehmer Wohnlichkeit erträumten, wird von einer ungeahnten Wirklichkeit übertroffen. Wie auch die Jahre
40 entschwinden, wohlgefällig bleibt dieser Anblick, und ihre Haltbarkeit und praktische Verwendbarkeit erfreuen immer von neuem. – Die Schließgesellschaften beschützen alles, sie gehen herum, gehen durch, sehen hinein, stecken Uhren, Wachalarm, Wach- und Schutzdienst für Groß-Berlin und außerhalb, Wachbereitschaft Deutsch-
45 land, Wachbereitschaft Groß-Berlin und ehemalige Wachabteilung der Wirtsgemeinschaft Berliner Grundbesitzer, vereinigter Betrieb, Wachzentrale des Westens, Wachgesellschaft, Sherlock-Gesellschaft, Sherlock Holmes gesammelte Werke von Conan Doyle, Wachgesellschaft für Berlin und Nachbarorte, Wachsmann als Erzieher, Flachs-
50 mann als Erzieher, Waschanstalt, Wäscheverleih Apoll, Wäscherei Adler übernimmt sämtliche Hand- und Leibwäsche, Spezialität feine Herren- und Damenwäsche.
Über den Läden und hinter den Läden aber sind Wohnungen, hinten kommen noch Höfe, Seitengebäude, Quergebäude, Hinterhäuser,
55 Gartenhäuser, Linienstraße, da ist das Haus, wo sich Franz Biberkopf verkrochen hat nach dem Schlamassel mit Lüders. *(1929)*

● **Untersuchen, nachschlagen:**
Montage, Collage, Simultantechnik

● **Untersuchen, erkunden:**
Montage im Roman und im Film

● **Selbst gestalten:**
Bild-Text-Collage einer Großstadt (damals/heute)

● **Lesetipps:**
John Dos Passos: Manhattan Transfer
James Joyce: Ulysses

Berlin, die Sinfonie der Großstadt, Montagefilm, Regie: Walther Ruttmann (1927)

Irmgard Keun
Das kunstseidene Mädchen (Auszug)

Ich bin in Berlin. Seit ein paar Tagen. Mit einer Nachtfahrt und noch neunzig Mark übrig. Damit muss ich leben, bis sich mir Geldquellen bieten. Ich habe Maßloses erlebt. Berlin senkte sich auf mich wie eine Steppdecke mit feurigen Blumen. Der Westen ist vornehm
5 mit hochprozentigem Licht – wie fabelhafte Steine ganz teuer und mit so gestempelter Einfassung. Wir haben hier ganz übermäßige Lichtreklame. Um mich war ein Gefunkel. Und ich mit dem Feh*. Und schicke Männer wie Mädchenhändler, ohne dass sie gerade mit Mädchen handeln, was es ja nicht mehr gibt – aber sie sehen danach
10 aus, weil sie es tun würden, wenn was bei rauskäme. Sehr viel glänzende schwarze Haare und Nachtaugen so tief im Kopf. Aufregend. Auf dem Kurfürstendamm sind viele Frauen. Die gehen nur. Sie haben gleiche Gesichter und viel Maulwurfpelze – also nicht ganz erste Klasse – aber doch schick – so mit hochmütigen Beinen und viel
15 Hauch um sich. Es gibt eine Untergrundbahn, die ist wie ein beleuchteter Sarg auf Schienen – unter der Erde und muffig, und man wird gequetscht. Damit fahre ich. Es ist sehr interessant und geht schnell.
Und ich wohne bei Tilli Scherer in der Münzstraße, das ist beim
20 Alexanderplatz, da sind nur Arbeitslose ohne Hemd und furchtbar viele. Aber wir haben zwei Zimmer, und Tilli hat Haare aus gefärbtem Gold und einen verreisten Mann, der arbeitet bei Essen Straßenbahnschienen. Und sie filmt. Aber sie kriegt keine Rollen, und es geht auf der Börse ungerecht zu. Tilli ist weich und rund wie
25 ein Plümo und hat Augen wie blankgeputzte blaue Glasmurmeln. Manchmal weint sie, weil sie gern getröstet wird. Ich auch. Ohne sie hätte ich kein Dach. Ich bin ihr dankbar, und wir haben dieselbe Art und machen uns keine böse Luft. Wenn ich ihr Gesicht sehe, wenn es schläft, habe ich gute Gedanken um sie. Und darauf kommt
30 es an, wie man zu einem steht, wenn er schläft und keinen Einfluss auf einen nimmt. Es gibt auch Omnibusse – sehr hoch – wie Aussichtstürme, die rennen. Damit fahre ich auch manchmal. Zu Hause waren auch viele Straßen, aber die waren wie verwandt zusammen. Hier sind noch viel mehr Straßen und so viele, dass sie sich gegen-
35 seitig nicht kennen. Es ist eine fabelhafte Stadt.
Ich gehe nachher in eine Jockeybar mit einem Mädchenhändlerartigen, an dem mir sonst nichts liegt. Aber ich komme dadurch in Milieu, das mir Aussichten bietet. Tilli sagt auch, ich sollte. Jetzt bin ich auf der Tauentzien bei Zuntz, was ein Kaffee ist ohne Musik,
40 aber billig – und viel eilige Leute wie rasender Staub, bei denen man merkt, dass Betrieb ist in der Welt. Ich habe den Feh an und wirke. Und gegenüber ist eine Gedächtniskirche, da kann aber niemand rein wegen der Autos drum rum, aber sie hat eine Bedeutung, und Tilli sagt, sie hält den Verkehr auf.
45 Heute Abend werde ich alles der Reihe nach in mein Buch schreiben, denn es hat sich soviel aufgelagert in mir.
(1932)

Irmgard Keun, geboren 1905 in Berlin, aufgewachsen in Köln, war Schauspielerin und seit Erscheinen ihrer beiden ersten Romane („Gilgi" und „Das kunstseidene Mädchen") Anfang der Dreißigerjahre eine erfolgreiche Schriftstellerin. 1933 wurden ihre Bücher beschlagnahmt. 1936 ging sie ins Exil und kehrte 1940 illegal nach Deutschland zurück. Sie lebte nach dem Krieg in Köln. Dort starb sie am 5. Mai 1982.

* Feh: Pelz aus Eichhörnchenfell

„Ich will so ein *Glanz* werden, der oben ist. Mit weißem Badewasser, das nach Parfüm riecht, und alles wie Paris. Und die Leute achten Uriel hoch, weil ich ein *Glanz* bin."
„Und ich denke, dass es gut ist, wenn ich alles beschreibe, weil ich ein ungewöhnlicher Mensch bin. Ich denke nicht an Tagebuch – das ist lächerlich für ein Mädchen von achtzehn und auch sonst auf der Höhe. *Aber ich will schreiben wie Film*, denn so ist mein Leben und wird noch mehr so sein."
(aus dem Roman „Das kunstseidene Mädchen")

Selbst gestalten:
„… schreiben wie Film": eigene Schreibversuche zum Thema: „Ich in einer großen Stadt …"

Lesetipps:
Erich Kästner: Fabian
Hans Fallada: Kleiner Mann, was nun?
Heinrich Mann: Professor Unrat

1.3 Stadterfahrungen im Gedicht

„Mein Gott – ich ersticke noch mit meinem brachliegenden Enthusiasmus in dieser banalen Zeit! Denn ich bedarf gewaltiger äußerer Emotionen, um glücklich zu sein. [...] krank genug, um mir selber nie genug zu sein, ich wäre mit einem Male gesund, ein Gott, erlöst, wenn ich irgendwo eine Sturmglocke hörte, wenn ich die Menschen herumrennen sähe mit angstzerfetzten Gesichtern, wenn das Volk auferstanden wäre und eine Straße hell wäre von Piecken, Säbeln, begeisterten Gesichtern und aufgerissenen ‚Hemden'."
(Georg Heym, Tagebuch 1911)

* Baal: Fruchtbarkeitsgott im Alten Testament (Jer. 2, 23)

** Korybanten: Priester der kleinasiatischen Fruchtbarkeitsgöttin Kybele

Georg Heym
Der Gott der Stadt

Auf einem Häuserblocke sitzt er breit.
Die Winde lagern schwarz um seine Stirn.
Er schaut voll Wut, wo fern in Einsamkeit
Die letzten Häuser in das Land verirrn.

Vom Abend glänzt der rote Bauch dem Baal*,
Die großen Städte knien um ihn her.
Der Kirchenglocken ungeheure Zahl
Wogt auf zu ihm aus schwarzer Türme Meer.

Wie Korybanten**-Tanz dröhnt die Musik
Der Millionen durch die Straßen laut.
Der Schlote Rauch, die Wolken der Fabrik
Ziehn auf zu ihm, wie Duft von Weihrauch blaut.

Das Wetter schwelt in seinen Augenbrauen.
Der dunkle Abend wird in Nacht betäubt.
Die Stürme flattern, die wie Geier schauen
Von seinem Haupthaar, das im Zorne sträubt.

Er streckt ins Dunkel seine Fleischerfaust.
Er schüttelt sie. Ein Meer von Feuer jagt
Durch eine Straße. Und der Glutqualm braust
Und frisst sie auf, bis spät der Morgen tagt.

(1910)

George Grosz: Friedrichstraße, 1918

Oskar Loerke
Blauer Abend in Berlin

Der Himmel fließt in steinernen Kanälen;
Denn zu Kanälen steilrecht ausgehauen
Sind alle Straßen, voll vom Himmelblauen;
Und Kuppeln gleichen Bojen, Schlote Pfählen

Im Wasser. Schwarze Essensdämpfe schwelen
Und sind wie Wasserpflanzen anzuschauen.
Die Leben, die sich ganz am Grunde stauen,
Beginnen sacht vom Himmel zu erzählen,

Gemengt, entwirrt nach blauen Melodien.
Wie eines Wassers Bodensatz und Tand
Regt sie des Wassers Wille und Verstand

Im Dünen, Kommen, Gehen, Gleiten, Ziehen.
Die Menschen sind wie grober bunter Sand
Im linden Spiel der großen Wellenhand.

(1911)

Alfred Wolfenstein
Städter

Nah wie die Löcher eines Siebes stehn
Fenster beieinander, drängend fassen
Häuser sich so dicht an, dass die Straßen
Grau geschwollen wie Gewürgte stehn.

Ineinander dicht hineingehakt
Sitzen in den Trams die zwei Fassaden
Leute, ihre nahen Blicke baden
Ineinander, ohne Scheu befragt.

Unsre Wände sind so dünn wie Haut,
Dass ein jeder teilnimmt, wenn ich weine.
Unser Flüstern, Denken … wird Gegröle …

– Und wie still in dick verschlossner Höhle
Ganz unangerührt und ungeschaut
Steht ein jeder fern und fühlt: alleine.

(1919)

Erich Kästner
Besuch vom Lande

Sie stehen verstört am Potsdamer Platz
Und finden Berlin zu laut.
Die Nacht glüht auf in Kilowatts.
Ein Fräulein sagt heiser: „Komm mit, mein Schatz!"
Und zeigt entsetzlich viel Haut.

Sie wissen vor Staunen nicht aus und nicht ein.
Sie stehen und wundern sich bloß.
Die Bahnen rasseln. Die Autos schrein
Sie möchten am liebsten zu Hause sein.
Und finden Berlin zu groß.

Es klingt, als ob die Großstadt stöhnt,
weil irgendwer sie schilt.
Die Häuser funkeln. Die U-Bahn dröhnt
Sie sind das alles so gar nicht gewöhnt
Und finden Berlin zu wild.

Sie machen vor Angst die Beine krumm.
Und machen alles verkehrt.
Sie lächeln bestürzt. Und sie warten dumm.
Und stehn auf dem Potsdamer Platz herum,
Bis man sie überfährt.

(1930)

Der Unterschied zwischen modernen poetischen Chiffren und traditionellen Metaphern, Symbolen oder Allegorien besteht darin, dass der Sinn der Chiffren nicht konventionell entschlüsselt werden kann; weder die Gewohnheiten der Sprache und Literatur noch die vertrauten Wirklichkeitsvorstellungen reichen dazu aus. An derart chiffrierte moderne Dichtungen darf der Leser keine gewohnten Bedeutungen herantragen. Vielmehr muss er die inneren Bedeutungsbeziehungen der Texte aufspüren, indem er die „Selbstsprache" (Novalis) des Textes lernt und damit seine besondere Bedeutung versteht.

An Texten erarbeiten:
Vergleich der Wahrnehmung und Gestaltung der „Stadt" bei Heym, Wolfenstein, Loerke und Kästner

Erkunden, nachschlagen:
Expressionismus

*Ludwig Meidner: Potsdamer Platz, Berlin, 1913.
Titelseite der Zeitschrift „Die Aktion" Nr. 44/45 (1914)*

1.4 Nachdenken über die Großstadt

Ödön von Horváth
Flucht aus der Stille

Wenn ich die Frage beantworten soll, warum ich aus der erholsamen Stille des Dorfes nach Berlin gezogen bin, so muß ich gestehen, daß mir die Antwort teils leicht und teils sehr schwer fällt. Es ist natürlich leicht zu sagen, daß die Stadt den Ton angibt und nicht das Land. Daß das Land kulturell tot ist, unfähig zur Erzeugung einer neuen Kultur, daß die Antwort im Handumdrehen lediglich oberflächlich formulieren kann, und zwar so: in der Großstadt habe ich mehr Eindrücke, sehe ich mehr und wichtigeres für unsere Zeit als auf dem Lande.
(Das Abrücken von der Natur)
Mich besuchte mal ein Freund und wir gingen zusammen spazieren, es war ihm alles ungewöhnlich und er sah und genoß alles bedeutend empfindlicher als ich. Wir sprachen über die Natur und die Landwirtschaft, über das kleine Leben der Bauern und kleine Bürger, das sich aber in ihrem privaten Leben genau so abspielt, wie in der Stadt, das der einzelnen Leute. Mein Freund gab mir Recht und nun erschien uns alles plötzlich recht komisch, wir lachten über die Sorgen dieser Bauern, und das wars weil wir sie einzelne Wesen sahen.
Plötzlich sagte mein Freund: Es ist höchste Zeit, daß du in die Stadt kommst, du lebst hier am Rande der Welt. Gewiß haben hier die Leute auch genau die gleichen Eigenschaften Tugend und Laster wie der einzelne Städter, aber du vergißt, dass es in der Stadt etwas gibt, das ist die Umwandlung des gesellschaftlichen Bewußtseins. Kannst du es hier vertragen, keine Ahnung von dieser Wandlung zu haben, zu kennen? In der Stadt wandelt sich das um, die Stadt ist gewissermaßen das laufende Band, das Land der kleine Privatwirtschaftler.
Es ist klar, daß die Stadt den Ton angibt, du kannst am Dorfe draußen auch all die Zeitungen lesen, aber es fehlt dir das Fluidum der Wandlung. Es bildet sich eine neue Menschheit, auf dem Lande heraußen wirst du zum Beobachter, es fehlt dir die Atmosphäre der neuen Menschen.

Du lebst auf dem Lande in der sozialen Schicht, die untergeht.
Und dann ist noch eine Gefahr auf dem Lande, das ist die Stille. Unter Stille verstehe ich nun natürlich nicht die Geräuschlosigkeit, die man sich zum arbeiten auch in der Großstadt beschaffen kann.
Es ist die Stille der Atmosphäre, des Stillstands.
Die Stille ist oft besungen worden, und zwar nach allen Regeln der Reimerei.
Auf dem Lande besteht die Gefahr des Romantischwerden. Der so genannten neuen Illusion. Ich will hier das Problem der absoluten Notwendigkeit des Träumens nicht berühren, das Phantasieren ist genau so notwendig wie das Sachlichsein, es ist da eine Vernachlässigung der seelischen Bedürfnisse. Aber auf dem Dorfe das sich in den Mittelpunkt stellen.
Hier berührt sich das Problem mit dem Ausspruch: die junge Generation hat keine Seele, was natürlich ein enormer Quatsch ist. Es hängt mit dem verlorenen Kontakt, mit dem verlorenen oder geopferten Trieb zusammen. (Der immer mehr sich verlierende Kontakt zur äußeren Natur ist nur ein Triebverzicht zum Nutzen der Kultur.)
Und nun das Wichtigste: bekanntlich braucht man zum denken einen Stuhl, auf dem man sitzt. Es hat sich allmählich herumgesprochen, daß das Materielle unentbehrlich ist. Und das bietet dem jungen Schriftsteller nur Berlin, von allen deutschen Städten. Berlin, das die Jugend liebt, und auch etwas für die Jugend tut, im Gegensatz zu den meisten anderen Städten, die nur platonische Liebe kennen.
Ich liebe Berlin.

(Entwurf, etwa 1924)

Die zahlreichen sprachlichen Lässlichkeiten des Textes resultieren aus dessen „Entwurf"-Charakter.

Siegfried Kracauer
Kult der Zerstreuung (Auszug)

Man schilt die Berliner *zerstreuungssüchtig*; der Vorwurf ist kleinbürgerlich. Gewiss ist die Zerstreuungssucht hier größer als in der Provinz, aber größer und fühlbarer ist auch die Anspannung der arbeitenden Massen – eine wesentlich formale Anspannung, die den Tag ausfüllt, ohne ihn zu füllen. Das Versäumte soll nachgeholt werden; es kann nur in der gleichen Oberflächensphäre erfragt werden, in der man aus Zwang sich versäumt hat. Der Form des Betriebs entspricht mit Notwendigkeit die des „Betriebs".

Ein richtiger Instinkt sorgt dafür, dass das Bedürfnis nach ihm befriedigt werde. Jene Zurüstungen der Lichtspielhäuser bezwecken das eine nur: das Publikum an die Peripherie zu fesseln, damit es nicht ins Bodenlose versinke. Die Erregungen der Sinne folgen sich in ihnen so dicht, dass nicht das schmalste Nachdenken sich zwischen sie einzwängen kann. *Schwimmkorken* gleich halten die Ausstreuungen der Scheinwerfer und die musikalischen Akkompagnements über Wasser. Der Hang zur Zerstreuung fordert und findet als Antwort die Entfaltung der puren Äußerlichkeit. Daher gerade in Berlin das unabweisbare Trachten, alle Darbietungen zu Revuen auszugestalten, daher als Parallelerscheinung die Häufung des Illustrationsmaterials in der Tagespresse und den periodischen Publikationen.

Diese Veräußerlichung hat die *Aufrichtigkeit* für sich. Nicht durch sie wird die Wahrheit gefährdet. Sie ist es nur durch die naive Behauptung irreal gewordener Kulturwerte, durch den unbedenklichen Missbrauch von Begriffen wie Persönlichkeit, Innerlichkeit, Tragik usw., die an sich gewiss hohe Sachgehalte bezeichnen, infolge der sozialen Wandlungen aber zu einem guten Teile ihres Umfangs des tragenden Untergrundes verlustig gegangen sind und, in den meisten Fällen, heute einen schlechten Beigeschmack angenommen haben, weil sie das Augenmerk von den äußeren Schäden der Gesellschaft mehr als billig ablenken auf die Privatperson. In den Bereichen der Literatur, des Theaters, der Musik sind solche Verdrängungserscheinungen häufig genug. Sie geben sich das Ansehen der hohen Kunst und sind tatsächlich überlebte Gebilde, die vorbeischielen an den aktuellen Nöten der Zeit – ein Faktum, das mittelbar dadurch bestätigt wird, dass die gemeinte Produktion auch innerkünstlerisch epigonenhaft ist. Das Berliner Publikum handelt in einem tiefen Sinne wahrheitsgemäß, wenn es diese Kunstereignisse mehr und mehr meidet, die zudem aus guten Gründen im bloßen Anspruch stecken bleiben, und dem Oberflächenglanz der Stars, der Filme, der Revuen, der Ausstattungsstücke den Vorzug erteilt. Hier, im reinen Außen, trifft es sich selber an, die zerstückelte Folge der splendiden Sinneseindrücke bringt seine eigene Wirklichkeit an den Tag. Wäre sie ihm verborgen, es könnte sie nicht angreifen und wandeln; ihr Offenbarwerden in der Zerstreuung hat eine *moralische* Bedeutung.

Freilich dann nur, wenn die Zerstreuung sich nicht Selbstzweck ist. Gerade dies: dass die ihrer Sphäre zugehörigen Vorführungen ein so äußerliches Gemenge sind wie die Welt der Großstadtmasse, dass sie jedes echten sachlichen Zusammenhangs entraten, es sei denn des Kittes der Sentimentalität, der den Mangel nur verdeckt, um ihn sichtbar zu machen, dass sie genau und unverhohlen die *Unordnung* der Gesellschaft den Tausenden von Augen und Ohren vermitteln – dies gerade befähigte sie dazu, jene Spannung hervorzurufen und wachzuhalten, die dem notwendigen Umschlag vorangehen muss. In den Straßen Berlins überfällt einen nicht selten für Augenblicke die Erkenntnis, das alles platze unversehens eines Tages entzwei. Die Vergnügungen auch, zu denen das Publikum drängt, sollten so wirken. *(1926)*

Otto Dix: Großstadttriptychon, mittlere Tafel, 1927/28

○ **An Texten erarbeiten:**
Vergleich der Auffassung Horváths und Kracauers

○ **Bezüge herstellen:**
Kracauers These vom „Kult der Zerstreuung" und Keuns Roman „Das kunstseidene Mädchen"

2 Erfahrungen in der Industriegesellschaft

2.1 Der Weberaufstand als Modell

Die große Bedeutung und Beachtung des Weber-Problems rührt vor allem daher, dass sich hier am frühesten und in besonderer Deutlichkeit die Konsequenzen der in Deutschland verspätet einsetzenden Industrialisierung zeigten. Das Textilgewerbe war zudem mit 46% aller in Industrie und Handwerk Beschäftigten noch 1850 der wichtigste nicht landwirtschaftliche Produktionszweig. Der Übergang zur industriellen Produktion fand hier – anders als in England – nur langsam und in einzelnen Bereichen uneinheitlich statt und war erst am Ende des 19. Jahrhunderts weitgehend abgeschlossen. Modern gesprochen ging es dabei um die Einführung neuer Technologien: die mit Dampfkraft angetriebenen leistungsfähigen Maschinenwebstühle und Spinnmaschinen. Sie bedeuteten einmal im eigenen Lande eine unmittelbare Konkurrenz für die in Heimarbeit manuell tätigen Weber und zum anderen hatte ihre in England weit fortgeschrittene Verbreitung indirekte Auswirkungen: Aufgrund der Konkurrenz der englischen maschinell hergestellten, billigen Webwarenproduktion sank der deutsche Export drastisch; die folgende Überproduktion, das Überangebot von Arbeitskräften und der daraus entstehende Preisverfall bedrängten die nach dem Verlagssystem arbeitenden Weber und Spinner. Trotz Mehrarbeit sanken ihre Einnahmen weit unter das Existenzminimum.

(Literatur im Industriezeitalter, Bd. 1, S. 124 f.)

* kontrakt: verkrümmt

Käthe Kollwitz: Ein Weberaufstand, Blatt 4

Gerhart Hauptmann
Die Weber

ZWEITER AKT

Das Stübchen des Häuslers Wilhelm Ansorge zu Kaschbach im Eulengebirge. In einem engen, von der sehr schadhaften Diele bis zur schwarz verräucherten Balkendecke nicht sechs Fuß hohen Raum sitzen: zwei junge Mädchen, Emma und Bertha Baumert, an Web-
5 stühlen – Mutter Baumert, eine kontrakte* Alte, auf einem Schemel am Bett, vor sich ein Spulrad – ihr Sohn August, zwanzigjährig, idiotisch, mit kleinem Rumpf und Kopf und langen, spinnenartigen Extremitäten, auf einem Fußschemel, ebenfalls spulend. Durch zwei kleine, zum Teil mit Papier verklebte und mit Stroh verstopfte Fens-
10 terlöcher der linken Wand dringt schwaches, rosafarbenes Licht des Abends. Es fällt auf das weißblonde, offene Haar der Mädchen, auf ihre unbekleideten, magern Schultern und dünnen, wächsernen Nacken, auf die Falten des groben Hemdes im Rücken, das, nebst einem kurzen Röckchen aus härtester Leinewand, ihre einzige Be-
15 kleidung ist. Der alten Frau leuchtet der warme Hauch voll übers Gesicht, Hals und Brust: ein Gesicht, abgemagert zum Skelett, mit Falten und Runzeln in einer blutlosen Haut, mit versunkenen Augen, die durch Wollstaub, Rauch und Arbeit bei Licht entzündlich gerötet und wässrig sind, einen langen Kropfhals mit Falten und
20 Sehnen, eine eingefallene, mit verschossenen Tüchern und Lappen verpackte Brust.
Ein Teil der rechten Wand, mit Ofen und Ofenbank, Bettstelle und mehreren grell getuschten Heiligenbildern, steht auch noch im Licht. – Auf der Ofenstange hängen Lumpen zum Trocknen, hinter
25 dem Ofen ist altes, wertloses Gerümpel angehäuft. Auf der Ofenbank stehen einige alte Töpfe und Kochgeräte, Kartoffelschalen sind zum Dörren auf Papier gelegt. – Von den Balken herab hängen Garnsträhnen und Weifen. Körbchen mit Spulen stehen neben den Webstühlen. In der Hinterwand ist eine niedrige Tür ohne Schloss.
30 Ein Bündel Weidenruten ist daneben an die Wand gelehnt. Mehrere schadhafte Viertelkörbe stehen dabei. – Das Getöse der Webstühle, das rhythmische Gewuchte der Lade, davon Erdboden und Wände erschüttert werden, das Schlurren und Schnappen des hin und her geschnellten Schiffchens erfüllen den Raum. Da hinein mischt sich
35 das tiefe, gleichmäßig fortgesetzte Getön der Spulräder, das dem Summen großer Hummeln gleicht.

MUTTER BAUMERT, *mit einer kläglichen, erschöpften Stimme, als die Mädchen mit Weben innehalten und sich über die Gewebe beugen:* Misst er schonn wieder knipp'n!?
40 EMMA, *das ältere der Mädchen, zweiundzwanzigjährig. Indem sie grüne Fäden knüpft:* Eine Art Garn is aber das au!
BERTHA, *fünfzehnjährig:* Das is aso a bissel Zucht mit der Werfte.
EMMA: Wo a ock bleibt aso lange? A is doch fort schonn seit um a neune.

MUTTER BAUMERT: Nu ebens, ebens! Wo mag a ock bleiben, ihr Mädel?
BERTHA: Ängst euch beileibe ni, Mutter!
MUTTER BAUMERT: 'ne Angst is das immer!
Emma fährt fort zu weben.
BERTHA: Wart amal, Emma!
EMMA: Was is denn?
BERTHA: Mir war doch, 's kam jemand.
EMMA: 's wird Ansorge sein, der zu Hause kommt.
Fritz, ein kleiner, barfüßiger, zerlumpter Junge von vier Jahren kommt hereingeweint: Mutter, mich hungert.
EMMA: Wart, Fritzl, wart a bissel! Großvater kommt gleich. A bringt Brot mit und Kerndl.
FRITZ: Mich hungert aso, Mutterle!
EMMA: Ich sag dersch ja. Bis ock nich einfältich. A wird ja gleich kommen. A bringt a scheenes Brotl mit und Kerndlkoffee. – Wenn ock wird Feierabend sein, da nimmt Mutter de Kartuffelschalen, die trägt se zum Pauer, und der gibbt er derfire a scheenes Neegl Puttermilch fersch Jungl.
FRITZ: Wo is er'n hin, Großvater?
EMMA: Beim Fabrikanten is a, abliefern a Kette, Fritzl.
FRITZ: Beim Fabrikanten?
EMMA: Ja, ja, Fritzl! unten bei Dreißichern in Peterschwalde.
(…)

VIERTER AKT

Peterswaldau. – Privatzimmer des Parchentfabrikanten Dreißiger. Ein im frostigen Geschmack der ersten Hälfte unseres Jahrhunderts luxuriös ausgestatteter Raum. Die Decke, der Ofen, die Türen sind weiß; die Tapete gradlinig kleingeblümt und von einem kalten, bleigrauen Ton. Dazu kommen rotüberzogene Polstermöbel aus Mahagoniholz, reich geziert und geschnitzt, Schränke und Stühle von gleichem Material und wie folgt verteilt: rechts, zwischen zwei Fenstern mit kirschroten Damastgardinen, steht der Schreibsekretär, ein Schrank, dessen vordere Wand sich herabklappen lässt; ihm gerade gegenüber das Sofa, unweit davon ein eiserner Geldschrank, vor dem Sofa der Tisch, Sessel und Stühle; an der Hinterwand ein Gewehrschrank. Diese sowie die andern Wände sind durch schlechte Bilder in Goldrahmen teilweise verdeckt. Über dem Sofa hängt ein Spiegel mit stark vergoldetem Rokokorahmen. Eine einfache Tür links führt in den Flur, eine offene Flügeltür der Hinterwand in einen mit dem gleichen ungemütlichen Prunk überladenen Salon. Im Salon bemerkt man zwei Damen, Frau Dreißiger und Frau Pastor Kittelhaus, damit beschäftigt, Bilder zu besehen – ferner den Pastor Kittelhaus im Gespräch mit dem Kandidaten und Hauslehrer Weinhold.

(…)

DREISSIGER *ist ans Fenster getreten, schiebt eine Gardine beiseite und blickt hinaus. Unwillkürlich:*
Bande!!! – Komm doch mal her, Rosa! *Sie kommt.* Sag doch mal: dieser lange, rothaarige Mensch dort!
KITTELHAUS: Das ist der so genannte rote Bäcker.
DREISSIGER: Nu sag mal, ist das vielleicht derselbe, der dich vor zwei

Aus Schlesien, 4. Juni:
So eben hat ein Haufen Weber aus Peterswaldau, Langenbielau und der Umgegend in Peterswaldau … die Gebäude und Vorräte des Fabrikanten Zwanziger niedergerissen und zerstört. Die Familie des Zwanziger ist auf das Schloss des Grafen Stolberg geflüchtet. Das angemessene Einschreiten der Prediger Schneider und Küttel hat vorläufig weitern Unfug gehemmt, wozu Geldausteilungen des Fabrikanten Wagenknecht, der sein Haus nur durch diese bewahrt hat, beigetragen haben mögen. Es ist Militär aus Schweidnitz verlangt, das jeden Augenblick erwartet wird.
(*Deutsche Allgemeine Zeitung, 8. Juni 1844*)

Heinrich Heine
Die schlesischen Weber

Im düstern Auge keine Träne,
Sie sitzen am Webstuhl und fletschen die Zähne:
Deutschland, wir weben dein Leichentuch,
Wie weben hinein den dreifachen Fluch –
   Wir weben, wir weben!

Ein Fluch dem Gotte, zu dem wir gebeten
In Winterskälte und Hungersnöten;
Wir haben vergebens gehofft und geharrt,
Er hat uns geäfft und gefoppt und genarrt –
   Wir weben, wir weben!

Ein Fluch dem König, dem König der Reichen,
Den unser Elend nicht konnte erweichen,
Der den letzten Groschen von uns erpresst
Und uns wie Hunde erschießen lässt –
   Wir weben, wir weben!

Ein Fluch dem falschen Vaterlande,
Wo nur gedeihen Schmach und Schande,
Wo jede Blume früh geknickt,
Wo Fäulnis und Moder den Wurm erquickt –
   Wir weben, wir weben!

Das Schiffchen fliegt, der Webstuhl kracht,
Wir weben emsig Tag und Nacht –
Altdeutschland, wir weben dein Leichentuch,
Wie weben hinein den dreifachen Fluch,
   Wir weben, wir weben!

(1847)

Tagen insultiert hat? Du weißt ja, was du mir erzähltest, als dir Johann in den Wagen half.

30 FRAU DREISSIGER *macht einen schiefen Mund, gedehnt:* Ich wöß nich mehr.

DREISSIGER: Aber so lass doch jetzt das Beleidigttun. Ich muss das nämlich wissen. Ich habe die Frechheiten nun nachgerade satt. Wenn es so ist, so zieh' ich ihn nämlich zur Verantwortung. *Man*
35 *hört das Weberlied singen.* Nun hören Sie bloß, hören Sie bloß!

KITTELHAUS, *überaus entrüstet:* Will denn dieser Unfug wirklich immer noch kein Ende nehmen? Nun muss ich aber wirklich auch sagen: Es ist Zeit, dass die Polizei einschreitet. Gestatten Sie mir doch mal! *Er tritt ans Fenster.* Nun sehen Sie an, Herr Weinhold! Das
40 sind nun nicht bloß junge Leute, da laufen auch alte, gesetzte Weber in Masse mit. Menschen, die ich lange Jahre für höchst ehrenwert und gottesfürchtig gehalten habe, sie laufen mit. Sie nehmen teil an diesem unerhörten Unfug. Sie treten Gottes Gesetz mit Füßen. Wollen Sie diese Leute vielleicht nun noch in Schutz nehmen?

45 WEINHOLD: Gewiss nicht, Herr Pastor. Das heißt, Herr Pastor, cum grano salis. Es sind eben hungrige, unwissende Menschen. Sie geben halt ihre Unzufriedenheit kund, wie sie's verstehen. Ich erwarte gar nicht, dass solche Leute …

FRAU KITTELHAUS, *klein, mager, verblüht, gleicht mehr einer alten*
50 *Jungfer als einer alten Frau:* Herr Weinhold, Herr Weinhold! aber ich bitte Sie!

DREISSIGER: Herr Kandidat, ich bedaure sehr … Ich habe Sie nicht in mein Haus genommen, damit Sie mir Vorlesungen über Humanität halten. Ich muss Sie ersuchen, sich auf die Erziehung meiner Knaben
55 zu beschränken, im übrigen aber meine Angelegenheiten mir zu überlassen, mir ganz allein! Verstehen Sie mich? (…)

(1892)

- **Erkunden, nachschlagen:**
Naturalismus

- **Am Text erarbeiten:**
Funktion der szenischen Bemerkungen/Regieanweisungen
Situation und Bewusstsein der Weber (II. Akt) und der Fabrikanten (IV. Akt)

- **Erkunden, erforschen:**
Weberaufstand in Schlesien im Jahre 1844

Plakat der Uraufführung

Wirkungen

Einen Eindruck von der ungeheuren Wirkung der ersten Aufführungen geben die zahlreichen Zeitungsbesprechungen. So schrieb der Kritiker des „Berliner Börsen-Couriers":

„Hauptmann!" „Hauptmann!" ruft ein hundertstimmiger Chor, indes Hunderte von Händen kräftig aufeinander klatschen. Wieder und wieder wird der Dichter der „Weber" vor den Vorhang gerufen, während wir schnell das „Deutsche Theater" verlassen, um über die
5 erste öffentliche Aufführung der merkwürdigsten modernen Bühnendichtung zu berichten. (…)

Obwohl das literarische Publikum wie das politische das Stück längst kennt, war das Haus lange vor Beginn der Vorstellung ausverkauft. Eine glänzende, interessante Zuhörerschaft füllte das Haus.
10 Unsere Schriftstellerwelt hatte ihre vornehmsten Vertreter entsandt. Theodor Fontane, ein seltener Gast im Theater, war erschienen, Spielhagen begegnet uns neben Sudermann, Rechtsanwalt und Schriftsteller Grelling, der siegreiche Held in dem dramatischen Konflikt, welchen die Dichtung mit der Zensur durchzukämpfen
15 hatte, folgt mit begreiflicher Genugtuung dem Stücke, dem er den Weg in die Öffentlichkeit gebahnt. (…) Eine stattliche Anzahl von Reichstagsabgeordneten hat sich im Parkett zusammengefunden,

darunter auch sozialdemokratische Volksvertreter. (…) Wir sahen Liebknecht, Singer, auch Bebel soll im Hause gewesen sein. Warum auch nicht? So könnte man und so wird man einwerfen, ist doch Hauptmanns Drama des Arbeiterlebens mehr eine sozialpolitische als eine literarische Arbeit. Gemach! (…) Wie Hauptmann uns hier die tiefe, bittere Not der Weber, die Verzweiflung des höchsten Elends und die Ausbrüche dieser Verzweiflung darstellt, ist er nicht agitierender Politiker, sondern nur tief empfindender Dichter. Das Mitleid, schönes verklärendes Mitleid ist seine Muse.
(Berliner Börsen-Courier vom 26.9.1894)

In der Berliner Zeitung „Die Post" erschien der folgende Verriss:
(…) Nicht die Not unserer wie seiner Landsleute ging dem Autor ans Herz, nicht um das Elend war es ihm zu tun, in welchem die armen Menschen schmachten mussten, das alles ist ihm nur Zweck, denn das Stück verfolgt vom ersten Worte bis zum letzten eine *sozialistische Tendenz der verwerflichsten Art*. Mit kalter, rücksichtsloser Berechnung reiht der Autor aneinander, was gegen Gottesfurcht, Ordnung im Staate, Autorität der Behörden gerichtet sein kann. Seine Figuren sind nur darum so in Lumpen gekleidet, hohläugig und verhungert, um den Kontrast gegen die besitzende Klasse greller hervortreten zu lassen, er riss aus dieser nur darum schlechte, hartherzige Elemente heraus, um der großen Masse das Trugbild von Verknechtung und Unterdrückung der Arbeiter vorhalten zu können. Nicht der Dramatiker wollte Herr Hauptmann sein, der ein Stück Geschichte zu Nutz und Segen und Heil der Menschen verwendet, sondern der Sozialistenführer, welcher mit Empörung eifrig zur Widersetzlichkeit aufgestachelten Elementen gewisse Direktiven geben will. Wohlweislich verschweigt der in der Geschichte Schlesiens so sehr bewanderte Autor, dass die damalige Regierung nach der Erkennung der Sachlage sofort umfangreiche Maßregeln zur Linderung der Not treffen ließ, denn Gutes und Edles kann man nicht gebrauchen, wenn Zwecke der Umsturzpartei verfolgt werden sollen. [So konnte sich auch bei der Stimmungsmache im Deutschen Theater eine] kleine, sehr aufgeregte, um das Durchbringen ihrer politischen Meinung wie wütend kämpfende Schar [durchsetzen]. (…)
(Die Post vom 27.9.1894)

Theodor Fontane, der ebenfalls zu den Besuchern dieser Aufführung im „Deutschen Theater" gehörte, schrieb als seine letzte Theaterkritik eine Besprechung der „Weber". Der ursprünglich für die „Vossische Zeitung" bestimmte Artikel erschien erst 1898 im „Literarischen Echo":

(…) Gerhart Hauptmann sah sich, und zwar durch sich selbst, in die Notwendigkeit versetzt, das, was ursprünglich ein Revolutionsstück sein sollte, schließlich als Anti-Revolutionsstück ausklingen zu lassen. (…) Dass dadurch etwas entstand, was revolutionär und antirevolutionär zugleich ist, müssen wir hinnehmen und trotz des Gefühls einer darin liegenden Abschwächung doch schließlich auch gutheißen. Es ist am besten so, denn das Stück erhält durch dieses Doppelgesicht auch eine doppelte Mahnung, eine, die sich nach oben, und eine andere, die sich nach unten wendet und beiden Parteien ins Gewissen spricht. *(15.10.1898)*

Ende des Jahres 1891 beendete Hauptmann die Arbeit an der Dialektfassung „De Waber", die am 2. Februar 1892 von der Direktion des Deutschen Theaters dem Berliner Polizeipräsidenten zur Aufführungsgenehmigung eingereicht wurde. Schon vierzehn Tage später lag das Aufführungsverbot vor:
In ordnungspolizeilicher Richtung geben zu erheblichen Bedenken Anlass: a) Die geradezu zum Klassenhass aufreizende Schilderung der Charaktere der Fabrikanten im Gegensatz zu denjenigen der Handweber im 1. und 4. Akt, b) die Deklamation des Weberliedes im 2. Akt und am Ende des 3. Aktes, c) die Plünderung bei Dreißiger im 4. Akt und d) die Schilderung des Aufstandes im 4. und 5. Akt. Es steht zu befürchten, dass die kraftvollen Schilderungen des Dramas, die zweifellos durch die schauspielerische Darstellung erheblich an Leben und Eindruck gewinnen würden, in der Tagespresse mit Enthusiasmus besprochen, einen Anziehungspunkt für den zu Demonstrationen geneigten sozialdemokratischen Teil der Bevölkerung Berlins bieten würde, für deren Lehren und Klagen über die Ausbeutung und Ausnutzung des Arbeiters durch den Fabrikanten das Stück durch seine einseitige tendenziöse Charakterisierung hervorragende Propaganda macht.

Nach der ersten öffentlichen Aufführung der „Weber" am 25. Sept. 1894 kündigt der deutsche Kaiser Wilhelm II. aus Protest seine Hofloge im „Deutschen Theater".

Kommentieren, Stellung nehmen:
Auffassung der drei Rezensenten zu Hauptmanns Theaterstück „Die Weber"

2.2 Im „Sumpf" der Schlachthöfe Chicagos

Upton Sinclair
Der Sumpf (Auszug)

Um die Jahrhundertwende wandert Jurgis Rudkus mit seinem alten Vater, seiner Braut Ona und deren Familie voller Zukunftshoffnung aus Litauen nach Amerika aus. In Chicago finden sie Arbeit in den riesigen Schlachthöfen, wo das Vieh am Fließband getötet und zu Fleischkonserven verarbeitet wird. Der Roman erschien später unter dem deutschen Titel „Der Dschungel".

* Unschlitt: Talg

Eines Sonntagabends saß Jurgis am Küchenherd, rauchte sein Pfeifchen und unterhielt sich mit einem älteren Mann, den Jonas mitgebracht hatte und der bei Durham in der Konservenabteilung arbeitete. Von ihm erfuhr Jurgis einiges über die erstklassigen, einzigartigen und zur nationalen Institution gewordenen Durham-Konserven. Bei Durham seien die reinsten Alchimisten am Werk; man mache Reklame für Pilz-Ketschup, und dabei hätten die Leute, die es herstellen, noch nie einen Pilz gesehen. Man preise ein „Hühnerragout" an – und das sei wie die aus den Witzblättern her bekannte Hühnersuppe im Wirtshaus, durch die ein Huhn in Gummigaloschen hindurchgelaufen war. Wer weiß, meinte der Freund von Jonas, vielleicht habe man ein Geheimverfahren, Hühner chemisch herzustellen; was in das Ragout hineinkommt, sei jedenfalls nichts anderes als Kaldaunen, Schweinefett, Unschlitt*, Rinderherzen und schließlich noch, wenn gerade angefallen, Kalbfleischreste. Diese Mixtur werde in verschiedenen Qualitäts- und Preisklassen angeboten, der Inhalt aller Büchsen aber komme aus ein und demselben Pott. Es gebe auch noch „Wildragout" und „Wachtelragout", ja sogar „Schinkenragout", außerdem eine „Schinkenpaste" – von den Arbeitern „Stinkepaste" genannt. Die bestehe aus Abfällen von geräuchertem Rindfleisch, die zu klein sind, um von den Maschinen noch aufgeschnitten werden zu können, aus Gekröse, das chemisch gefärbt ist, damit es nicht weiß durchschimmert, aus Resten von Schinken und Corned Beef, aus Kartoffeln, mit Schale und allem, und schließlich aus knorpeligen Rindergurgeln. Diese einfallsreiche Mischung werde durch den Wolf gedreht und dann stark gewürzt, damit sie nach etwas schmeckt. Zu Zeiten des alten Durham habe jeder, der eine neue Fälschung ausknobelte, von ihm ein Vermögen bekommen können, sagte Jurgis' Gewährsmann, jetzt aber sei es schwer, sich noch etwas Neues auszudenken, hier, wo schon so viele schlaue Köpfe so lange am Werk sind, wo die Leute sich freuen, wenn ihre Mastrinder Tuberkulose bekommen, weil sie dann schneller fett werden, und wo man in den Lebensmittelgeschäften des ganzen Landes alle liegen gebliebene und ranzig gewordene Butter aufkauft, sie mittels eines Druckluftverfahrens „oxydiert", um ihr den Geruch zu nehmen, sie dann mit abgerahmter Milch neu buttert und schließlich abgepackt in den Großstädten verkauft! Bis vor ein, zwei Jahren seien in den Yards noch Pferde geschlachtet worden, angeblich zur Herstellung von Dünger, aber nach langer Agitation habe die Presse der Öffentlichkeit klarmachen können, dass die Pferde in die Fleischkonserven wanderten. Jetzt sei es gesetzlich verboten, im Packingtown Pferde zu schlachten, und das werde auch tatsächlich befolgt, jedenfalls zur Zeit. Dafür aber könne man jeden Tag spitzhörnige und zottelhaarige Tiere zwischen den Schafen herumlaufen sehen – doch was für ein mühevolles Unterfangen wäre es, die Bevölkerung davon zu überzeugen, dass ein guter Teil von dem, was sie als Lamm- und Hackfleisch kauft, in Wirklichkeit von Ziegen stammt! Man hätte in Packingtown noch eine andere aufschlussreiche Statistik aufstellen können, nämlich über die diversen Berufskrankheiten der Arbeiter. Damals bei seiner Besichtigung der Fleischfabriken mit Szedvilas hatte Jurgis bewundernd den Schilderungen gelauscht, was aus den geschlachteten Tieren alles hergestellt werde und wie viele Zweigindustrien es noch gebe, jetzt aber entdeckte er, dass jede dieser Zweigindustrien eine kleine Hölle für sich war, auf ihre Weise genauso schlimm wie die Schlachthallen, ihre gemeinsame Quelle und Grundlage. In jeder hatten die Arbeiter ihre spezifischen Leiden. Der sich hier umschauende Besucher konnte vielleicht all diese Betrügereien anzweifeln, nicht aber diese Gebrechen, denn den Beweis trugen die Arbeiter ja am Körper – meist brauchte man sich nur ihre Hände anzusehen. Zum Beispiel die Männer in den Pökelräumen, wo sich der alte Antanas den Tod ge-

holt hatte – fast alle waren schrecklich gezeichnet. Wer sich hier beim Karrenschieben auch nur eine Schramme am Finger holte, zog sich damit leicht eine Entzündung zu, die ihn das Leben kostete: Glied für Glied konnten ihm die Finger von der Säure zerfressen werden. Unter den Schlächtern und Schlachtgehilfen, den Ausbeinern, Ausputzern und allen, die mit dem Messer arbeiteten, fand man kaum einen, der seinen Daumen noch voll gebrauchen konnte; immer wieder waren sie mit der Maus auf die Schneide gerutscht, bis sie nur noch eine bloße Masse Fleisch bildete, gegen die sie nun das Messer pressten, um es überhaupt halten zu können. Die Hände dieser Leute waren kreuz und quer von Schnittnarben durchzogen, die sich nicht mehr zählen oder auseinander halten ließen. Fingernägel hatten sie keine mehr, denn die wetzten sich beim Häuteabziehen völlig ab; ihre Fingergelenke waren so geschwollen, dass sich ihre Hände wie Fächer spreizten. Dann die Männer, die in den Kochereien arbeiteten, bei künstlichem Licht und inmitten von Wrasen* und Ekel erregendem Gestank; hier konnten sich die Tuberkelbazillen zwar zwei Jahre halten, doch kam stündlich neuer Nachschub hinzu. Dann die Fleischträger, die zwei Zentner schwere Rinderviertel in die Kühlwaggons schleppten – eine mörderische Schufterei, von vier Uhr früh an, die selbst den stärksten Mann in ein paar Jahren fertig machte. Dann die Leute in den Kühlhallen; ihr typisches Leiden war Rheuma, und fünf Jahre galten als längste Zeit, die dort durchzuhalten war. Dann die Wollrupfer; ihnen gingen die Hände noch schneller kaputt als den Pöklern, denn die Schafsfelle mussten mit Säure gebeizt werden, um die Wolle aufzulockern, und die Rupfer hatten diese mit bloßen Händen rauszuziehen, bis die Säure ihnen die Finger zerfraß. Dann die Arbeiter, die die Büchsen für die Fleischkonserven herstellten; auch ihre Hände waren ein einziges Labyrinth von Schnittnarben, und jeder einzelne Schnitt bedeutete das Risiko einer Blutvergiftung. Manche standen an Stanzmaschinen, und nur selten hielt einer das hier verlangte Tempo durch, ohne dass seine Aufmerksamkeit mal für einen Augenblick nachließ – und schon hackte ihm die Stanze ein Stück Hand ab. Dann die so genannten „Heber", deren Aufgabe darin bestand, jene Hebel zu betätigen, die die getöteten Rinder vom Boden hochzogen. Sie hasteten auf einer Laufplanke unterm Dach hin und her und hatten dabei durch den Dunst und Dampf nach unten zu schauen. Da die Architekten des alten Durham die Schlachthalle nicht zur Bequemlichkeit der Heber gebaut hatten, mussten sich diese alle paar Schritte unter einem Querbalken durchducken, der etwa anderthalb Meter über ihrer Planke verlief, wodurch sie sich eine so krumme Haltung angewöhnten, dass sie nach ein paar Jahren einen Gang wie die Schimpansen hatten. Am schlimmsten dran aber waren die Leute in den Düngerfabriken und in den Kochereien. Die konnte man keinem zeigen, denn der Duft eines Düngerarbeiters hätte jeden normalen Werkbesucher schon aus hundert Schritt Entfernung in die Flucht gejagt, und was die anderen betraf, die in den Räumen voller Wrasen arbeiteten, wo sich oft Brühkessel auf gleicher Höhe mit dem Fußboden befanden – ihr „Berufsleiden" bestand darin, in diese Kessel zu fallen, und wenn man sie herausfischte, war nicht mehr genug von ihnen übrig, das vorzeigenswert gewesen wäre. Manchmal blieb so ein Unfall tagelang unbemerkt, und inzwischen waren sie dann, mit Ausnahme der Knochen, schon als „Durhams Feinschmalz" in die Welt hinausgegangen!
(1906)

○ **Kommentieren, Stellung nehmen:** die Wirkung der Darstellung

○ **Selbst gestalten:** die Erzählpassage zu einem Hörspiel umgestalten

* *Wrasen: norddt. für Dampf, Dunst*

Der von John Heartfield gestaltete Einband der 1928 im Berliner Malik-Verlag erschienenen deutschen Erstausgabe.

○ **Lesetipp:** Upton Sinclair: Öl!

Folgendes Schema zeigt einige Gewichtsverschiebungen vom dramatischen zum epischen Theater[1]

Dramatische Form des Theaters

Die Bühne „verkörpert" einen Vorgang

verwickelt den Zuschauer in eine Aktion und verbraucht seine Aktivität

ermöglicht ihm Gefühle

vermittelt ihm Erlebnisse

der Zuschauer wird in eine Handlung hineinversetzt

es wird mit Suggestion gearbeitet

die Empfindungen werden konserviert

der Mensch wird als bekannt vorausgesetzt

der unveränderliche Mensch

Spannung auf den Ausgang

eine Szene für die andere

die Geschehnisse verlaufen linear

natura non facit saltus

die Welt, wie sie ist

was der Mensch soll

seine Triebe

das Denken bestimmt das Sein.

---

[1] Diese Schema zeigt nicht absolute Gegensätze, sondern lediglich Akzentverschiebungen. So kann innerhalb eines Mitteilungsvorgangs das gefühlsmäßige Suggestive oder das rein rational Überredende bevorzugt werden.

Bertolt Brecht
Die heilige Johanna der Schlachthöfe (Auszug)

DER MAKLER SULLIVAN SLIFT ZEIGT JOHANNA DARK DIE SCHLECHTIGKEIT DER ARMEN: JOHANNAS ZWEITER GANG IN DIE TIEFE

Gegend der Schlachthöfe

SLIFT: Jetzt, Johanna, will ich dir zeigen
Wie schlecht die sind
Mit denen du Mitleid hast, und
Daß es nicht am Platz ist.
5 *Sie gehen an einer Fabrikmauer entlang, auf der steht „Mauler & Cridle, Fleischfabriken". Der Name Mauler ist kreuzweis durchgestrichen. Aus einem Pförtchen treten zwei Männer. Slift und Johanna hören ihr Gespräch.*
VORARBEITER *zu einem jungen Burschen:* Vor vier Tagen ist uns ein
10 Mann namens Luckerniddle in den Sudkessel gefallen; da wir die Maschinen nicht schnell genug abstellen konnten, geriet er entsetzlicherweise in die Blattspeckfabrikation hinein; dies ist sein Rock und dies seine Mütze, nimm sie und laß sie verschwinden, sie nehmen nur einen Haken in der Garderobe weg und machen einen schlechten
15 Eindruck. Es ist gut, sie zu verbrennen, und am besten gleich. Ich vertraue dir die Sachen an, weil ich dich als einen verläßlichen Menschen kenne: ich würde meine Stellung verlieren, wenn das Zeug wo gefunden würde. Sobald die Fabrik aufgemacht wird, kannst du natürlich Luckerniddles Platz bekommen.
20 DER BURSCHE: Sie können sich auf mich verlassen, Herr Smith.
Der Vorarbeiter geht durch das Pförtchen zurück.
DER BURSCHE: Schade um den Mann, der jetzt als Blattspeck in die weite Welt hinausgehen muß, aber schade eigentlich auch um seinen Rock, der noch gut erhalten ist. Onkel Blattspeck ist jetzt in seine
25 Blechbüchse gekleidet und braucht ihn nicht mehr, während ich ihn sehr gut brauchen könnte. Scheiß darauf, ich nehm ihn.
Er zieht ihn an und wickelt seinen Rock und seine Mütze in Zeitungspapier.
JOHANNA *schwankt:* Mir ist übel.
30 SLIFT: Das ist die Welt, wie sie ist. *Er hält den jungen Burschen auf.* Woher haben Sie denn diesen Rock und diese Mütze? Die stammen doch von dem verunglückten Luckerniddle.
DER BURSCHE: Bitte, sagen Sie es nicht weiter, Herr. Ich werde die Sachen sofort wieder ausziehen. Ich bin sehr heruntergekommen.
35 Zwanzig Cent, die man in den Kunstdüngerkellern mehr verdient, haben mich voriges Jahr verlockt, an der Knochenmühle zu arbeiten. Da bekam ich es an der Lunge und eine langwierige Entzündung an den Augen. Seither ist meine Leistungsfähigkeit zurückgegangen, und seit Februar habe ich nur zweimal eine Arbeitsstelle gefunden.
40 SLIFT: Laß die Sachen an. Und komm heute Mittag in die Kantine sieben. Du kannst dir ein Mittagessen und einen Dollar holen, wenn du der Frau des Luckerniddle sagst, woher deine Mütze stammt und dein Rock.
DER BURSCHE: Aber ist das nicht roh, Herr?
45 SLIFT: Ja, wenn du es nicht nötig hast!
DER BURSCHE: Sie können sich auf mich verlassen, Herr.
Johanna und Slift gehen weiter.
FRAU LUCKERNIDDLE *sitzt von dem Fabriktor und klagt:*

Ihr da drinnen, was macht ihr mit meinem Mann?
Vor vier Tagen ging er zur Arbeit, er sagte:
Stell mir die Suppe warm am Abend! Und ist bis
Heute nicht gekommen! Was habt ihr mit ihm gemacht
Ihr Metzger! Seit vier Tagen stehe ich hier in der
Kälte, auch nachts, und warte, aber es wird mir nichts
Gesagt, und mein Mann kommt nicht heraus!
Aber ich sage Euch, ich werde hier stehen, bis ich ihn

Slift tritt auf die Frau zu.
SLIFT: Ihr Mann ist verreist, Frau Luckerniddle.
FRAU LUCKERNIDDLE: Jetzt soll er wieder verreist sein!
SLIFT: Ich will Ihnen etwas sagen, Frau Luckerniddle, er ist verreist, und es ist für die Fabrik sehr unangenehm, wenn Sie da herumsitzen und dummes Zeug reden. Wir machen Ihnen daher ein Angebot, wozu wir gesetzlich gar nicht gezwungen wären. Wenn Sie Ihre Nachforschungen nach Ihrem Mann einstellen, dann können Sie drei Wochen lang mittags in unserer Kantine umsonst Essen bekommen.
FRAU LUCKERNIDDLE: Ich will wissen, was mit meinem Mann los ist.
SLIFT: Wir sagen Ihnen, daß er nach Frisco gefahren ist.
FRAU LUCKNIDDLE: Der ist nicht nach Frisco gefahren, sondern es ist euch etwas passiert mit ihm, und ihr wollt es verbergen.
SLIFT: Wenn Sie so denken, Frau Luckerniddle, können Sie von der Fabrik kein Essen annehmen, sondern müssen der Fabrik einen Prozeß machen. Aber überlegen Sie sich das gründlich. Morgen bin ich in der Kantine für Sie zu sprechen.
Slift kehrt zu Johanna zurück.
FRAU LUCKERNIDDLE: Ich muß meinen Mann wiederhaben. Ich habe niemand außer ihm, der mich erhält.
JOHANNA: Sie wird nie kommen.
Viel mögen sein zwanzig Mittagessen
Für einen Hungrigen, aber
Es gibt mehr für ihn.
Johanna und Slift gehen weiter. Sie kommen vor eine Fabrikkantine und sehen zwei Männer, die durch ein Fenster hineinschauen.
GLOOMB: Hier sitzt der Antreiber, der dran schuld ist, daß ich meine Hand in die Blechschneidemaschine brachte, und frißt sich den

ten Male auf unsere Kosten vollfrißt. Gib mir lieber deinen Prügel, der meine bricht vielleicht gleich ab.
SLIFT *zu Johanna:* Bleib hier stehen. Ich will mit ihm reden. Und wenn er herkommt, dann sag, du suchst Arbeit. Dann wirst du sehen, was das für Leute sind. *Er geht zu Gloomb.* Bevor Sie sich zu etwas hinreißen lassen, wie es mir den Anschein hat, möchte ich Ihnen gern einen günstigen Vorschlag machen.
GLOOMB: Ich habe jetzt keine Zeit, Herr.
SLIFT: Schade, es wären Vorteile für Sie damit verbunden gewesen.
GLOOMB: Machen Sie es kurz. Wir dürfen das Schwein nicht verpassen. Er muß heute seinen Lohn beziehen für dieses unmenschliche System, für das er den Antreiber macht.
SLIFT: Ich hätte einen Vorschlag, wie Sie sich helfen könnten. Ich bin Inspektor in der Fabrik. Es ist sehr unangenehm, daß der Platz an Ihrer Maschine leer geblieben ist. Den meisten Leuten ist er zu gefährlich, gerade weil Sie so viel Aufhebens wegen Ihrer Finger gemacht haben. Es wäre natürlich sehr gut, wenn wir wieder jemand für den Posten

Epische Form des Theaters

macht ihn zum Betrachter, aber weckt seine Aktivität

erzwingt von ihm Entscheidungen

vermittelt ihm Kenntnisse

er wird ihr gegenübergesetzt

es wird mit Argumenten gearbeitet

bis zu Erkenntnissen getrieben

der Mensch ist Gegenstand der Untersuchung

der veränderliche und verändernde Mensch

Spannung auf den Gang

jede Szene für sich

in Kurven

facit saltus

die Welt, wie sie wird

was der Mensch muss

das gesellschaftliche Sein bestimmt das Denken

(Bertolt Brecht, um 1936)

(…) Der Zuschauer des dramatischen Theaters sagt:
Ja, das habe ich auch schon gefühlt. – So bin ich.
– Das ist nur natürlich. – Das wird immer so sein.
– Das Leid dieses Menschen erschüttert mich, weil es keinen Ausweg für ihn gibt. – Das ist die große Kunst: da ist alles selbstverständlich. – Ich weine mit den Weinenden, ich lache mit den Lachenden.
Der Zuschauer des epischen Theaters sagt:
Das hätte ich nicht gedacht. – So darf man es nicht machen. – Das ist höchst auffällig, fast nicht zu glauben. – Das muss aufhören. – Das Leid dieses Menschen erschüttert mich, weil es doch einen Ausweg für ihn gäbe. – Das ist große Kunst: da ist nichts selbstverständlich. – Ich lache über den Weinenden, ich weine über die Lachenden.
(Bertolt Brecht, Vergnügungstheater oder Lehrtheater, um 1936)

Inszenierung am Staatsschauspiel Dresden, 1998 (Anna-Katharina Muck, Tom Quaas)

hätten. Wenn Sie zum Beispiel jemand dafür brächten, wären wir sofort bereit, Sie wieder einzustellen, ja Ihnen sogar einen leichteren und besser bezahlten Posten zu geben wie bisher. Vielleicht gerade den Posten des Vorarbeiters. Sie machen mir einen scharfen Eindruck. Und der da drinnen hat sich zufällig in der letzten Zeit mißliebig gemacht. Sie verstehen. Sie müßten natürlich auch für das Tempo sorgen und vor allem, wie gesagt, jemand finden für den Platz an der, ich geb's zu, schlecht gesicherten Blechschneidemaschine. Da drüben zum Beispiel steht ein Mädchen, das Arbeit sucht. (…)
GLOOMB: Die da drüben? Sie macht einen schwachen Eindruck. Der Platz ist nicht für Leute, die rasch müde werden. *Zu dem anderen:* Ich habe es mir überlegt, wir werden es morgen Abend machen. Die Nacht ist günstiger für solche Späße. Guten Morgen. *Geht auf Johanna zu.* Sie suchen Arbeit?
JOHANNA: Ja.
GLOOMB: Sie sehen gut?
JOHANNA: Nein, ich habe voriges Jahr in den Kunstdüngerkellern gearbeitet an einer Knochenmühle. Da bekam ich es auf der Lunge und eine langwierige Augenentzündung. Ich bin seit Februar ohne Stellung. Ist es ein guter Platz?
GLOOMB: Der Platz ist gut. Es ist eine Arbeit, die auch schwächere Leute wie Sie machen können.
JOHANNA: Ist wirklich kein anderer Platz möglich? Ich habe gehört, die Arbeit an dieser Maschine sei gefährlich für Leute, die rasch müde werden. (…)
GLOOMB: Das ist alles nicht wahr. Sie werden erstaunt sein, wie angenehm die Arbeit ist. Sie werden sich an den Kopf greifen und sich fragen, wie können die Leute nur so lächerliche Geschichten über diese Maschine erzählen.
Slift lacht und zieht Johanna weg.
JOHANNA: Jetzt fürcht ich mich fast, weiterzugehen, denn was werde ich noch sehen! *Sie gehen in die Kantine und sehen Frau Luckerniddle, die mit dem Kellner spricht.*
FRAU LUCKERNIDDLE *rechnend:* Zwanzig Mittagessen … dann könnte ich … dann ginge ich und dann hätte ich … *Sie setzt sich an einen Tisch.*
KELLNER: Wenn Sie nicht essen, müssen Sie hinausgehen.
FRAU LUCKERNIDDLE: Ich warte auf jemand, der heute oder morgen kommen wollte. Was gibt es heute Mittag?
KELLNER: Erbsen.
JOHANNA: Dort sitzt sie.
Ich dacht, sie wär ganz fest und fürchtete
Sie käme morgen doch, und jetzt lief sie schneller als wir hierher
Und ist schon da und wartet schon auf uns.
SLIFT: Geh und bring ihr selbst das Essen, vielleicht besinnt sie sich.
Johanna holt Essen und bringt es Frau Luckerniddle.
JOHANNA: Sie sind heute schon da?
FRAU LUCKERNIDDLE: Ich habe nämlich seit zwei Tagen nichts gegessen.
JOHANNA: Sie wußten doch nicht, daß wir heute schon kommen?
FRAU LUCKERNIDDLE: Das ist richtig.
JOHANNA: Auf dem Weg hierher habe ich sagen hören, Ihrem Mann sei in der Fabrik etwas zugestoßen, woran die Fabrik schuld ist.
FRAU LUCKERNIDDLE: Ah so, Sie haben sich Ihr Angebot wieder überlegt? Ich kann also die zwanzig Essen nicht bekommen?
JOHANNA: Sie haben sich aber doch mit Ihrem Mann gut verstanden, wie ich höre? Mir sagten Leute: Sie haben niemand außer ihm.

FRAU LUCKERNIDDLE: Ja, ich habe schon seit zwei Tagen nichts gegessen.
JOHANNA: Wollen Sie nicht bis morgen warten? Wenn Sie Ihren Mann aufgeben, wird niemand mehr nach ihm fragen.
Frau Luckerniddle schweigt.
JOHANNA: Nimm's nicht.
Frau Luckerniddle reißt ihr das Essen aus der Hand und fängt an, gierig zu essen.
FRAU LUCKERNIDDLE: Er ist nach Frisco gefahren.
JOHANNA: Und Keller und Lager sind voll Fleisch
Das unverkäuflich ist und schon verdirbt
Weil's keiner abnimmt.
Hinten kommt der junge Arbeiter mit dem Rock und der Mütze herein.
DER ARBEITER: Guten Morgen, also ich kann hier essen?
SLIFT: Setzen Sie sich nur zu der Frau dort.
Der Mann setzt sich.
SLIFT *hinter ihm*: Sie haben da ein hübsche Mütze. *Der Arbeiter verbirgt sie.* Wo haben Sie die her?
DER ARBEITER: Gekauft.
SLIFT: Wo haben Sie sie denn gekauft?
DER ARBEITER: Die habe ich in keinem Laden gekauft.
SLIFT: Woher haben Sie sie dann?
DER ARBEITER: Die hab ich von einem Mann, der in einen Sudkessel gefallen ist.
Frau Luckerniddle wird es schlecht. Sie steht auf und geht hinaus.
FRAU LUCKERNIDDLE *im Hinausgehen zum Kellner*: Lassen Sie den Teller stehen. Ich komme zurück. Ich komme jeden Mittag hierher. Fragen Sie nur den Herrn. *Ab.*
SLIFT: Drei Wochen lang wird sie kommen und fressen, ohne aufzusehen, wie ein Tier. Hast du gesehn, Johanna, daß ihre Schlechtigkeit ohne Maß ist?
JOHANNA: Wie aber beherrschest du
Ihre Schlechtigkeit! Wie nützt ihr sie aus!
Siehst du nicht, daß es auf ihre Schlechtigkeit regnet?
Sicherlich gern hätte sie doch
Treue gehalten ihrem Mann wie andere auch
Und nach ihm gefragt, der ihr Unterhalt gab
Eine Zeitlang noch, wie es sich gehört.
Aber der Preis war zu hoch, der zwanzig Essen betrug.
Und hätte der junge Mann, auf den
Sich jeder Schurke verlassen kann
Der Frau des Toten den Rock gezeigt
Wenn es nach ihm gegangen wär?
Aber der Preis erschien ihm zu hoch
Und warum sollte der Mann mit dem einen Arm
Nicht mich warnen? Wenn nicht der Preis
So kleiner Rücksicht für ihn so hoch wär?
Sondern verkaufen den Zorn, der gerecht ist, aber zu teuer?
Ist ihre Schlechtigkeit ohne Maß, so ist's
Ihre Armut auch. Nicht der Armen Schlechtigkeit
Hast du mir gezeigt, sondern
Der Armen Armut.
Zeigt ihr mir der Armen Schlechtigkeit
So zeig ich euch der schlechten Armen Leid.
Verkommenheit, voreiliges Gerücht!
Sei widerlegt durch ihr elend Gesicht!

○ **Am Text erarbeiten:**
Nachweis von Elementen des „epischen Theaters" am Brechttext

○ **Am Text erarbeiten:**
„Selbstentfremdung" durch das Schlachthof-Elend bei Sinclair und Brecht
Vergleich typischer gattungsbezogener Gestaltungselemente

○ **Selbst gestalten:**
Titelbild für eine Textausgabe von Sinclairs Roman oder Brechts Drama

○ **Erkunden, erforschen:**
Amerikabegeisterung und -kritik der Zeit
Technikbegeisterung und -kritik

2.3 Gedanken zur Lage der Gesellschaft

Georg Büchner
Der Hessische Landbote (Auszug)

Erste Botschaft

Darmstadt, im Juli 1834

Vorbericht

Dieses Blatt soll dem hessischen Lande die Wahrheit melden, aber wer die Wahrheit sagt, wird gehenkt, ja sogar der, welcher die Wahrheit liest, wird durch meineidige Richter vielleicht gestraft. Darum haben die, welchen dies Blatt zukommt, folgendes zu beobachten:

1) Sie müssen das Blatt sorgfältig außerhalb ihres Hauses vor der Polizei verwahren;
2) sie dürfen es nur an treue Freunde mitteilen;
3) denen, welchen sie nicht trauen wie sich selbst, dürfen sie es nur heimlich hinlegen;
4) würde das Blatt dennoch bei Einem gefunden, der es gelesen hat, so muss er gestehen, dass er es eben dem Kreisrat habe bringen wollen;
5) wer das Blatt nicht gelesen hat, wenn man es bei ihm findet, der ist natürlich ohne Schuld.

Friede den Hütten! Krieg den Palästen!

Im Jahr 1834 siehet es aus, als würde die Bibel Lügen gestraft. Es sieht aus, als hätte Gott die Bauern und Handwerker am 5ten Tage, und die Fürsten und Vornehmen am 6ten gemacht, und als hätte der Herr zu diesen gesagt: Herrschet über alles Getier, das auf Erden kriecht, und hätte die Bauern und Bürger zum Gewürm gezählt. Das Leben der Vornehmen ist ein langer Sonntag, sie wohnen in schönen Häusern, sie tragen zierliche Kleider, sie haben feiste Gesichter und reden eine eigne Sprache; das Volk aber liegt vor ihnen wie Dünger auf dem Acker. Der Bauer geht hinter dem Pflug, der Vornehme aber geht hinter ihm und dem Pflug und treibt ihn mit den Ochsen am Pflug, er nimmt das Korn und lässt ihm die Stoppeln. Das Leben des Bauern ist ein langer Werktag; Fremde verzehren seine Äcker vor seinen Augen, sein Leib ist eine Schwiele, sein Schweiß ist das Salz auf dem Tische des Vornehmen.

Im Großherzogtum Hessen sind 718 373 Einwohner, die geben an den Staat jährlich an 6 363 436 Gulden, als

1)	Direkte Steuern	2 128 131 fl.
2)	Indirekte Steuern	2 478 264 fl.
3)	Domänen	1 547 394 fl.
4)	Regalien	46 938 fl.
5)	Geldstrafen	98 511 fl.
6)	Verschiedene Quellen	64 198 fl.
		6 363 436 fl.

Dies Geld ist der Blutzehnte, der von dem Leib des Volkes genommen wird. An 700 000 Menschen schwitzen, stöhnen und hungern dafür. Im Namen des Staates wird es erpresst, die Presser berufen sich auf die Regierung und die Regierung sagt, das sei nötig, die Ordnung im Staat zu erhalten. Was ist denn nun das für gewaltiges Ding: der Staat? Wohnt eine Anzahl Menschen in einem Land und es sind Verordnungen oder Gesetze vorhanden, nach denen jeder sich richten muss, so sagt man, sie bilden einen Staat. Der Staat also sind *Alle*; die Ordner im Staate sind die Gesetze, durch welche das Wohl *Aller* gesichert wird, und die aus dem Wohl *Aller* hervorgehen sollen. – Seht nun, was man in dem Großherzogtum aus dem Staat gemacht hat; seht was es heißt: die Ordnung im Staate erhalten! 700 000 Menschen bezahlen dafür 6 Millionen, d.h. sie werden zu Ackergäulen und Pflugstieren gemacht, damit sie in Ordnung leben. In Ordnung leben heißt hungern und geschunden werden.

Wer sind denn die, welche diese Ordnung gemacht haben, und die wachen, diese Ordnung zu erhalten? Das ist die Großherzogliche Regierung. Die Regierung wird gebildet von dem Großherzog und seinen obersten Beamten. Die andern Beamten sind Männer, die von der Regierung berufen werden, um jene Ordnung in Kraft zu erhalten. Ihre Anzahl ist Legion: Staatsräte und Regierungsräte, Landräte und Kreisräte, Geistliche Räte und Schulräte, Finanzräte und Forsträte usw. mit allem ihrem Heer von Sekretären usw. Das Volk ist ihre Herde, sie sind seine Hirten, Melker und Schinder; sie haben die Häute der Bauern an, der Raub der Armen ist in ihrem Hause; die Tränen der Witwen und Waisen sind das Schmalz auf ihren Gesichtern; sie herrschen frei und ermahnen das Volk zur Knechtschaft. Ihnen gebt ihr 6 000 000 fl. Abgaben; sie haben dafür die Mühe, euch zu regieren; d.h. sich von euch füttern zu lassen und euch eure Menschen- und Bürgerrechte zu rauben. Sehet, was die Ernte eures Schweißes ist.

[Es folgen ausführliche Angaben zu den einzelnen Posten des Landeshaushaltes, die politisch bewertet werden.]

(...) was sind diese Verfassungen in Deutschland? Nichts als leeres Stroh, woraus die Fürsten die Körner für sich herausgeklopft haben. Was sind unsere Landtage? Nichts als langsame Fuhrwerke, die man einmal oder zweimal wohl der Raubgier der Fürsten und ihrer Minister in den Weg schieben, woraus man aber nimmermehr eine feste Burg für deutsche Freiheit bauen kann. Was sind unsere Wahlgesetze? Nichts als Verletzungen der Bürger- und Menschenrechte der meisten Deutschen. Denkt an das Wahlgesetz im Großherzogtum, wonach keiner gewählt werden kann, der nicht hoch begütert ist, wie rechtschaffen und gutgesinnt er auch sei, wohl aber der *Grolmann**, der euch um die zwei Millionen bestehlen wollte. Denkt an die Verfassung des Großherzogtums. – Nach den Artikeln derselben ist der Großherzog unverletzlich, heilig und unverantwortlich. Seine Würde ist erblich in seiner Familie, er hat das Recht Krieg zu führen und ausschließliche Verfügung über das Militär. Er beruft die Landesstände, vertagt sie oder löst sie auf. Die Stände dürfen keinen Gesetzes-Vorschlag machen, sondern sie müssen um das Gesetz bitten, und dem Gutdünken des Fürsten bleibt es unbedingt überlassen, es zu geben oder zu verweigern. Er bleibt im Besitz einer fast unumschränkten Gewalt, nur darf er keine neuen Gesetze machen und keine neuen Steuern ausschreiben ohne Zustimmung der Stände. Aber teils kehrt er sich nicht an diese Zustimmung, teil genügen ihm die alten Gesetze, die das Werk der Fürstengewalt sind, und er bedarf darum keiner neuen Gesetze. Eine solche Verfassung ist ein elend jämmerlich Ding. Was ist von Ständen zu erwarten, die an eine solche Verfassung gebunden sind? Wenn unter den Gewählten auch keine Volksverräter und feige Memmen wären, wenn sie aus lauter entschlossenen Volksfreunden bestünden?! Was ist von Ständen zu erwarten, die kaum die elenden Fetzen einer armseligen Verfassung zu verteidigen vermögen! – Der einzige Widerstand, den sie zu leisten vermochten, war die Verweigerung der zwei Millionen Gulden, die sich der Großherzog von dem überschuldeten Volke wollte schenken lassen zur Bezahlung seiner Schulden.

Guntram Vesper
Erbschaft

Achtzehnhundertvierunddreißig
im hessischen Dorf Steinheim

am Wintermorgen eilig
mit der Kerze zum Herd
Papier zu verbrennen.

Die Flugschrift, die am Zaun hing
ließ zögernd der Häusler
in der rissigen Lehmwand übernachten
neben der Schlafstatt der Familie

vier Bretter, heute
in meinem Besitz
ein Ort für die Lektüre
des Landboten noch immer.

(1966)

Hätten aber auch die Landstände des Großherzogtums genügende Rechte, und hätte das Großherzogtum, aber nur das Großherzogtum allein, eine wahrhafte Verfassung, so würde die Herrlichkeit doch bald zu Ende sein. Die Raubgeier in Wien und Berlin würden ihre Henkerskrallen ausstrecken und die kleine Freiheit mit Rumpf und Stumpf ausrotten. Das ganze deutsche Volk muss sich die Freiheit erringen. Und diese Zeit, geliebte Mitbürger, ist nicht ferne. – (...) Hebt die Augen auf und zählt das Häuflein eurer Presser, die nur stark sind durch das Blut, das sie euch aussaugen und durch eure Arme, die ihr ihnen willenlos leiht. Ihrer sind vielleicht 10 000 im Großherzogtum und Eurer sind es 700 000 und also verhält sich die Zahl des Volkes zu seinen Pressern auch im übrigen Deutschland. Wohl drohen sie mit dem Rüstzeug und den Reisigen der Könige, aber ich sage euch: Wer das Schwert erhebt gegen das Volk, der wird durch das Schwert des Volkes umkommen. Deutsch-

* Konservatives Mitglied des Landtages: hatte 1830 dafür gestimmt, 2 Millionen Gulden Privatschulden des Großherzogs von der Staatskasse zahlen zu lassen.

land ist jetzt ein Leichenfeld, bald wird es ein Paradies sein. Das deutsche Volk ist ein Leib und ihr seid ein Glied dieses Leibes. Es ist einerlei, wo die Scheinleiche zu zucken anfängt. Wann der Herr euch
175 seine Zeichen gibt durch die Männer, durch welche er die Völker aus der Dienstbarkeit zur Freiheit führt, dann erhebet euch und der ganze Leib wird mit euch aufstehen.

Ihr bücktet euch lange Jahre in den Dornäckern der Knechtschaft, dann schwitzt ihr einen Sommer im Weinberge der Freiheit, und ihr
180 werdet frei sein bis ins tausendste Glied.

Ihr wühltet ein langes Leben die Erde auf, dann wühlt ihr euren Tyrannen ein Grab. Ihr bautet die Zwingburgen, dann stürzt ihr sie, und bauet der Freiheit Haus. Dann könnt ihr eure Kinder frei taufen mit dem Wasser des Lebens. Und bis der Herr euch ruft durch seine
185 Boten und Zeichen, wachet und rüstet euch im Geiste und betet ihr selbst und lehrt eure Kinder beten: „Herr, zerbrich den Stecken unserer Treiber und lass dein Reich zu uns kommen, das Reich der Gerechtigkeit. Amen." *(1834)*

● Erkunden, nachschlagen:
Flugblatt, Flugschrift, Vormärz

● Kommentieren, Stellung nehmen:
Wirkungsmöglichkeiten des „Hessischen Landboten"

Karl Marx
Der dialektische Gegensatz von Proletariat und Reichtum*

Proletariat und Reichtum sind Gegensätze. Sie bilden als solche ein Ganzes. Sie sind beide Gestaltungen der Welt des Privateigentums. Es handelt sich um die bestimmte Stellung, die beide in dem Gegensatz einnehmen. Es reicht nicht aus, sie für zwei Seiten eines Ganzen
5 zu erklären.

Das Privateigentum als Privateigentum, als Reichtum, ist gezwungen sich selbst und damit seinen Gegensatz, das Proletariat, im Bestehen zu erhalten. Es ist die positive Seite des Gegensatzes, das in sich selbst befriedigte Privateigentum.
10 Das Proletariat ist umgekehrt als Proletariat gezwungen, sich selbst und damit seinen bedingenden Gegensatz, der es zum Proletariat macht, das Privateigentum, aufzuheben. Es ist die negative Seite des Gegensatzes, seine Unruhe in sich, das aufgelöste und sich auflösende Privateigentum.
15 Die besitzende Klasse und die Klasse des Proletariats stellen dieselbe menschliche Selbstentfremdung dar. Aber die erste Klasse fühlt sich wohl und bestätigt, weiß die Entfremdung als ihre eigene Macht und besitzt in ihr den Schein einer menschlichen Existenz; die zweite fühlt sich in der Entfremdung vernichtet, erblickt in ihr ihre Ohn-
20 macht und die Wirklichkeit einer unmenschlichen Existenz. Sie ist, um einen Ausdruck von Hegel zu gebrauchen, in der Verworfenheit die Empörung über diese Verworfenheit, eine Empörung, zu der sie notwendig durch den Widerspruch ihrer menschlichen Natur mit ihrer Lebenssituation, welche die offenherzige, entschiedene, umfas-
25 sende Verneinung dieser Natur ist, getrieben wird.

Innerhalb des Gegensatzes ist der Privateigentümer also die konservative, der Proletarier die destruktive Partei. Von jenem geht die Aktion des Erhaltens des Gegensatzes, von diesem die Aktion seiner Vernichtung aus. (…)

● Bezüge herstellen:
Marx' These der „Selbstentfremdung" und Hauptmanns „Weber", Sinclairs und Brechts Elend der Schlachthöfe sowie Büchners „Landbote"

30 Wenn die sozialistischen Schriftsteller dem Proletariat diese weltgeschichtliche Rolle zuschreiben, so geschieht dies keineswegs, wie die

kritische Kritik zu glauben vorgibt, weil sie die Proletarier für Götter halten. Vielmehr umgekehrt. Weil die Abstraktion von aller Menschlichkeit, selbst von dem Schein der Menschlichkeit im ausgebildeten Proletariat praktisch vollendet ist, weil in den Lebensbedingungen des Proletariats alle Lebensbedingungen der heutigen Gesellschaft in ihrer unmenschlichsten Spitze zusammengefasst sind, weil der Mensch in ihm sich selbst verloren, aber zugleich nicht nur das theoretische Bewusstsein dieses Verlustes gewonnen hat, sondern auch unmittelbar durch die nicht mehr abzuweisende, nicht mehr zu beschönigende, absolut gebieterische Not – dem praktischen Ausdruck der Notwendigkeit – zur Empörung gegen diese Unmenschlichkeit gezwungen ist, darum kann und muss das Proletariat sich selbst befreien. Es kann sich aber nicht selbst befreien, ohne seine eigenen Lebensbedingungen aufzuheben. Es kann seine eigenen Lebensbedingungen nicht aufheben, ohne *alle* unmenschlichen Lebensbedingungen der heutigen Gesellschaft, die sich in seiner Situation zusammenfassen, aufzuheben. Es macht nicht vergebens die harte, aber stählende Schule der Arbeit durch. Es handelt sich nicht darum, was dieser oder jener Proletarier oder selbst das ganze Proletariat als Ziel sich einstweilen *vorstellt*. Es handelt sich darum, *was es ist*, und was es diesem *Sein* gemäß geschichtlich zu tun gezwungen sein wird. Sein Ziel und seine geschichtliche Aktion ist in seiner eigenen Lebenssituation, wie in der ganzen Organisation der heutigen bürgerlichen Gesellschaft sinnfällig, unwiderruflich vorgezeichnet. Es bedarf hier nicht der Ausführung, dass ein großer Teil des englischen und französischen Proletariats sich seiner geschichtlichen Aufgabe schon bewusst ist und beständig daran arbeitet, dies Bewusstsein zur vollständigen Klarheit herauszubilden. *(1844/45)*

○ **Erkunden, erforschen:**
Leben und Philosophie des jungen Karl Marx.
Das „Kommunistische Manifest" von Marx und Engels

○ **Am Text untersuchen:**
„Selbstentfremdung" der „besitzenden Klasse" und der „Klasse des Proletariats"

○ **Am Text erarbeiten:**
Intention und Art der Darstellung des sozialen Elends bei Büchner und Marx

○ **Lesetipp:**
Karl Marx, Philosophie jetzt.
Ausgewählt und vorgestellt von Oskar Negt.

Karl Marx/Friedrich Engels
Manifest der Kommunistischen Partei (Auszug)

Die Geschichte aller bisherigen Gesellschaft ist die Geschichte von Klassenkämpfen.
Freier und Sklave, Patrizier und Plebejer, Baron und Leibeigener, Zunftbürger und Gesell, kurz, Unterdrücker und Unterdrückte standen in stetem Gegensatz zueinander, führten einen ununterbrochenen, bald versteckten, bald offenen Kampf, einen Kampf, der jedes Mal mit einer revolutionären Umgestaltung der ganzen Gesellschaft endete oder mit dem gemeinsamen Untergang der kämpfenden Klassen.
Die Arbeit der Proletarier hat durch die Ausdehnung der Maschinerie und die Teilung der Arbeit allen selbstständigen Charakter und damit allen Reiz für die Arbeiter verloren. Er wird ein bloßes Zubehör der Maschine, von dem nur der einfachste, eintönigste, am leichtesten erlernbare Handgriff verlangt wird. Die Kosten, die der Arbeiter verursacht, beschränken sich daher fast nur auf die Lebensmittel, die er zu seinem Unterhalt und zur Fortpflanzung seiner Rasse bedarf. (...)
An die Stelle der alten bürgerlichen Gesellschaft mit ihren Klassen und Klassengegensätzen tritt eine Assoziation, worin die freie Entwicklung eines jeden die Bedingung für die freie Entwicklung aller ist. *(1848)*

3 Erfahrungen von Sinn- und Sprachlosigkeit

3.1 Sinnkrise des Individuums

Else Lasker-Schüler, Zeichnung für den Umschlag der Erstausgabe der „Hebräischen Balladen" von 1913

Else Lasker-Schüler
Weltende

Es ist ein Weinen in der Welt,
Als ob der liebe Gott gestorben wär,
Und der bleierne Schatten, der niederfällt,
Lastet grabesschwer.

Komm, wir wollen uns näher verbergen …
Das Leben liegt in aller Herzen
Wie in Särgen.

Du! wir wollen uns tief küssen …
Es pocht eine Sehnsucht an die Welt,
An der wir sterben müssen.

(1905)

Das neue Gedicht, die Lyrik, ist ein Kunstprodukt. Damit verbindet sich die Vorstellung von Bewusstheit, kritischer Kontrolle und, um gleich einen gefährlichen Ausdruck zu gebrauchen, auf den ich noch zurückkomme, die Vorstellung von „Artistik". Bei der Herstellung eines Gedichtes beobachtet man nicht nur das Gedicht, sondern auch sich selber.
(Gottfried Benn, 1951)

Bertolt Brecht
Der Nachgeborene

Ich gestehe es: ich
Habe keine Hoffnung.
Die Blinden reden von einem Ausweg. Ich
Sehe.

Wenn die Irrtümer verbraucht sind
Sitzt als letzter Gesellschafter
Uns das Nichts gegenüber.

(um 1920)

Gottfried Benn
Verlorenes Ich

Verlorenes Ich, zersprengt von Stratosphären,
Opfer des Ion –: Gamma-Strahlen-Lamm –,
Teilchen und Feld –: Unendlichkeitsschimären
auf deinem grauen Stein von Notre-Dame.

Die Tage geh'n dir ohne Nacht und Morgen,
die Jahre halten ohne Schnee und Frucht
bedrohend das Unendliche verborgen –,
die Welt als Flucht.

Wo endest du, wo lagerst du, wo breiten
sich deine Sphären an –, Verlust, Gewinn –:
Ein Spiel von Bestien: Ewigkeiten,
an ihren Gittern fliehst du hin.

Der Bestienblick: die Sterne als Kaldaunen,
der Dschungeltod als Seins- und Schöpfungsgrund,
Mensch, Völkerschlachten, Katalaunen*
hinab den Bestienschlund.

Die Welt zerdacht. Und Raum und Zeiten
und was die Menschheit wob und wog,
Funktion nur von Unendlichkeiten –,
die Mythe log.

Woher, wohin –, nicht Nacht, nicht Morgen,
kein Evoë*, kein Requiem,
du möchtest dir ein Stichwort borgen –,
allein bei wem?

Ach, als sich alle einer Mitte neigten
und auch die Denker nur den Gott gedacht,
sie sich den Hirten und dem Lamm verzweigten,
wenn aus dem Kelch das Blut sie rein gemacht,

und alle rannen aus der einen Wunde,
brachen das Brot, das jeglicher genoß –,
oh ferne zwingende erfüllte Stunde,
die einst auch das verlor'ne Ich umschloß.

(1943)

* Katalaunen: von Benn geprägt nach der Schlacht auf den Katalanischen Feldern 451 n. Chr.

* Evoë: Jubelruf beim Fest des griech. Weingottes Dionysos

Franz Kafka
Vor dem Gesetz

Vor dem Gesetz steht ein Türhüter. Zu diesem Türhüter kommt ein Mann vom Lande und bittet um Eintritt in das Gesetz. Aber der Türhüter sagt, dass er ihm jetzt den Eintritt nicht gewähren könne. Der Mann überlegt und fragt dann, ob er also später werde eintreten dürfen. „Es ist möglich," sagt der Türhüter, „jetzt aber nicht." Da das Tor zum Gesetz offen steht wie immer und der Türhüter beiseite tritt, bückt sich der Mann, um durch das Tor in das Innere zu sehn. Als der Türhüter das merkt, lacht er und sagt: „Wenn es dich so lockt, versuche es doch, trotz meines Verbotes hineinzugehn. Merke aber: Ich bin mächtig. Und ich bin nur der unterste Türhüter. Von Saal zu Saal stehn aber Türhüter, einer mächtiger als der andere. Schon den Anblick des dritten kann nicht einmal ich mehr ertragen." Solche Schwierigkeiten hat der Mann vom Lande nicht erwartet; das Gesetz soll doch jedem und immer zugänglich sein, denkt er, aber als er jetzt den Türhüter in seinem Pelzmantel genauer ansieht, seine große Spitznase, den langen, dünnen, schwarzen tatarischen Bart, entschließt er sich, doch lieber zu warten, bis er die Erlaubnis zum Eintritt bekommt. Der Türhüter gibt ihm einen Schemel und lässt ihn seitwärts von der Tür sich niedersetzen. Dort sitzt er Tage und Jahre. Er macht viele Versuche, eingelassen zu werden, und ermüdet den Türhüter durch seine Bitten. Der Türhüter stellt öfters kleine Verhöre mit ihm an, fragt ihn über seine Heimat aus und nach vielem andern, es sind aber teilnahmslose Fragen, wie sie große Herren stellen, und zum Schlusse sagt er ihm immer wieder, dass er ihn noch nicht einlassen könne. Der Mann, der sich für seine Reise mit vielem ausgerüstet hat, verwendet alles, und sei es noch so wertvoll, um den Türhüter zu bestechen. Dieser nimmt zwar alles an, aber sagt dabei: „Ich nehme es nur an, damit du nicht glaubst, etwas versäumt zu haben." Während der vielen Jahre beobachtet der Mann den Türhüter fast ununterbrochen. Er vergisst die andern Türhüter und dieser erste scheint ihm das einzige Hindernis für den Eintritt in das Gesetz. Er verflucht den unglücklichen Zufall, in den ersten Jahren rücksichtslos und laut, später, als er alt wird, brummt er nur noch vor sich hin. Er wird kindisch, und, da er in dem jahrelangen Studium des Türhüters auch die Flöhe in seinem Pelzkragen erkannt hat, bittet er auch die Flöhe, ihm zu helfen und den Türhüter umzustimmen. Schließlich wird sein Augenlicht schwach, und er weiß nicht, ob es um ihn wirklich dunkler wird, oder ob ihn nur seine Augen täuschen. Wohl aber erkennt er jetzt im Dunkeln einen

Franz Kafka hat die Parabel „Vor dem Gesetz" in seinen Roman „Der Prozess" integriert. Der Bankprokurist Josef K. sieht sich eines Morgens ohne Grund verhaftet. Vergeblich versucht er, Aufklärung in seine rätselhafte Verhaftung zu bringen. Seine Lösungsversuche werden immer aussichtsloser. Verhaftet und dennoch – paradoxerweise – bewegungsfrei, begegnet er kurz vor seiner Hinrichtung anlässlich eines Besuchs im Dom der Stadt einem Geistlichen, der sich als Gefängniskaplan ausgibt; dieser erzählt Josef K. die Parabel vom Türhüter (9. Kapitel).

*Franz Kafka: Tuschezeichnungen
(im Manuskript des Romans „Der Prozess")*

● **Erkunden, nachschlagen:**
Parabel

Am Text erarbeiten, diskutieren:
unterschiedliche Interpretationsansätze zur Parabel Kafkas:
– Ausdruck der Unfassbarkeit und Unerreichbarkeit Gottes (theologisch)
– Vergegenwärtigung des Problems von Determiniertheit und Freiheit (philosophisch)
– Darstellung gesellschaftlicher Machtverhältnisse (soziologisch)
– Ausdruck neurotischer Lebensunfähigkeit (psychologisch)

Glanz, der unverlöschlich aus der Türe des Gesetzes bricht. Nun lebt er nicht mehr lange. Vor seinem Tode sammeln sich in seinem Kopfe alle Erfahrungen der ganzen Zeit zu einer Frage, die er bisher an den Türhüter noch nicht gestellt hat. Er winkt ihm zu, da er seinen erstarrenden Körper nicht mehr aufrichten kann. Der Türhüter muss sich tief zu ihm hinunterneigen, denn der Größenunterschied hat sich sehr zu ungunsten des Mannes verändert. „Was willst du denn jetzt noch wissen?" fragt der Türhüter, „du bist unersättlich." „Alle streben doch nach dem Gesetz," sagt der Mann, „wieso kommt es, dass in den vielen Jahren niemand außer mir Einlass verlangt hat?" Der Türhüter erkennt, dass der Mann schon an seinem Ende ist, und, um sein vergehendes Gehör noch zu erreichen, brüllt er ihn an: „Hier konnte niemand sonst Einlass erhalten, denn dieser Eingang war nur für dich bestimmt. Ich gehe jetzt und schließe ihn." *(1925)*

Frank Wedekind
Frühlings Erwachen (Auszug)

1. Akt, Zweite Szene
Sonntagabend.

MELCHIOR: Das ist mir zu langweilig. Ich mache nicht mehr mit.
OTTO: Dann können wir andern nur noch aufhören! – Hast du die Arbeiten, Melchior?
MELCHIOR: Spielt ihr nur weiter!
MORITZ: Wohin gehst du?
MELCHIOR: Spazieren.
GEORG: Es wird ja dunkel!
ROBERT: Hast du die Arbeiten schon?
MELCHIOR: Warum soll ich denn nicht im Dunkeln spazierengehn?
ERNST: Zentralamerika! – Ludwig der Fünfzehnte! Sechzig Verse Homer! – Sieben Gleichungen!
MELCHIOR: Verdammte Arbeiten!
GEORG: Wenn nur wenigstens der lateinische Aufsatz nicht auf morgen wäre!
MORITZ: An nichts kann man denken, ohne dass einem Arbeiten dazwischenkommen!
OTTO: Ich gehe nach Hause.
GEORG: Ich auch, Arbeiten machen.
ERNST: Ich auch, ich auch.
ROBERT: Gute Nacht, Melchior.
MELCHIOR: Schlaft wohl!
(Alle entfernen sich bis auf Moritz und Melchior.)
MELCHIOR: Möchte doch wissen, wozu wir eigentlich auf der Welt sind!
MORITZ: Lieber wollt' ich ein Droschkengaul sein um der Schule willen! – Wozu gehen wir in die Schule? – Wir gehen in die Schule, damit man uns examinieren kann! – Und wozu examiniert man uns? – Damit wir durchfallen. – Sieben müssen ja durchfallen, schon weil das Klassenzimmer oben nur sechzig fasst. – Mir ist so eigentümlich seit Weihnachten … hol mich der Teufel, wäre Papa nicht, heut noch schnürt' ich mein Bündel und ginge nach Altona!

Im Mittelpunkt des Dramas stehen die 14-jährige, von ihrer Mutter in sexueller Hinsicht in Unwissenheit gehaltene Wendla sowie die Schulfreunde Moritz und Melchior: ersterer ist von der Schule und dem häuslichen Diktat der Pflichterfüllung überfordert, letzterer ein tolerant erzogener Realist. Wendla und Melchior verführen einander. Nachdem er das Klassenziel nicht erreicht hat, nimmt sich Moritz das Leben; einer bei ihm gefundenen Aufklärungsschrift, die Melchior für ihn verfasst hat, wird die Schuld an seiner Verzweiflungstat gegeben. Wendla stirbt an einer von der Mutter veranlassten Abtreibung. Melchior, der von der Schule verwiesen worden ist, will sich an Wendlas Grab das Leben nehmen, bestärkt von dem ihm erscheinenden Moritz; ein „vermummter Herr" bricht die Verführungskraft der Todesschilderung, die Moritz gibt, und zieht Melchior mit dem Versprechen mit sich fort: „Ich erschließe dir die Welt."
Die Haupthandlung mit ihrer Anklage gegen die Verständnislosigkeit der Erwachsenen gegenüber den ihnen anvertrauten Jugendlichen wird von z.T. lyrisch-expressiven Dialogen der Heranwachsenden (über Idealismus und Materialismus, Selbstbefriedigung, Homoerotik) und groteske Auftritte der Pädagogen (Sonnenstich, Knochenbruch, Prokrustes) begleitet.

MELCHIOR: Reden wir von etwas anderem. –
(Sie gehen spazieren.)
MORITZ: Siehst du die schwarze Katze dort mit dem emporgereckten Schweif?
MELCHIOR: Glaubst du an Vorbedeutungen?
MORITZ: Ich weiß nicht recht. – – Sie kam von drüben her. Es hat nichts zu sagen.
MELCHIOR: Ich glaube, das ist eine Charybdis, in die jeder stürzt, der sich aus der Skylla religiösen Irrwahns emporgerungen. – – Lass uns hier unter der Buche Platz nehmen. Der Tauwind fegt über die Berge. Jetzt möchte ich droben im Wald eine junge Dryade* sein, die sich die ganze lange Nacht in den höchsten Wipfeln wiegen und schaukeln lässt …
MORITZ: Knöpf dir die Weste auf, Melchior!
MELCHIOR: Ha – wie das einem die Kleider bläht!
MORITZ: Es wird weiß Gott so stockfinster, dass man die Hand nicht vor den Augen sieht. Wo bist du eigentlich? – – Glaubst du nicht auch, Melchior, dass das Schamgefühl im Menschen nur ein Produkt seiner Erziehung ist?
MELCHIOR: Darüber habe ich erst vorgestern noch nachgedacht. Es scheint mit immerhin tief eingewurzelt in der menschlichen Natur. Denke dir, du sollst dich vollständig entkleiden vor deinem besten Freund. Du wirst es nicht tun, wenn er es nicht zugleich auch tut. – Es ist eben auch mehr oder weniger Modesache.
MORITZ: Ich habe mir schon gedacht, wenn ich Kinder habe, Knaben und Mädchen, so lasse ich sie von früh auf im nämlichen Gemach, wenn möglich auf ein und demselben Lager, zusammenschlafen, lasse ich sie morgens und abends beim An- und Auskleiden einander behilflich sein und in der heißen Jahreszeit, die Knaben sowohl wie die Mädchen, tagsüber nichts als eine kurze, mit einem Lederriemen gegürtete Tunika aus weißem Wollstoff tragen. – Mir ist, sie müssten, wenn sie so heranwachsen, später ruhiger sein, als wir es in der Regel sind.
MELCHIOR: Das glaube ich entschieden. Moritz! – Die Frage ist nur, wenn die Mädchen Kinder bekommen, was dann?
MORITZ: Wieso Kinder bekommen?
MELCHIOR: Ich glaube in dieser Hinsicht nämlich an einen gewissen Instinkt. Ich glaube, wenn man einen Kater zum Beispiel mit einer Katze von Jugend auf zusammensperrt und beide von jedem Verkehr mit der Außenwelt fern hält, d.h. sie ganz nur ihren eigenen Trieben überlässt – dass die Katze früher oder später doch einmal trächtig wird, obgleich sie sowohl wie der Kater niemand hatten, dessen Beispiel ihnen hätte die Augen öffnen können.
MORITZ: Bei Tieren muss sich das ja schließlich von selbst ergeben.
MELCHIOR: Bei Menschen glaube ich erst recht! Ich bitte dich, Moritz, wenn deine Knaben mit den Mädchen auf ein und demselben Lager schlafen und es kommen ihnen nun unversehens die ersten männlichen Regungen – ich möchte mit jedermann eine Wette eingehen …
MORITZ: Darin magst du ja Recht haben. – Aber immerhin …
MELCHIOR: Und bei deinen Mädchen wäre es im entsprechenden Alter vollkommen das Nämliche! Nicht, dass das Mädchen gerade … man kann das ja freilich so genau nicht beurteilen … jedenfalls wäre vorauszusetzen … und die Neugierde würde das ihrige zu tun auch nicht verabsäumen! *(1890/91)*

Umschlagtitel der Erstausgabe

* *Dryade: Baumnymphe*

Infolge von Unglücksfällen aller Art, Selbstmorden usw. drängt sich uns seit einigen Jahren das Problem der sexuellen Aufklärung der Jugend auf. (…)
Die Jugend wächst nicht in angeborener Dummheit und Blindheit heran. Ein wahnwitziges Verbrechen ist es hingegen, die Jugend systematisch zur Dummheit und Blindheit ihrer Sexualität gegenüber anzulernen und zu erziehen, sie systematisch auf den Holzweg zu führen.
Dieses Verbrechen ist in den letzten hundert Jahren bei uns allgemein in Schule und Haus begangen worden. Und aus welchem Grunde wurde dieses Verbrechen begangen? Aus Furcht, dass ernste Gespräche über Erotik und Sexualität der heranwachsenden Jugend Schaden zufügen könnten.
(Frank Wedekind, 1910)

3.2 Krisenbewusstsein

Horst Janssen: Friedrich Nietzsche, 1983

Friedrich Nietzsche
Also sprach Zarathustra (Auszug)

Vor Gott! – Nun aber starb dieser Gott! Ihr höheren Menschen, dieser Gott war eure größte Gefahr.
Seit er im Grabe liegt, seid ihr erst wieder auferstanden. Nun erst kommt der große Mittag, nun erst wird der höhere Mensch – Herr!
Verstandet ihr dies Wort, o meine Brüder? Ihr seid erschreckt: Wird euren Herzen schwindlig? Klafft euch hier der Abgrund? Kläfft euch hier der Höllenhund? Wohlan! Wohlauf! Ihr höheren Menschen! Nun erst kreißt der Berg der Mensch-Zukunft. Gott starb: Nun wollen *wir* – dass der Übermensch lebe.
(1883)

● **Begriffe klären:**
Nihilismus

● **Erkunden, erforschen:**
Friedrich Nietzsche: Leben und Philosophie

Friedrich Nietzsche
Die fröhliche Wissenschaft (Auszug)

FÜNFTES BUCH
Wir Furchtlosen

Carcasse, tu trembles? Tu
tremblerais bien davantage, si tu
savais, où je te mène.
Turenne

Was es mit unsrer Heiterkeit auf sich hat. – Das größte neuere Ereignis – dass „Gott tot ist", dass der Glaube an den christlichen Gott unglaubwürdig geworden ist – beginnt bereits seine ersten Schatten über Europa zu werfen. Für die wenigen wenigstens, deren Augen,
5 deren Argwohn in den Augen stark und fein genug für dies Schauspiel ist, scheint eben irgendeine Sonne untergegangen, irgendein altes, tiefes Vertrauen in Zweifel umgedreht: Ihnen muss unsere alte Welt täglich abendlicher, misstrauischer, fremder, „älter", scheinen. In der Hauptsache aber darf man sagen: Das Ereignis selbst ist viel
10 zu groß, zu fern, zu abseits vom Fassungsvermögen vieler, als dass auch nur seine Kunde schon angelangt heißen dürfte; geschweige denn, dass viele bereits wüssten, was eigentlich sich damit begeben hat – und was alles, nachdem dieser Glaube untergraben ist, nunmehr einfallen muss, weil es auf ihm gebaut, an ihn gelehnt, in ihn
15 hineingewachsen war: z. B. unsere ganze europäische Moral. Diese lange Fülle und Folge von Abbruch, Zerstörung, Untergang, Umsturz, die nun bevorsteht: Wer erriete heute schon genug davon, um den Lehrer und Vorauskünder dieser ungeheuren Logik von Schrecken abgeben zu müssen, den Propheten einer Verdüsterung
20 und Sonnenfinsternis, derengleichen es wahrscheinlich noch nicht auf Erden gegeben hat? (…) Selbst wir geborenen Rätselrater, die wir gleichsam auf den Bergen warten, zwischen heute und morgen hineingestellt und in den Widerspruch zwischen heute und morgen hineingespannt, wir Erstlinge und Frühgeburten des kommenden
25 Jahrhunderts, denen eigentlich die Schatten, welche Europa alsbald einwickeln müssen, jetzt schon zu Gesicht gekommen sein sollten: Woran liegt es doch, dass selbst wir ohne rechte Teilnahme für diese Verdüsterung, vor allem ohne Sorge und Furcht für uns, ihrem Heraufkommen entgegensehn? Stehen wir vielleicht zu sehr noch unter
30 den nächsten Folgen dieses Ereignisses – und diese nächsten Folgen, seine Folgen für uns sind umgekehrt als man vielleicht erwarten könnte, durchaus nicht traurig und verdüsternd, vielmehr wie eine neue, schwer zu beschreibende Art von Licht, Glück, Erleichterung, Erheiterung, Ermutigung, Morgenröte. (…) In der Tat, wir Philo-
35 sophen und „freien Geister" fühlen uns bei der Nachricht, dass der „alte Gott tot" ist, wie von einer neuen Morgenröte angestrahlt; unser Herz strömt dabei über von Dankbarkeit, Erstaunen, Ahnung, Erwartung – endlich erscheint uns der Horizont wieder frei, gesetzt selbst, dass er nicht hell ist, endlich dürfen unsere Schiffe wieder
40 auslaufen, auf jede Gefahr hin auslaufen, jedes Wagnis des Erkennenden ist wieder erlaubt, das Meer, unser Meer liegt wieder offen da, vielleicht gab es noch niemals ein so „offenes Meer".
(1882)

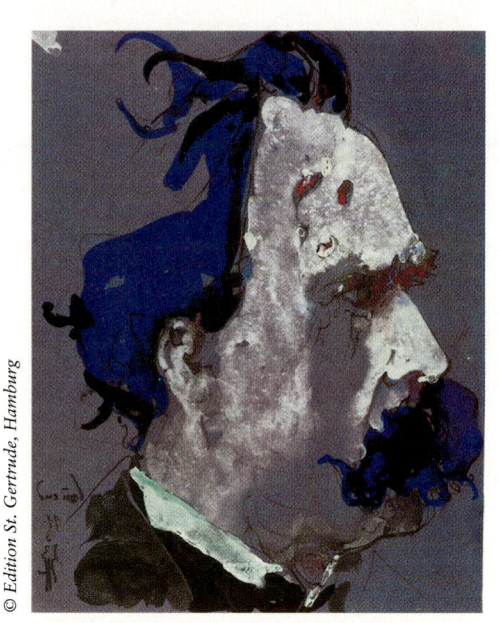

Sigmund Freud
Die Entdeckung des Unbewussten*

Mit d[er] Hervorhebung des Unbewussten im Seelenleben haben wir (…) die bösesten Geister der Kritik gegen die Psychoanalyse aufgerufen. Wundern Sie sich darüber nicht und glauben Sie auch nicht, dass der Widerstand gegen uns nur an der begreiflichen Schwierig-
5 keit des Unbewussten oder an der relativen Unzugänglichkeit der Erfahrungen gelegen ist, die es erweisen. Ich meine, er kommt von tiefer her. Zwei große Kränkungen ihrer naiven Eigenliebe hat die Menschheit im Laufe der Zeiten von der Wissenschaft erdulden müssen. Die erste, als sie erfuhr, dass unsere Erde nicht der Mittel-
10 punkt des Weltalls ist, sondern ein winziges Teilchen eines in seiner Größe kaum vorstellbaren Weltsystems. Sie knüpft sich für uns an den Namen *Kopernikus*, obwohl schon die alexandrinische Wissenschaft Ähnliches verkündet hatte. Die zweite dann, als die biologische Forschung das angebliche Schöpfungsvorrecht des Menschen
15 zunichte machte, ihn auf die Abstammung aus dem Tierreich und die Unvertilgbarkeit seiner animalischen Natur verwies. Diese Umwertung hat sich in unseren Tagen unter dem Einfluss von *Ch. Darwin, Wallace** und ihren Vorgängern nicht ohne das heftigste Sträuben der Zeitgenossen vollzogen. Die dritte und empfindlichste
20 Kränkung aber soll die menschliche Größensucht durch die heutige psychologische Forschung erfahren, welche dem Ich nachweisen will, dass es nicht einmal Herr ist im eigenen Hause, sondern auf kärgliche Nachrichten angewiesen bleibt von dem, was unbewusst in seinem Seelenleben vorgeht. Auch diese Mahnung zur Einkehr
25 haben wir Psychoanalytiker nicht zuerst und nicht als die einzigen vorgetragen, aber es scheint uns beschieden, sie am eindringlichsten zu vertreten und durch Erfahrungsmaterial, das jedem einzelnen nahe geht, zu erhärten. Daher die allgemeine Auflehnung gegen unsere Wissenschaft, die Versäumnis aller Rücksichten akademischer Urba-
30 nität und die Entfesselung der Opposition von allen Zügeln unparteiischer Logik, und dazu kommt noch, dass wir den Frieden dieser Welt noch auf andere Weise stören mussten, wie Sie bald hören werden. (1917)

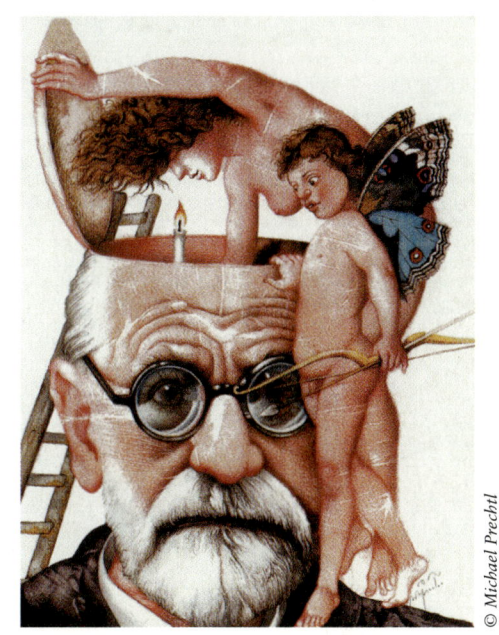

Michael Prechtl: Amor und Psyche untersuchen Freud

* Alfred Russel Wallace (1823–1913): britischer Zoologe

Sigmund Freud
Trieblehre*

Die Macht des Es drückt die eigentliche Lebensabsicht des Einzelwesens aus. Sie besteht darin, seine mitgebrachten Bedürfnisse zu befriedigen. Eine Absicht, sich am Leben zu erhalten und sich durch die Angst vor Gefahren zu schützen, kann dem Es nicht zugeschrie-
5 ben werden. Dies ist die Aufgabe des Ichs, das auch die günstigste und gefahrloseste Art der Befriedigung mit Rücksicht auf die Außenwelt herauszufinden hat. Das Über-Ich mag neue Bedürfnisse geltend machen, seine Hauptleistung bleibt aber die Einschränkung der Befriedigungen.
10 Die Kräfte, die wir hinter den Bedürfnisspannungen des Es annehmen, heißen wir *Triebe*. Wir haben uns entschlossen, nur zwei Grundtriebe anzunehmen, den *Eros* und den *Destruktionstrieb*. (1938)

Kommentieren, Stellung nehmen:
Ist der Mensch nicht mehr „Herr im eigenen Haus"?

Diskutieren, erörtern:
Der moderne Mensch als „Übermensch" (Nietzsche) oder als Knecht seiner „unbewussten Triebe" (Freud)?

Lesetipp:
Sigmund Freud: Vorlesungen zur Einführung in die Psychoanalyse

HANS KARL: Ich soll aufstehen und eine Rede halten, über Völkerversöhnung und über das Zusammenleben der Nationen – ich, ein Mensch, der durchdrungen ist von einer Sache auf der Welt: dass es unmöglich ist, den Mund aufzumachen, ohne die heillosesten Konfusionen anzurichten! Aber lieber leg' ich doch die erbliche Mitgliedschaft nieder und verkriech' mich zeitlebens in eine Uhuhütte. Ich sollte einen Schwall von Worten in den Mund nehmen, von denen mir jedes einzelne geradezu indezent erscheint! (...) Aber alles, was man ausspricht, ist indezent. Das simple Faktum, dass man etwas ausspricht, ist indezent.
(H. v. Hofmannsthal, Der Schwierige, 1921)

Joseph von Eichendorff
Wünschelrute

Schläft ein Lied in allen Dingen,
Die da träumen fort und fort,
Und die Welt hebt an zu singen,
Triffst du nur das Zauberwort.

(1835)

Hugo von Hofmannsthal
Ein Brief (1902, Auszug)

Dies ist der Brief, den Philipp Chandos, jüngerer Sohn des Earl of Bath, an Francis Bacon, später Lord Verulam und Viscount St. Albans, schrieb, um sich bei diesem Freunde wegen des gänzlichen Verzichtes auf literarische Betätigung zu entschuldigen.

5 Es ist gütig von Ihnen, mein hochverehrter Freund, mein zweijähriges Stillschweigen zu übersehen und so an mich zu schreiben. Es ist mehr als gütig, Ihrer Besorgnis um mich, Ihrer Befremdung über die geistige Starrnis, in der ich Ihnen zu versinken scheine, den Ausdruck der Leichtigkeit und des Scherzes zu geben, den nur große
10 Menschen, die von der Gefährlichkeit des Lebens durchdrungen und dennoch nicht entmutigt sind, in ihrer Gewalt haben. (...)
Um mich kurz zu fassen: Mir erschien damals in einer Art von andauernder Trunkenheit das ganze Dasein als eine große Einheit: Geistige und körperliche Welt schien mir keinen Gegensatz zu bil-
15 den, ebenso wenig höfisches und tierisches Wesen, Kunst und Unkunst, Einsamkeit und Gesellschaft; in allem fühlte ich Natur, in den Verirrungen des Wahnsinns ebenso wohl wie in den äußersten Verfeinerungen eines spanischen Zeremoniells; in den Tölpelhaftigkeiten junger Bauern nicht minder als in den süßesten Allegorien; und
20 in aller Natur fühlte ich mich selber; wenn ich auf meiner Jagdhütte die schäumende laue Milch in mich hineintrank, die ein struppiges Mensch einer schönen, sanftäugigen Kuh aus dem Euter in einen Holzeimer niedermolk, so war mir das nichts anderes, als wenn ich, in der dem Fenster eingebauten Bank meines studio sitzend, aus ei-
25 nem Folianten süße und schäumende Nahrung des Geistes in mich sog. Das eine war wie das andere; keines gab dem andern weder an traumhafter überirdischer Natur, noch an leiblicher Gewalt nach, und so gings fort durch die ganze Breite des Lebens, rechter und linker Hand; überall war ich mitten drinnen, wurde nie ein Scheinhaf-
30 tes gewahr: Oder es ahnte mir, alles wäre Gleichnis und jede Kreatur ein Schlüssel der andern, und ich fühlte mich wohl dem, der imstande wäre, eine nach der andern bei der Krone zu packen und mit ihr so viele der andern aufzusperren, als sie aufsperren könnte. (...)
Mein Fall ist, in Kürze, dieser: Es ist mir völlig die Fähigkeit abhan-
35 den gekommen, über irgendetwas zusammenhängend zu denken oder zu sprechen.
Zuerst wurde es mir allmählich unmöglich, ein höheres oder allgemeineres Thema zu besprechen und dabei jene Worte in den Mund zu nehmen, deren sich doch alle Menschen ohne Bedenken geläufig
40 zu bedienen pflegen. Ich empfand ein unerklärliches Unbehagen, die Worte „Geist", „Seele" oder „Körper" nur auszusprechen. Ich fand es innerlich unmöglich, über die Angelegenheiten des Hofes, die Vorkommnisse im Parlament, oder was Sie sonst wollen, ein Urteil herauszubringen. Und dies nicht etwa aus Rücksichten irgendwel-
45 cher Art, denn Sie kennen meinen bis zur Leichtfertigkeit gehenden Freimut: sondern die abstrakten Worte, deren sich doch die Zunge naturgemäß bedienen muss, um irgendwelches Urteil an den Tag zu geben, zerfielen mir im Munde wie modrige Pilze. (...)
Allmählich aber breitete sich diese Anfechtung aus wie ein um sich
50 fressender Rost. Es wurden mir auch im familiären und hausbackenen Gespräch alle die Urteile, die leichthin und mit schlafwandeln-

der Sicherheit abgegeben zu werden pflegen, so bedenklich, dass ich aufhören musste, an solchen Gesprächen irgend teilzunehmen. Mit einem unerklärlichen Zorn, den ich nur mit Mühe notdürftig verbarg, erfüllte es mich, dergleichen zu hören, wie: Die Sache ist für den oder jenen gut oder schlecht ausgegangen; Sheriff N. ist ein böser, Prediger T. ein guter Mensch; Pächter M. ist zu bedauern, seine Söhne sind Verschwender; ein anderer ist zu beneiden, weil seine Töchter haushälterisch sind; eine Familie kommt in die Höhe, eine andere ist im Hinabsinken. Dies alles erschien mir so unbeweisbar, so lügenhaft, so löcherig wie nur möglich. Mein Geist zwang mich, alle Dinge, die in einem solchen Gespräch vorkamen, in einer unheimlichen Nähe zu sehen: So wie ich einmal in einem Vergrößerungsglas ein Stück von der Haut meines kleinen Fingers gesehen hatte, das einem Blachfeld mit Furchen und Höhen glich, so ging es mir nun mit den Menschen und ihren Handlungen. Es gelang mir nicht mehr, sie mit dem vereinfachenden Blick der Gewohnheit zu erfassen. Es zerfiel mir alles in Teile, die Teile wieder in Teile, und nichts mehr ließ sich mit einem Begriff umspannen. Die einzelnen Worte schwammen um mich; sie gerannen zu Augen, die mich anstarrten und in die ich wieder hineinstarren muss: Wirbel sind sie, in die hinabzusehen mich schwindelt, die sich unaufhaltsam drehen und durch die hindurch man ins Leere kommt. (...)

Seither führe ich ein Dasein, das Sie, fürchte ich, kaum begreifen können, so geistlos, so gedankenlos fließt es dahin; ein Dasein, das sich freilich von dem meiner Nachbarn, meiner Verwandten und der meisten landbesitzenden Edelleute dieses Königreiches kaum unterscheidet und das nicht ganz ohne freudige und belebende Augenblicke ist. Es wird mir nicht leicht, Ihnen anzudeuten, worin diese guten Augenblicke bestehen; die Worte lassen mich wiederum im Stich. Denn es ist ja etwas völlig Unbenanntes und auch wohl kaum Benennbares, das in solchen Augenblicken, irgendeine Erscheinung meiner alltäglichen Umgebung mit einer überschwellenden Flut höheren Lebens wie ein Gefäß erfüllend, mir sich ankündet. Ich kann nicht erwarten, dass Sie mich ohne Beispiel verstehen, und ich muss sie um Nachsicht für die Albernheit meiner Beispiele bitten. Eine Gießkanne, eine auf dem Felde verlassene Egge, ein Hund in der Sonne, ein ärmlicher Kirchhof, ein Krüppel, ein kleines Bauernhaus, alles dies kann das Gefäß meiner Offenbarung werden. Jeder dieser Gegenstände und die tausend anderen ähnlichen, über die sonst ein Auge mit selbstverständlicher Gleichgültigkeit hinweggleitet, kann für mich plötzlich in irgendeinem Moment, den herbeizuführen auf keine Weise in meiner Gewalt steht, ein erhabenes und rührendes Gepräge annehmen, das auszudrücken mir alle Worte zu arm scheinen. (...)

Ich habe Sie, mein verehrter Freund, mit dieser ausgebreiteten Schilderung eines unerklärlichen Zustandes, der gewöhnlich in mir verschlossen bleibt, über Gebühr belästigt. (...)

Ich wollte, es wäre mir gegeben, in die letzten Worte dieses voraussichtlich letzten Briefes, den ich an Francis Bacon schreibe, alle die Liebe und Dankbarkeit, alle die ungemessene Bewunderung zusammenzupressen, die ich für den größten Wohltäter meines Geistes, für den ersten Engländer meiner Zeit im Herzen hege und darin hegen werde, bis der Tod es bersten macht.

A.D. 1603, diesen 22. August   Phi. Chandos

Gottfried Benn

Ein Wort

Ein Wort, ein Satz –: aus Chiffren steigen
erkanntes Leben, jäher Sinn,
die Sonne steht, die Sphären schweigen,
und alles ballt sich zu ihm hin.

Ein Wort –, ein Glanz, ein Flug, ein Feuer,
ein Flammenwurf, ein Sternenstrich –,
und wieder Dunkel, ungeheuer,
im leeren Raum um Welt und Ich.

(1941)

Erkunden, nachschlagen:
Wiener Moderne, philosophische Sprachkritik

Am Text erarbeiten:
Sprachkrise bei Hofmannsthal

Christian Morgenstern
Der Nachtschelm und das Siebenschwein oder Eine glückliche Ehe

Der Nachtschelm und das Siebenschwein,
die gingen eine Ehe ein,
o wehe!
Sie hatten dreizehn Kinder, und
davon war eins der Schluchtenhund,
5 zwei andre waren Rehe.

Das vierte war die Rabenmaus,
das fünfte war ein Schneck samt Haus,
o Wunder!
Das sechste war ein Käuzelein,
10 das siebte war ein Siebenschwein
und lebte in Burgunder.

Acht war ein Gürteltier nebst Gurt,
neun starb sofort nach der Geburt,
o wehe!
15 Von zehn bis dreizehn ist nicht klar; –
doch wie dem auch gewesen war,
es war eine glückliche Ehe!
(1905)

Richard Huelsenbeck
Erklärung

Vorgetragen im „Cabaret Voltaire"

Edle und respektierte Bürger Zürichs, Studenten, Handwerker, Arbeiter, Vagabunden, Ziellose aller Länder, vereinigt euch. Im Namen des Cabaret Voltaire und meines Freundes Hugo Ball, dem Gründer und Leiter dieses hochgelehrten Institutes, habe ich heute Abend eine Erklärung abzugeben, die Sie erschüttern wird. Ich hoffe, dass Ihnen kein körperliches Unheil widerfahren wird, aber was wir Ihnen jetzt zu sagen haben, wird Sie wie eine Kugel treffen. Wir haben beschlossen, unsere mannigfaltigen Aktivitäten unter dem Namen Dada zusammenzufassen. Wir fanden Dada, wir sind Dada, und wir
10 haben Dada. Dada wurde in einem Lexikon gefunden, es bedeutet nichts. Dies ist das bedeutende Nichts, an dem nichts etwas bedeutet. Wir wollen die Welt mit Nichts ändern, wir wollen die Dichtung und die Malerei mit Nichts ändern und wir wollen den Krieg mit Nichts zu Ende bringen. Wir stehen hier ohne Absicht, wir haben
15 nicht mal die Absicht, Sie zu unterhalten oder zu amüsieren. Obwohl dies alles so ist, wie es ist, indem es nämlich nichts ist, brauchen wir dennoch nicht als Feinde zu enden. Im Augenblick, wo Sie unter Überwindung Ihrer bürgerlich Widerstände mit uns Dada auf ihre Fahne schreiben, sind wir wieder einig und die besten Freunde.
20 Nehmen Sie bitte Dada von uns als Geschenk an, denn wer es nicht annimmt, ist verloren. Dada ist die beste Medizin und verhilft zu einer glücklichen Ehe. Ihre Kindeskinder werden es Ihnen danken. Ich verabschiede mich nun mit einem Dadagruß und einer Dadaverbeugung. Es lebe Dada. Dada, Dada, Dada. (1916)

„Der Dada", Zweite Seite der Zeitschrift Nr. 2, hrsg. v. Raoul Hausmann, Berlin, 1919.

○ **Erkunden, nachschlagen:**
Dadaismus, Surrealismus

Kurt Schwitters
An Anna Blume
Merzgedicht I

O du, Geliebte meiner siebenundzwanzig Sinne, ich
liebe dir! – Du deiner dich dir, ich dir, du mir.
– Wir?
Das gehört (beiläufig) nicht hierher.
Wer bist du, ungezähltes Frauenzimmer? Du bist
– bist du? – Die Leute sagen, du wärest – lass
sie sagen, sie wissen nicht, wie der Kirchturm steht.
Du trägst den Hut auf deinen Füßen und wanderst
auf die Hände, auf den Händen wanderst du.
Hallo, deine roten Kleider, in weiße Falten zersägt.
Rot liebe ich Anna Blume, rot liebe ich dir! – Du
deiner dich dir, ich dir, du mir. – Wir?
Das gehört (beiläufig) in die kalte Glut.
Rote Blume, rote Anna Blume, wie sagen die Leute?
Preisfrage: 1.) Anna Blume hat ein Vogel.
               2.) Anna Blume ist rot.
                     3.) Welche Farbe hat der Vogel?
Blau ist die Farbe deines gelben Haares.
Rot ist das Girren deines grünen Vogels.
Du schlichtes Mädchen im Alltagskleid, du liebes
grünes Tier, ich liebe dir! Du deiner dich dir, ich
dir, du mir, – Wir?
Das gehört (beiläufig) in die Glutenkiste.
Anna Blume! Anna, a-n-n-a, ich träufle deinen Namen.
Dein Name tropft wie weiches Rindertalg.
Weißt du es, Anna, weißt du es schon?
Man kann dich auch von hinten lesen, und du, du
Herrlichste von allen, du bist von hinten wie von
vorne: „a-n-n-a".
Rindertag träufelt streicheln über meinen Rücken.
Anna Blume, du tropfes Tier, ich liebe dir!

(1919)

Kurt Schwitters: „Merzbild 1 A (Der Irrenarzt)"
1919, Museo Thyssen-Bornemisza, Madrid

Joachim Ringelnatz
Ich habe dich so lieb

Ich habe dich so lieb!
Ich würde dir ohne Bedenken
Eine Kachel aus meinem Ofen
Schenken.

Ich habe dir nichts getan.
Nun ist mir traurig zu Mut.
An den Hängen der Eisenbahn.
Leuchtet der Ginster so gut.

Vorbei – verjährt –
Doch nimmer vergessen.
Ich reise.
Alles, was lange währt,
Ist leise.

Die Zeit entstellt
Alle Lebewesen.
Ein Hund bellt.
Er kann nicht lesen.
Er kann nicht schreiben.
Wir können nicht bleiben.

Ich lache.
Die Löcher sind die Hauptsache
An einem Sieb.

Ich habe dich so lieb.

(1931)

Robert Musil
Geistiger Umsturz*

Im Mittelpunkt des Romans „Der Mann ohne Eigenschaften", aus dem dieser Text stammt, steht der zu Beginn der Handlung im August 1913 32-jährige Ulrich, dessen Versuche gescheitert sind, als Offizier, Ingenieur oder Mathematiker ein „bedeutender Mann" zu werden. Sein Selbstverständnis als „Mann ohne Eigenschaften" entspricht der Einsicht, dass im Zentrum der modernen Wirklichkeit nicht der Mensch, sondern „Sachzwänge" stehen: Erlebnisse ereignen sich „ohne den, der sie erlebt".

○ **Erkunden, nachschlagen:**
Moderne, Avantgarde

○ **Kommentieren, Stellung nehmen:**
Die Jahrhundertwende als „geistiger Umsturz" (Musil)
„Das Janusgesicht der Moderne" (Kapitelüberschrift)

Walter und er waren jung gewesen in der heute verschollenen Zeit kurz nach der letzten Jahrhundertwende, als viele Leute sich einbildeten, dass auch das Jahrhundert jung sei.
5 Das damals zu Grabe gegangene hatte sich in seiner zweiten Hälfte nicht gerade ausgezeichnet. Es war klug im Technischen, Kaufmännischen und in der Forschung gewesen, aber außerhalb dieser Brennpunkte seiner
10 Energie war es still und verlogen wie ein Sumpf. Es hatte gemalt wie die Alten, gedichtet wie Goethe und Schiller und seine Häuser im Stil der Gotik und Renaissance gebaut. Die Forderung des Idealen waltete in
15 der Art eines Polizeipräsidiums über allen Äußerungen des Lebens. Aber vermöge jenes geheimen Gesetzes, das dem Menschen keine Nachahmung erlaubt, ohne sie mit einer Übertreibung zu verknüpfen, wurde damals
20 alles so kunstgerecht gemacht, wie es die bewunderten Vorbilder niemals zustande gebracht hätten, wovon man ja noch heute die Spuren in den Straßen und Museen sehen kann, und, ob das nun damit zusammen-
25 hängt oder nicht, die ebenso keuschen wie scheuen Frauen jener Zeit mussten Kleider von den Ohren bis zum Erdboden tragen, aber einen schwellenden Busen und ein üppiges Gesäß aufweisen. Im übrigen kennt man
30 aus allerlei Gründen von keiner gewesenen Zeit so wenig wie von solchen drei bis fünf Jahrzehnten, die zwischen dem eigenen zwanzigsten Jahr und dem zwanzigsten Lebensjahr der Väter liegen. Es kann deshalb
35 nützen, sich auch daran erinnern zu lassen, dass in schlechten Zeiten die schrecklichsten Häuser und Gedichte nach genau ebenso schönen Grundsätzen gemacht werden wie in den besten; dass alle Leute die daran be-
40 teiligt sind, die Erfolge eines vorangegangenen guten Abschnitts zu zerstören, das Gefühl haben, sie zu verbessern; und dass sich die blutlosen jungen Leute einer solchen Zeit auf ihr junges Blut genau so viel einbilden
45 wie die neuen Leute in allen anderen Zeiten. Und es ist jedes Mal wie ein Wunder, wenn nach einer solchen flach dahinsinkenden Zeit plötzlich ein kleiner Anstieg der Seele kommt, wie es damals geschah. Aus dem öl-
50 glatten Geist der zwei letzten Jahrzehnte des neunzehnten Jahrhunderts hatte sich plötzlich in ganz Europa ein beflügelndes Fieber erhoben. Niemand wusste genau, was im Werden war; niemand vermochte zu sagen,
55 ob es eine neue Kunst, ein neuer Mensch, eine neue Moral oder vielleicht eine Umschichtung der Gesellschaft sein solle. Darum sagte jeder davon, was ihm passte. (...) Allenthalben war plötzlich der rechte Mann zur Stelle;
60 und was so wichtig ist, Männer mit praktischer Unternehmungslust fanden sich mit den geistig Unternehmungslustigen zusammen. Es entwickelten sich Begabungen, die früher erstickt worden waren oder am öf-
65 fentlichen Leben gar nicht teilgenommen hatten. Sie waren so verschieden wie nur möglich, und die Gegensätze ihrer Ziele waren unübertrefflich. Es wurde der Übermensch geliebt, und es wurde der Unter-
70 mensch geliebt; es wurden die Gesundheit und die Sonne angebetet, und es wurde die Zärtlichkeit brustkranker Mädchen angebetet, man begeisterte sich für das Heldenglaubensbekenntnis und für das soziale Allemanns-
75 glaubensbekenntnis; man war gläubig und skeptisch, naturalistisch und preziös, robust und morbid; man träumte von alten Schlossalleen, herbstlichen Gärten, gläsernen Weihern, Edelsteinen, Haschisch, Krankheit,
80 Dämonien, aber auch von Prärien, gewaltigen Horizonten, von Schmiede- und Walzwerken, nackten Kämpfern, Aufständen der Arbeitssklaven, menschlichen Urpaaren und Zertrümmerung der Gesellschaft. Dies wa-
85 ren freilich Widersprüche und höchst verschiedene Schlachtrufe, aber sie hatten einen gemeinsamen Atem; würde man jene Zeit zerlegt haben, so würde ein Unsinn herausgekommen sein wie ein eckiger Kreis, der aus
90 hölzernen Eisen bestehen will, aber in Wirklichkeit war alles zu einem schimmernden Sinn verschmolzen. Diese Illusion, die ihre Verkörperung in dem magischen Datum der Jahrhundertwende fand, war so stark, dass
95 sich die einen begeistert auf das neue, noch unbenützte Jahrhundert stürzten, indes die anderen sich noch schnell im alten wie in einem Hause gehen ließen, aus dem man ohnehin auszieht, ohne dass sie diese beiden
100 Verhaltensweisen als sehr unterschiedlich gefühlt hätten. (...)

(1930)

REFLEXIONEN ÜBER LITERATUR

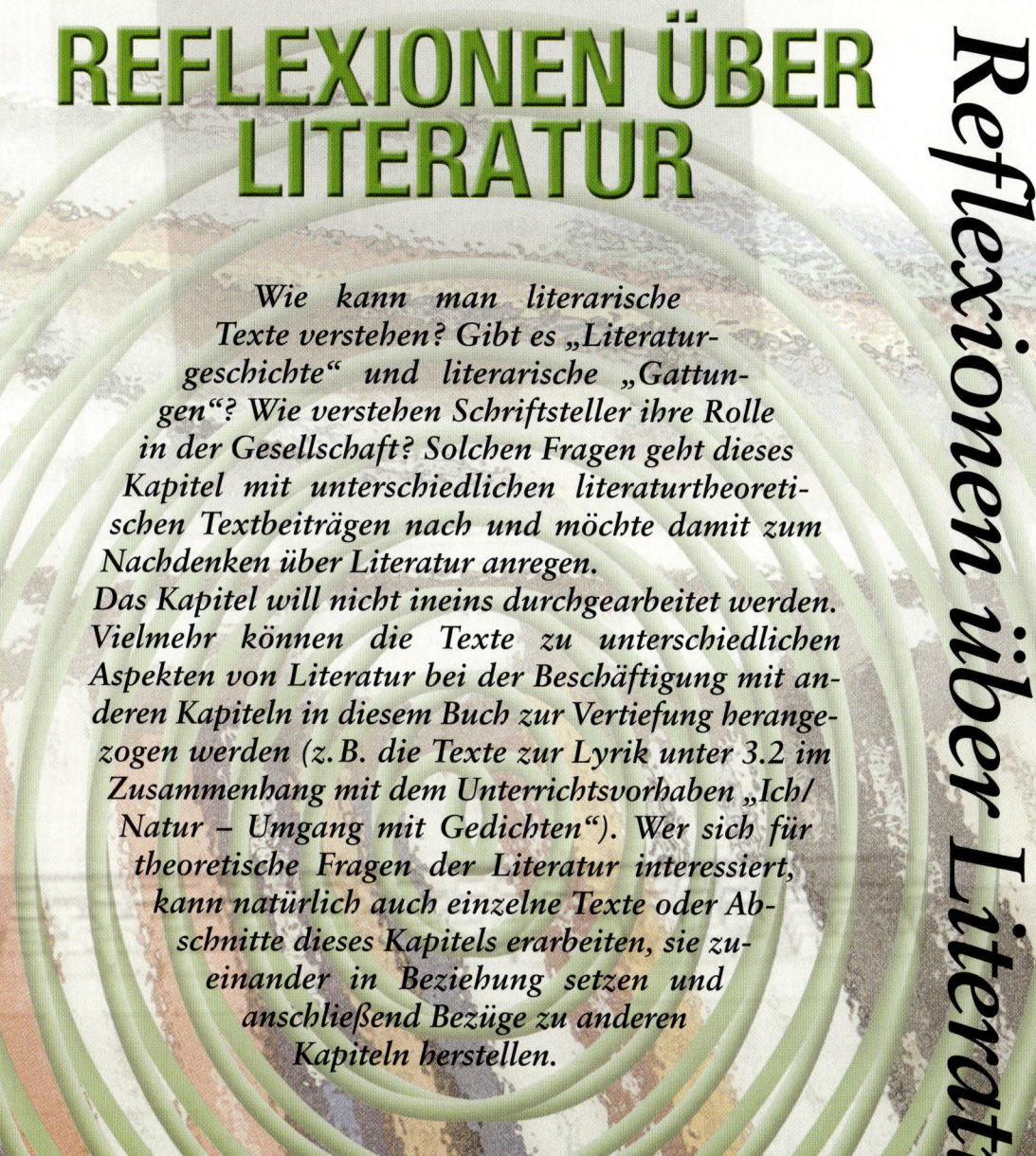

Wie kann man literarische Texte verstehen? Gibt es „Literaturgeschichte" und literarische „Gattungen"? Wie verstehen Schriftsteller ihre Rolle in der Gesellschaft? Solchen Fragen geht dieses Kapitel mit unterschiedlichen literaturtheoretischen Textbeiträgen nach und möchte damit zum Nachdenken über Literatur anregen.

Das Kapitel will nicht ineins durchgearbeitet werden. Vielmehr können die Texte zu unterschiedlichen Aspekten von Literatur bei der Beschäftigung mit anderen Kapiteln in diesem Buch zur Vertiefung herangezogen werden (z. B. die Texte zur Lyrik unter 3.2 im Zusammenhang mit dem Unterrichtsvorhaben „Ich/Natur – Umgang mit Gedichten"). Wer sich für theoretische Fragen der Literatur interessiert, kann natürlich auch einzelne Texte oder Abschnitte dieses Kapitels erarbeiten, sie zueinander in Beziehung setzen und anschließend Bezüge zu anderen Kapiteln herstellen.

1 Verstehensweisen von Literatur

Carsten Schlingmann
Methoden der Interpretation (Auszug)

(…) Interpreten verfolgen mit ihren unterschiedlichen Methoden nicht ein und dasselbe Ziel – die eine gültige Interpretation; vielmehr steuern sie recht verschiedene Ziele an und kommen so zu einem aus ihrer Sicht überzeugenden Teilergebnis. Die Reihenfolge der vier Aspekte – *Autor*, *Realität*, *Text*, *Leser* – ist allerdings nicht zufällig, sondern geschichtlich begründet:

A. *Autor – „einen Autor durch seinen Text verstehen"*: Aus diesem Wunsch entstand zuerst das Bedürfnis nach einer kunstgerechten Interpretation. Um es an Beispielen zu verdeutlichen: Gottes Willen durch das Wort der Bibel, das Denken Platons durch seine Dialoge, Goethes Weltsicht durch seinen *Faust*, Kafkas Nöte und Ängste durch seinen Roman *Der Prozess* zu verstehen, das sind Ziele methodischer Bemühungen, die von der traditionellen Hermeneutik über das weite Gebiet der Geistesgeschichte bis zur modernen Psychologie (Psychoanalyse) reichen.

B. *Realität – „einen Text von den Fakten her erklären"*: Diese Aufgabe konnte zu einem Ziel der Interpretation erst erhoben werden, als die exakten Naturwissenschaften im 19. Jahrhundert den Geisteswissenschaften den Rang abliefen und diese den verlorenen Boden wieder gutmachen wollten. Welche biografischen, literarischen, gesellschaftlichen, geografischen, geschichtlichen (usw.) Bedingungen erklären, dass z.B. Lessings *Nathan der Weise* nur so und nicht anders entstehen konnte? Interpretationsziele dieser Art verfolgen Wissenschaftsrichtungen, die vom Positivismus in der Textphilologie und Literaturgeschichtsschreibung bis zur Literatursoziologie reichen.

C. *Text – „einen Text als autonomes Werk begreifen"*: Als Reaktion auf geistesgeschichtliche und politische Irrwege ergab sich für die Literaturwissenschaft vor allem nach dem Zweiten Weltkrieg die Forderung, wieder auf das zurückzukommen, was ja ohnehin Ausgangspunkt der Interpretation sein sollte: auf den Text. Auf der Skala der Richtungen, die sich interpretierend um den Nachweis bemühen, dass auch die kleinsten Gedichte von Mörike oder Heine als autonome, ihren eigenen Gesetzen folgende Werke zu begreifen sind, finden sich Phänomenologie, Stilanalyse, Strukturalismus und Werkinterpretation.

D. *Leser – „als Leser auf einen Text reagieren"*: Eine unablässig sich drehende Interpretationsmühle musste endlich den Leser und seine Verteidiger auf den Plan rufen. Es zeigte sich, dass Leser sehr unterschiedlich z.B. auf eine „Keuner-Geschichte" von Bertolt Brecht reagierten. Es konnte nicht nur an den Lesern, sondern musste auch an der sprachlichen oder poetischen Eigenart der literarischen Texte liegen, wenn so viele verschiedene Reaktionen möglich waren. Dass dies nicht ohne Einfluss auf Methoden und Ziele der Interpretation ist, hat die Wirkungsgeschichte schon lange festgestellt. Die Kommunikationsforschung und vor allem die noch junge Rezeptionsästhetik ziehen daraus nun die Konsequenz, dass ein literarischer Text eigentlich erst durch den Leser interpretationsfähig wird.
(1985)

● **Vergleichen, beziehen:**
die vier Aspekte des Interpretierens bzw. Textverstehens mit den Methoden in den drei Unterrichtsvorhaben zum Umgang mit Gedichten, erzählenden und szenischen Texten vergleichen (vgl. Facetten Arbeitsbuch)

● **Anwenden, übertragen:**
die vier Aspekte anhand der jeweils genannten literarischen Textbeispiele zu erläutern versuchen

● **Kommentieren, Stellung nehmen:**
eigene Erfahrungen mit dem „Interpretieren" literarischer Texte formulieren und mit den vier Aspekten vergleichen

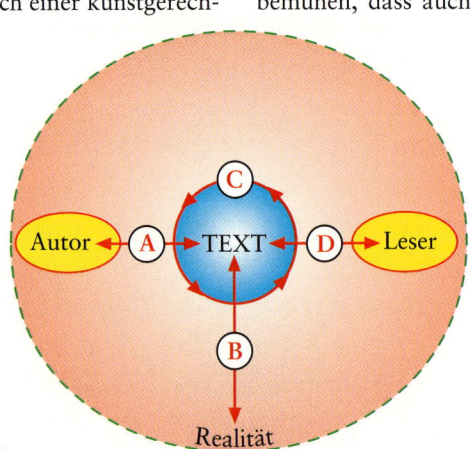

Veit-Jakobus Dieterich
Hermeneutik

Das griechische Wort „hermeneuein" bedeutet: auslegen, erklären, interpretieren. Der Götterbote Hermes hatte in der griechischen Mythologie die Aufgabe, den Menschen den Willen der Götter zu überbringen und verständlich zu machen. In weiterem Sinne bezeichnet Hermeneutik die Lehre und Kunst, wie Menschen sich verstehen können. Der Philosoph Wilhelm Dilthey (1833–1911) schreibt: „Dies Verstehen reicht von dem Auffassen kindlichen Lallens bis zu dem des Hamlet oder der Vernunftkritik. Aus Steinen, Marmor, musikalisch geformten Tönen, aus Gebärden, Worten und Schrift, aus Handlungen, wirtschaftlichen Ordnungen und Verfassungen spricht derselbe menschliche Geist zu uns und bedarf der Auslegung." In engerem Sinne meint Hermeneutik die Lehre der Interpretation und des Verstehens von Texten. Das Verstehen zwischen zwei Menschen ist ein komplizierter Prozess. Um einen anderen Menschen verstehen zu können, muss man sich in ihn hineinversetzen. Dies gelingt jedoch nur versuchs- und ansatzweise. Noch schwieriger ist das Verstehen zwischen Menschen, die ganz unterschiedlichen Kulturen oder Zeiten angehören, da der Horizont ihrer Lebensverhältnisse, ihrer Erfahrungen und ihrer Denkweise sehr unterschiedlich ist. Leben wir heute in einer von Industrie, Naturwissenschaft und Kapitalismus geprägten Welt, so gehörten die Menschen der Bibel einer Agrargesellschaft an.

Um Texte einer vergangenen Zeit zu verstehen, muss ich ein Vorverständnis mitbringen, die entsprechende Sprache kennen, den Text in einen Zusammenhang einordnen können, ich muss eine, wenn auch unklare, Vorstellung über die damaligen Verhältnisse haben (Vorstadium 0). Bei der Beschäftigung mit dem Text findet eine Horizontverschmelzung zwischen meinem Verstehenshorizont und dem Bedeutungshorizont des Textes statt (1. Stadium). Damit die Begegnung mit dem Text zu einer wirklichen Erfahrung wird und mein Vorverständnis nicht zum Vorurteil erstarrt, muss ich bereit sein, falsche Vorstellungen durch den Text hinterfragen zu lassen und neue Gedanken aufzunehmen. Das Vorverständnis verändert sich also in zweifacher Weise, es wird korrigiert und erweitert (2. Stadium). Lege ich den Text beiseite, ist mein Vorverständnis gereift. Ich bin einem tieferen Verstehen ein Stück näher gekommen (3. Stadium). Man spricht vom hermeneutischen Zirkel zwischen Vorverständnis, Begegnung und besserem Verständnis. Eine einmalige Begegnung reicht bei weitem nicht aus um eine Person oder Zeugnisse aus einer anderen Zeit letztlich zu begreifen. Die Begegnungen müssen sich wiederholen. Mein verbessertes Verständnis wird zu einem neuen, gegenüber der ursprünglichen Situation allerdings schon gereiften Vorverständnis für die nächste Begegnung, welche im Idealfall ein wiederum verbessertes Verständnis ermöglicht. Der Vorgang kann im Prinzip unendlich oft wiederholt werden, begrenzt nur durch die menschliche Auffassungsfähigkeit und die Endlichkeit des menschlichen Lebens. Das Verstehen ist ein offener, nie endender Prozess.

Ein ähnlicher hermeneutischer Zirkel lässt sich auch beim Verstehen eines Textganzen feststellen. Ein einzelner Satz, ein Teil eines Textes, lässt sich nur aus dem Zusammenhang, aus dem Kontext heraus, richtig begreifen. Umgekehrt kann man den Sinn des Textganzen nur erschließen, wenn die Einzelaussagen verstanden werden. Ähnlich verhält sich das Verständnis eines historischen Textes zum Verstehen der gesamten Epoche, in der er entstand. Jedes tiefere Erfassen eines Textes setzt eine Vorstellung über die Entstehungszeit voraus, wie man umgekehrt eine Epoche durch die überlieferten Texte kennen lernt.
(1996)

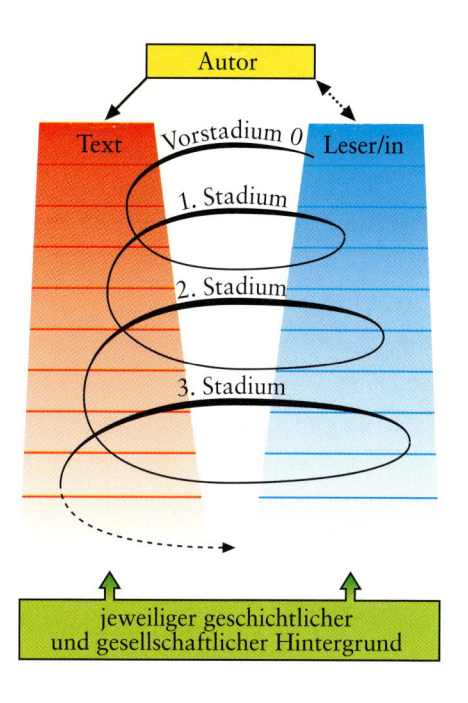

○ **Anwenden, übertragen:**
sich den „hermeneutischen Zirkel" beispielhaft an der Untersuchung eines literarischen Textes klar machen, z. B. an der Schülerinterpretation von Ingeborg Bachmanns Gedicht „Die große Fracht" (Facetten. Arbeitsbuch S. 78/79)

Umberto Eco
Textintention*

Wer für sich festlegt, um welches Thema ein Diskurs kreist, geht mit dieser Interpretation ein gewisses Risiko ein. Da es Kontexte gibt, ist das Risiko jedoch geringer als etwa beim Roulettespiel. (...)

Die klassische Debatte kreise darum, ob es in Texten die Absicht des Autors oder eine von dieser unabhängige Textaussage zu finden galt. Erst seitdem die zweite Alternative akzeptiert ist, stellt sich die weitere Frage, ob das Gefundene aus der Textkohärenz und einem vorgegebenen Bedeutungssystem folgt oder ob die Adressaten es aufgrund ihrer eigenen Erwartungssysteme hineinlegten. Ich selbst versuche, eine dialektische Beziehung zwischen *intentio operis* und *intentio lectoris* zu wahren. Dabei stellt sich jedoch das Problem: Auch wenn man wissen mag, was „Leserintention" bedeuten soll, lässt sich kaum abstrakt definieren, was mit „Textintention" gemeint sein könnte. Die Intention eines Textes liegt nicht offen zutage (...). Man muss sie also bewusst „sehen wollen". Von einer Textintention kann man daher nur infolge einer Unterstellung seitens des Lesers sprechen. Die Initiative des Lesers liegt demnach vor allem darin, über die Textintention zu mutmaßen.

Ein Text wird ersonnen um den exemplarischen Leser zu erzeugen. Damit meine ich jedoch wiederum nicht, dass ein solcher Leser die „einzig richtige" Mutmaßung anstellt. Manche Texte zielen sogar auf exemplarische Leser, die mit unbegrenzt vielen Mutmaßungen experimentieren. Demgegenüber mutmaßt der empirische Leser nur, welchen exemplarischen Leser der Text erfordern würde. Da jedoch die Textintention auf einen exemplarischen Leser zielt, der über sie mutmaßt, stellt sich dieser Idealtypus in erster Linie einen exemplarischen Autor vor, der sich nicht mit dem empirischen deckt und letztlich mit der Textintention übereinstimmt. Daher ist der Text nicht bloß ein Parameter für die Bewertung der Interpretation; vielmehr konstituiert ihn erst die Interpretation selbst als ein Objekt und nimmt dieses als ihr Resultat, an dem sie sich in einem zirkulären Prozess messen kann. Ich gestehe, damit den alten, nach wie vor gültigen „hermeneutischen Zirkel" neu definiert zu haben.

Die *intentio operis* ist mit semiotischen Strategien verbunden, was sich manchmal durch konventionelle Stilmittel äußert. Beginnt eine Geschichte mit „Es war einmal", dann haben wir wahrscheinlich ein Märchen vor uns, das ein Kind (oder einen Erwachsenen, der sich in eine kindliche Stimmung versetzen möchte) als exemplarischen Leser anspricht und fordert. Gewiss könnte dieser Anfang ironisch gemeint sein, sodass der weitere Verlauf gewisse Tücken enthielte. So oder so war es unverzichtbar zu erkennen, dass der Text wie ein Märchen begann. Wie erhärtet man eine Hypothese über die *intentio operis*? Man kann die Vermutung nur am Text als einem kohärenten Ganzen überprüfen. Auch diese Idee ist schon sehr alt und geht auf Augustinus zurück (*De doctrina christiana*): Eine partielle Textinterpretation gilt als haltbar, wenn andere Textpartien sie bestätigen, und sie ist fallen zu lassen, wenn der übrige Text ihr widerspricht. Insofern diszipliniert die interne Textkohärenz die ansonsten chaotischen Impulse des Lesers. (...)

In dieser Dialektik zwischen Leserintention und Textintention habe ich die Absicht des empirischen Autors bisher völlig übergangen. (...) Da ich mit meinem Konzept der Textinterpretation eine Strategie aufdecken möchte, die den exemplarischen Leser erzeugen soll, verstanden als idealtypisches Pendant zu einem exemplarischen Autor (der bloß als Textstrategie erscheint), wird die Absicht eines empirischen Autors ganz und gar überflüssig. Zu respektieren ist nur der Text, nicht der Autor als eine Person Soundso. Gleichwohl mag es ziemlich brutal erscheinen, den armen Autor als für die gesamte Interpretation irrelevant zu beseitigen. In der Kommunikation, besonders der alltäglichen, kann es sehr wichtig sein, die Absichten des Sprechers zu eruieren. Ein anonymer Brief des Inhalts „Ich bin glücklich" kann von unendlich vielen Absendern stammen, die gerade nicht traurig sind; doch wenn ich jetzt und hier sage, „Ich bin glücklich", steht absolut fest, dass ich meine: Ich selbst, und niemand sonst, bin der Glückliche.

(1992)

○ **Vergleichen, beziehen:**
Ecos Definition des „hermeneutischen Zirkels" mit der von Dieterich (S. 81) vergleichen

○ **Anwenden, übertragen:**
Ecos Auffassung von Textintention in ihrer Bedeutung für das Verstehen und Interpretieren literarischer Texte einschätzen und sich an Beispielen klar machen

Beispiel für eine Konkretisierung

Thomas Gräff
Lektürehilfen zu Franz Kafkas „Prozess" (Auszug)

Die Literatur Franz Kafkas kann als das Modell literarischer Offenheit angesehen werden. Mit ihrer Schwierigkeit und ihrer Hermetik lädt sie zu Deutungen der unterschiedlichsten Richtungen ein. Was im Grunde ein Ausweis für hohe literarische Qualität und universalen Bedeutungsanspruch ist, kann so schon zur Qual des Interpreten werden.

(…)

Deutungsvarianten zum „Prozess"

Der Themenkomplex Gericht – Gesetz – Schuld ist natürlich für viele Interpretationen von zentralem Interesse und ein wichtiger Ansatzpunkt. Bei dieser Frage treten erhebliche Deutungsunterschiede zutage.
Hans Joachim Schoeps hat ein theologisches Interesse an Kafkas Texten:
„So notwendig ungewiss und im tiefsten Verstand weiterhin fragwürdig, weiterhin des Fragens würdig, weiterhin auch alle Interpretationen und Deutungen Kafkas bleiben, ist es doch für den, der sehen kann, allem Zweifel enthoben, dass in den Werken Kafkas eine zugespitzte religiöse Problematik herrscht und zumal bei den großen Romanen – wenn auch in säkularisierter Form – die zentralen Themen jüdischer Religiosität durchgetragen werden. (…)"

(…)

Wilhelm Emrich untersucht das Werk Kafkas auf Parallelen zu den Gedanken des deutschen Existenzialphilosophen Martin Heidegger. Demgemäß versteht er Schuld als eine „Existenzschuld":
„Die Unkenntnis des Gesetzes ist K.s Schuld." Das Gericht wird für Emrich zur universalen Kategorie:
„Wenn überhaupt ‚alles' zum Gericht gehört, dann ist die gesamte Lebenswirklichkeit des Menschen bereits Gericht." (…) „Dieser Gerichtsorganismus ist also keineswegs gut oder gar göttlich. Er ist die ‚böse' Welt. Und es ist daher auch sinnlos, seine Beamten als göttliche Wesen zu bezeichnen, ihre Forderungen und sexuellen Triebwünsche gar als höhere religiöse Gebote zu interpretieren, die sich über jede irdische Moral erheben."

(…)

Thomas Anz interpretiert den Begriff Schuld vom Psychologischen her als Ergebnis der konfliktreichen Auseinandersetzung des Einzelnen mit seiner Umwelt:
„Das moderne, um Autonomie bemühte Subjekt will sich nicht von anderen anklagen, verurteilen und hinrichten lassen, sondern nur von sich selbst. So verschiebt sich die Abhängigkeit von äußeren Autoritäten zur Abhängigkeit von einer inneren Macht: dem schlechten Gewissen, dem Bewusstsein eigener Schuld. (…) Vor allem verselbstständigt sich die ausgeweitete Justiz- und Gerichtsmetaphorik, die Kafka zur Veranschaulichung zwischenmenschlicher und psychischer Konflikte schon vorher gern benutzte, und entfaltet ein die autobiografische Bedeutung transzendierendes und dabei ganz zeitbezogenes Eigenleben."

(…)

Den gesellschaftskritischen Aspekt des bürokratischen Staatsapparates arbeitet Ernst Fischer noch stärker heraus.
„Das Warten vor dem Gesetz, vor irgendwelchen Kanzleitüren war zum Dauerzustand des österreichischen Untertanen geworden. Die Beschreibung dieses Zustands im ‚Prozess' ist nur scheinbar traumhaftfantastisch, in der Tat jedoch konzentriert realistisch." (…) „Irgendwie wird man zum ‚Fall'. (…) Der zum ‚Fall' Gewordene hat es nur mit unteren Instanzen zu tun; die oberen sind ihm entrückt und rätselhaft." (…) „Doch im satirischen Zerrbild von einst sind unverzeichnet die Züge späterer bürokratischer Machtapparate erkennbar. Der Angsttraum hat den Alltag überwältigt."

(…)

Die Auslegungsdebatte zur Türhüterlegende zwischen K. und dem Gefängniskaplan scheint die Situation der Kafka-Deutung vorwegzunehmen:
„Die Schrift ist unveränderlich, und die Meinungen sind oft nur ein Ausdruck der Verzweiflung darüber." *(1997)*

Religiös orientierte Interpretationen suchen in den Werken Kafkas nach religiösen Motiven, interpretieren Kafka vor dem Hintergrund seines jüdischen Herkommens und arbeiten fundamentale religiöse Aussagen aus den Werken heraus. In diesem Sinne hat sich z. B. auch Martin Buber mit Kafka beschäftigt.

Philosophisch orientierte Interpretationen basieren meistens auf dem Existenzialismus und erkennen in Kafkas Werken die Ausgestaltung existenzialphilosophischer Überzeugungen. Jean Paul Sartre und Albert Camus haben Kafka in ihrem Sinne bemüht.

Psychologische Deutungsansätze sehen Kafkas Werke als Ausgestaltung innerer Prozesse an.

Soziologische Interpretationen suchen Kafkas Werke nach gesellschaftskritischen Gehalten ab.

2 Probleme der Literaturgeschichtsschreibung

Rainer Rosenberg
Epochen (Auszug)

Literaturgeschichtliche Epochenbegriffe stehen für abgrenzbare Zeiträume, innerhalb deren dem überwiegenden oder einem als repräsentativ ausgezeichneten Teil der Literatur
5 bestimmte Merkmale abgelesen werden können, die charakteristisch für die Unterscheidung von der jenseits der gesetzten Zeitgrenzen dominierenden Literatur angesehen werden und die der Name des Begriffs konno-
10 tiert. Die Epochenbegriffe entstanden im Zuge des unausgesetzten Versuchs der Periodisierung der Literaturgeschichte. Die uns heute geläufige Reihe (*Reformation/Renaissance – Barock – Aufklärung – Klassik/Ro-*
15 *mantik – Realismus*) begann sich im letzten Drittel des 19. Jahrhunderts durchzusetzen, wobei die Übertragung des Barockbegriffs auf die deutsche Literatur des 17. Jahrhunderts erst in den 20er Jahren des 20. Jahrhun-
20 derts breitere Akzeptanz gewann und der Vorschlag, die Literatur seit dem Aufkommen des Naturalismus oder des Symbolismus unter den Epochenbegriff der Moderne zu stellen, selbstverständlich auch jüngeren Datums
25 ist. In den Problemkreis, der mit den literaturgeschichtlichen Epochenbegriffen angesprochen wird, gehören auch die Versuche, kürzere Abschnitte der Literaturgeschichte mit dem Namen einer literarischen Strömung, eines
30 Kunst- und/oder Lebensstils zu bezeichnen oder unter Begriffen aus der politischen Geschichte zu subsumieren: *Sturm-und-Drang, Biedermeier* und/oder *Junges Deutschland, Vormärz, Naturalismus, Symbolismus, Ex-*
35 *pressionismus, Neue Sachlichkeit* usw.
Die Problematik der Epochenbegriffe liegt nur vordergründig in ihrer auf den ersten Blick zu erkennenden Heterogenität. Auch die Frage, ob diese oder jene Bezeichnung
40 „angemessen" sei, d.h. die angenommenen wesentlichen Züge der Literatur des betreffenden Zeitabschnitts benennt, wird kaum mehr diskutiert, seitdem man zwischen Begriff und Bezeichnung zu unterscheiden ge-
45 lernt hat und Begriffsbildung (im Sinne durchsetzungsfähiger Begriffe) als einen intersubjektiven Prozess der Herstellung von Konsens versteht. (...)

In der Praxis erweist sich die Periodisierung
50 als ein unverzichtbares Ordnungsprinzip der Fakten. Ihre Problematik fängt damit an, dass keine Geschichtsschreibung alles, was sich ereignet hat, gleichgewichtig verzeichnen kann, sondern dass die Historiker die
55 mitzuteilenden Ereignisse nach Relevanzkriterien, die standortgebunden, d.h. unterschiedlich und veränderlich sind, auswählen und nach Zusammenhangsannahmen, die ebenfalls variieren, ordnen und interpretie-
60 ren. Dass also jeder Versuch, die Vergangenheit abzubilden, als Konstruktion betrachtet werden kann, jedenfalls nicht zu leugnen ist, dass er konstruktive Elemente enthält. Die Periodisierung stellt zweifellos eines der
65 wesentlichen konstruktiven Elemente der Historiographie dar. (...)
Noch komplizierter stellt sich das Periodisierungsproblem dar, wenn wir den nationalliterarischen Rahmen verlassen und
70 übernationale, etwa gesamteuropäische Literaturzusammenhänge ausgemacht werden sollen. Denn einerseits ist wohl unstrittig, dass – um bei unserem Beispiel zu bleiben – die meisten europäischen Literaturen ihre
75 romantische und ihre realistische Periode hatten. Andererseits verläuft die Entwicklung der Literatur in den einzelnen europäischen Ländern nicht kongruent. In einigen ost- und südosteuropäischen Literaturen
80 z.B. greifen *Aufklärung* und *Romantik* viel stärker ineinander als etwas in Deutschland oder behaupten romantische Literaturmuster noch lange ihre Vorherrschaft, nachdem die großen westeuropäischen Literaturen
85 und die russische Literatur bereits vom realistischen Roman bestimmt werden. Dementsprechend differieren auch die in der Literaturgeschichtsschreibung der einzelnen Länder tradierten Epochensequenzen. Ver-
90 suche zu einer einheitlichen Periodisierung der europäischen Literaturen haben demzufolge mit großen Phasenverschiebungen zu rechnen und können jeweils nur einen Teil der in der Nationalliteraturgeschichtsschrei-
95 bung erhaltenen Epochensequenzen (nämlich die gemeinsamen) gebrauchen. *(1992)*

○ **Vergleichen, beziehen:**
Literaturgeschichtliche Epochen und deren Beschreibung in Literaturgeschichten

Karl Otto Conrady
Von der Verführung durch vertraute Epochenbegriffe (Auszug)

Es muss zu einem Urbedürfnis des Menschen, zumal des Wissenschaftlers gehören, ungeordnete Vielfalt zu ordnen und lange zeitliche Abläufe zu gliedern. Anders ist die hingebungsvolle Mühe nicht zu begreifen, die Literaturwissenschaftler aufwenden um Epochen aufzubauen. Und obgleich längst jeder noch so sorgfältig ausgeführten Konzeption einer Epoche mit triftigen Argumenten widersprochen werden kann, lassen wir von dem geistvoll-nutzlosen Spiel nicht ab. (…)
Offensichtlich bezeichnen Epochenbegriffe etwas, was es so in der Realität überhaupt nicht gibt. Sie sind nachträglich gestanzte Spielmarken kluger Konstrukteure. Epochenbezeichnungen, die mit qualifizierenden Bedeutungen belastet sind (die wir ihnen auch nicht austreiben können), können der realen Fülle und Vielgestaltigkeit des im betreffenden Zeitraum Hervorgebrachten nicht gerecht werden. Immer herrscht die Gleichzeitigkeit des Verschiedenen, der eine Epochenbezeichnung nicht entspricht. Aufklärung, Sturm und Drang, Klassik, Romantik: Die Namen erwecken die Illusion, als gäbe es tatsächlich diese Epochen, zudem noch im genannten Gänsemarsch. Ein flüchtiger Blick auf die Neunzigerjahre des 18. Jahrhunderts kann uns belehren, dass kein Epochenname das Verschiedene umgreifen kann. Was ist da nicht alles aufeinander geschichtet! Sulzers ästhetische Vorstellungen durchaus noch wirksam; Gottfried August Bürger bis 1794 noch dabei (wo soll er eigentlich untergebracht werden?); was „Spätaufklärung" genannt wird, in schönster, durchaus vielfarbiger Blüte (und gar kein Grund es von anderer Warte aus hochmütig zu verachten); Jakobiner und Liberale schreiben und dichten; Goethe und Schiller mit ihren Bemühungen ums sog. Klassische, sehr begrenzt in ihrer damaligen Wirkung; die Schlegels, Novalis, Tieck, Wackenroder, Bonaventura, August Vulpius (*der* mit seinem „Rinaldo Rinaldini" wurde gelesen), alles gleichzeitig beieinander (…). Und dass wir die „großen Drei" (Jean Paul, Hölderlin, Kleist) unter keinem Epochendach unterbringen können, demonstriert seit langem jede Literaturgeschichte.

Öffnet eigentlich die Bemühung um Epochenbestimmungen besser begehbare Wege zu den einzelnen Werken, die der Leser dann gern beschreitet? Geht von Epochengliederungen und den Diskussionen über sie Motivation für den Leser aus? Die Frage stellen heißt, sie nicht einfach bejahen zu können. Wenn in bildungspolitischen Erklärungen vom Deutschunterricht gefordert wird, er müsse endlich wieder (wie es heißt) den Schülern die Kenntnis etwa der deutschen Klassik und der anderen wichtigen Epochen der Geschichte der deutschen Literatur beibringen, dann müsste zugleich ernsthaft erwogen werden, wozu solche Kenntnis gut ist, welche Einsichten sie fördert oder vielleicht verstellt und ob sie die Freude am Lesen (für uns etwas allzu Selbstverständliches), die Motivation sich auf Fernes und Fremdes einzulassen verstärkt oder vermindert. Der durchs Land hallende Ruf „Es muss mehr gelernt (und gelesen) werden" hat seine Gründe und seine Berechtigung. Aber wir dürfen uns die (immer auch selbstkritischen) Fragen nicht abhandeln lassen: Was ist der Sinn des geforderten Lernens? Welche Interessen und Bedürfnisse werden damit befriedigt? (Dass zwischen Fachstudenten der Germanistik und Schülern, die *alle* am Literaturunterricht teilzunehmen haben, unterschieden werden muss, versteht sich von selbst.)
Um auf unsere Epochen zurückzukommen: Wenn die geläufigen Kennmarken schon nicht durch schlichte Zahlen ersetzt werden können (damit kein Text von vornherein in einem bestimmten Fach abgelegt wird), müsste die Beschäftigung mit ihnen nicht tradierbares Wissen vermitteln wollen, sondern die Implikationen und Konsequenzen aufzuspüren suchen, die mit Herausbildung, Durchsetzung und Gebrauch der Epochennamen verbunden sind.
(1983)

○ **Vergleichen, beziehen:**
– Conradys These von der „Gleichzeitigkeit des Verschiedenen" (Z. 23) am Beispiel: Aufklärung – Sturm und Drang – Klassik – Romantik untersuchen; dazu das Kapitel zum „Epochenumbruch 18./19. Jahrhundert" (S. 5 ff.) heranziehen
– Conradys These auch anhand des Kapitels „Das Janusgesicht der Moderne – Epochenumbruch 19./20. Jahrhundert" (S. 43 ff.) überprüfen

○ **Vergleichen, beziehen:**
Conradys Auffassung mit derjenigen Rosenbergs vergleichen und diskutieren

○ **Diskutieren, erörtern:**
Conradys Frage „Geht von den Epochengliederungen und den Diskussionen über sie Motivation für den Leser aus?" (Z. 55 ff.)

3 Probleme der Gattung

3.1 Allgemeines

Klaus Müller-Dyes
Gattungsfragen (Auszug)

Aufgabe der Gattungstheorie ist es, die Mannigfaltigkeit der Textklassen und ihrer Begriffe in ein halbwegs geordnetes System zu bringen. Dass ihr das angesichts der unabgeschlossenen, mehr als dreitausendjährigen Geschichte abendländischer Literatur nur sehr unvollkommen gelingen kann, ist kein Hinderungsgrund, nicht wenigstens die Prinzipien und logischen Regeln zu benennen und zu reflektieren, nach denen sie dabei verfährt. Dabei sind die Gattungen – aus der Perspektive des logischen Systems – Definitionsangebote, die unabhängig von der Erfahrung formuliert sind; aus der Perspektive der Texte erscheinen sie als durch Abstraktion gewonnene Merkmalkombinationen. Beide Sichtweisen, die deduktive und die induktive, treffen im Begriff der Gattung als logischer Klassenbezeichnung zusammen.

Nach diesen allgemeinen Überlegungen lassen sich zwei grundsätzlich verschiedene Gattungskonzeptionen unterscheiden, die beide in der heutigen wissenschaftlichen Diskussion Gültigkeit beanspruchen. Die *erste* betrachtet Gattungen unter der logischen Prämisse ihrer Verwendbarkeit für die Klassifikation von Texten. Bedingungen dafür sind *Trennschärfe* (die Klassifikationsmerkmale müssen klar definiert und in der Lage sein, Texte eindeutig voneinander zu unterscheiden) und *Systematik* (die verwendeten Begriffe müssen in einem erkennbaren, logisch geordneten Verhältnis zueinander stehen). Sie sind insofern ahistorisch, als sie von den historischen Gegebenheiten ihrer Gegenstände absehen, nicht aber, weil sie überzeitliche Geltung im Sinne von Archetypen oder Urformen für sich beanspruchen. Im Gegensatz zu den im Folgenden behandelten (historischen) Gattungen sprechen wir hier von *Gattungsbegriffen* um hervorzuheben, dass es sich bei ihnen um keine wie auch immer geartete überzeitliche Wesenheiten handelt.

Die *zweite* Konzeption betrachtet Gattungen als historische „Institutionen" mit mehr oder weniger langer Geltungsdauer. Ihr Allgemeines sind nicht Klassen, sondern Gruppen oder Familien von Texten, die nicht nach logischen, sondern nach historischen Gesichtspunkten gebildet sind. Gattungen können in diesem Sinne konstituiert werden durch explizite Regelanweisungen, durch die immanente Poetik einzelner Werke, aber auch durch bloße vom Autor oder Verleger vorgenommene Zuschreibungen wie „Novelle" oder „Robinsonade". Im Unterschied zu den Gattungsbegriffen sollen die nach solchen Kriterien gebildeten Textgruppen *Gattungen* hießen, um ihren ‚realen', institutionellen Status zu bezeichnen. *(1996)*

○ **Anwenden, übertragen:**
den Unterschied zwischen „klassifikatorischen Gattungsbegriffen" und „Gattungen als historischen ‚Institutionen'" an Beispielen zu verdeutlichen suchen

○ **Vergleichen, beziehen:**
Gattungsbegriffe und Ordnungsschemata in anderen Fächern (z. B. Biologie, Chemie) und Wissenschaftsbereichen heranziehen und auf ihre Funktion hin prüfen

---

Johann Wolfgang von Goethe
Naturformen der Dichtung

Es gibt nur drei echte Naturformen der Poesie: die klar erzählende, die enthusiastisch aufgeregte und die persönlich handelnde: *Epos*, *Lyrik* und *Drama*. Diese drei Dichtweisen können zusammen oder abgesondert wirken. In dem kleinsten Gedicht findet man sie oft beisammen, und sie bringen eben durch diese Vereinigung im engsten Raume das herrlichste Gebild hervor, wie wir an den schätzenswertesten Balladen aller Völker deutlich gewahr werden. Im älteren griechischen Trauerspiel sehen wir sie gleichfalls alle drei verbunden und erst in einer gewissen Zeitfolge sondern sie sich. Solange der Chor die Hauptperson spielt, zeigt sich Lyrik obenan; wie der Chor mehr Zuschauer wird, treten die andern hervor, und zuletzt, wo die Handlung sich persönlich und häuslich zusammenzieht, findet man den Chor unbequem und lästig. Im französischen Trauerspiel ist die Exposition episch, die Mitte dramatisch und den fünften Akt, der leidenschaftlich und enthusiastisch ausläuft, kann man lyrisch nennen.

Das Homerische Heldengedicht[1] ist rein episch; der Rhapsode[2] waltet immer vor, was sich ereignet, erzählt er; niemand darf den Mund auftun, dem er nicht vorher das Wort verliehen, dessen Rede und Antwort er nicht angekündigt. Abgebrochene Wechselreden[3], die schönste Zierde des Dramas, sind nicht zulässig.

Höre man aber nun den modernen Improvisator[4] auf öffentlichem Markte, der einen geschichtlichen Gegenstand behandelt; er wird, um deutlich zu sein, erst erzählen, dann, um Interesse zu erregen, als handelnde Person sprechen, zuletzt enthusiastisch auflodern und die Gemüter hinreißen. So wunderlich sind diese Elemente zu verschlingen, die Dichtarten bis ins Unendliche mannigfaltig; und deshalb auch so schwer eine Ordnung zu finden, wonach man sie neben- oder nacheinander aufstellen könnte.

Man wird sich aber einigermaßen dadurch helfen, dass man die drei Hauptelemente in einem Kreis gegen einander über stellt und sich Musterstücke sucht, wo jedes Element einzeln obwaltet. Alsdann sammle man Beispiele, die sich nach der einen oder nach der andern Seite hinneigen, bis endlich die Vereinigung von allen dreien erscheint und somit der ganze Kreis in sich geschlossen ist.

Auf diesem Wege gelangt man zu schönen Ansichten sowohl der Dichtarten als des Charakters der Nationen und ihres Geschmacks in einer Zeitfolge. Und obgleich diese Verfahrensart mehr zu eigener Belehrung, Unterhaltung und Maßregel als zum Unterricht anderer geeignet sein mag, so wäre doch vielleicht ein Schema aufzustellen, welches zugleich die äußeren zufälligen Formen und diese inneren notwendigen Uranfänge in fasslicher Ordnung darbrächte. Der Versuch jedoch wird immer so schwierig sein als in der Naturkunde das Bestreben, den Bezug auszufinden der äußeren Kennzeichen von Mineralien und Pflanzen zu ihren inneren Bestandteilen, um eine naturgemäße Ordnung dem Geiste darzustellen.
(1819)

[1] Homers Hexameter-Epen *Ilias* und *Odyssee*.
[2] Sänger, Rezitator
[3] schnelle, direkte Folge von Rede und Gegenrede (Stichomythie)
[4] Bänkelsänger

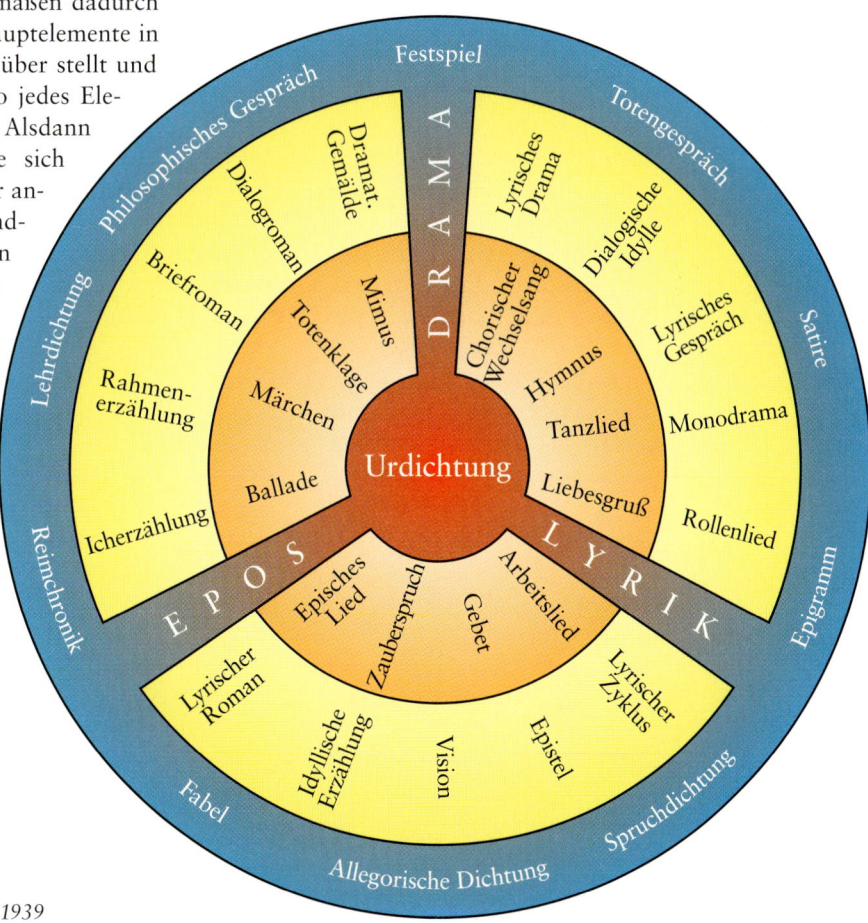

○ **Anwenden, übertragen:**
Goethes Auffassung von den „drei echte(n) Naturformen der Poesie" am Beispiel einer Ballade erläutern

○ **Selbst gestalten:**
Goethes Versuch eines „Schemas", eines Kreismodells grafisch visualisieren; zum Vergleich unten stehenden Versuch Julius Petersens (von 1939) heranziehen

Kreismodell nach Julius Petersen, 1939

3.2 Lyrik

Peter Wapnewski
Gedichte sind genaue Form

Mit seinem Essay, erschienen 1977 in der ZEIT, bezog sich Wapnewski auf eine bestimmte Tendenz in der Lyrik der 70er-Jahre, sich der Alltagssprache anzunähern.

I

„Meint, was ihr wollt. Je mehr
ihr glaubt, über mich
sagen zu können, desto
freier werde ich von euch.
5   Manchmal
kommt es mir vor, als ob
das, was man von den Leuten
Neues weiß, zugleich auch
schon nicht mehr gilt.
10 Wenn mir
in Zukunft jemand erklärt, wie ich bin –
auch wenn er
mir schmeicheln oder
mich bestärken will –,
15 werde ich
mir
diese Frechheit
verbitten."

Dies ist ein Gedicht. Dies ist kein Gedicht.

20 „Die Landschaft schwenkt. Die eigenen Geräusche brauchst du auch. Wenn du schreist, ist das eine Selbststimulation. Ruf ein paar dreckige Wörter aus deinem Körper hervor, schau nach, wohin sie gehen ... Alles
25 Flickwörter? Also warum bist du nicht stumm ... Die Tagträume in der Dämmerung verblassen auf dem Papier. Hier bin ich und gehe in dem lieblichen Nachmittagsschatten, der die Straße nicht nur schwarz
30 und weiß wie eine Erinnerung fleckt, die Löcher hat. Ich kann durch sie entwischen und atme auf. Ich bin froh, dass ich kein anderer bin. Wie einfach die Umgebung wird, nachdem das klar ist. Die Sonne scheint
35 lautlos, ich mag sie und das, was sie tut, lautloser, als die Katze blinzelt, die auf dem Autoblech sitzt, faul, ausgestreckt, in ihrem eigenen, unüberschaubaren Tagtraum, lautloser als ein Schatten. Ich bin für sie
40 draußen. Das Gehen ist ein Lied in meinem Kopf, lautlos und ohne Wörter!"

Dies ist kein Gedicht. Dies ist ein Gedicht.

Ein drittes Exempel:
„Stabilisator aus-
45   gebaut und Zugstrebe
von rechts ersetzt. Vorderachs-
träger rechts ausgerichtet,

Gummilager erneuert und Stabilisator
wieder montiert.
50 Bremsjoch hinten
links ersetzt und Gelenk-
welle links
ausgewechselt.
Fahrzeug optisch
55 vermessen."

Ist dies ein Gedicht? Ist dies kein Gedicht? Jedenfalls ist es eine Rechnung, die Reparatur eines Autos betreffend (und um wenige Zeilen gekürzt, im Übrigen unangetastet, nur
60 eigenwillig in Einheiten zerlegt bei schließlicher Aussparung der, wie das Gesetz der Poetik befiehlt, ans Ende postierten und durch Ziffern statt Buchstaben reizvoll verfremdeten Pointe. Sie lautet „Sa. 962,93 DM").
65 Machen wir uns also denn auch an die Auflösung der scheinbar änigmatischen Bemerkungen, die ich den ersten beiden Beispielen nachgeschickt habe.

II

Auch die Gedichtzeilen zu Anfang sind von
70 mir gesetzt, also von mir umbrochen. Es handelt sich im Original um sehr prosaische Überlegungen einer Frau vor dem Spiegel. Handkes „linkshändiger Frau". Alles, was ihr von mir zugemutet wurde, war die Bre-
75 chung der Prosa in eine Form, die Lyrik zu sein vorgibt. Der Genauigkeit halber sei hinzugefügt, dass man dieses Experiment mit dem Text fast jeder Seite des Handkeschen Buchs durchführen könnte – nur dass der
80 materielle Inhalt solchem Verfahren gelegentlich Widerstände entgegensetzt.

Die an zweiter Stelle folgende Prosapassage hingegen ist ursprünglich ein Gedicht, und zwar eines von Rolf-Dieter Brinkmann aus seinem von der Kritik hoch gelobten letzten Band „Westwärts 1 & 2". Das originale Druckbild organisiert die Wörter und Sätze in recht beliebig wirkenden, gewissermaßen absichtslosen Zeilenbildern:

„Die Landschaft schwenkt.
Die eigenen Geräusche brauchst du auch.
Wenn du schreist, ist das eine Selbststimulation.
Ruf ein paar dreckige Wörter ..."
(und so fort).

Die Gegenüberstellung nötigt zu einer Frage, die Frage will eine Antwort:

III

Ist die Grenze zwischen Lyrik und Prosa beliebig, die „Aussage" der Form, elementare Substanz aller dichterischen Gattungs-Lehre, hinfällig geworden? Sind Prosa und Lyrik herstellbar geworden durch den Setzer, das heißt, sind sie lediglich Resultat so oder so umbrochener Zeilen? Ist „das Gedicht" nur mehr Alibiform für den, der nichts Umfangreiches zu sagen, nicht den Mut hat, das zu Sagende der einfältig scheinenden Prosaform anzuvertrauen? Fühlt andererseits „Prosa" sich dispensiert von der Forderung nach weltbuntem Erzählen, nach aufbauend-komponierender Handlung, nach Geschichte und Geschehnis und bietet sich als leichthändig zu bewältigende Alibiform an da, wo das Gedicht ein höheres Maß von Strenge zu fordern scheint?

Es ist in der Tat so, dass die Grenzen der Gattungen verwischt, ja weitgehend aufgehoben sind. Das Problem ist so neu nicht, die aus ihm sich ergebenden Fakten stellen keine Sensation dar. Goethes grundgescheites Wort von den „Naturformen" der Dichtung, mit dem er die gelehrte und aus der Antike überkommene Gattungs-Trias Epik-Lyrik-Dramatik charakterisierte, verweist auf Urgliederungen der gebundenen Aussage, der Dichtung also.

Da ist das *Gedicht*. Formal: knapp, konzentriert, streng stilisiert. Inhaltlich: nach innen gewandt. In der Haltung: ichbefangen, einnehmend, monologisch.

Da ist das *Epos*, der Roman. Formal: ausladend, ja ausschweifend erzählend. Inhaltlich: Welt liefernd und Welt aufschlüsselnd. In der Haltung: „objektiv", extrovertiert, weitergehend.

Da ist schließlich das *Drama*. Formal: „pluralistisch", das heißt, der Autor „singt" nicht noch erzählt er, sondern er lässt andere Personen für sich reden („für sich" im doppelten Sinne). Inhaltlich: Drama ist Lehrstück, Vorführung, ist Welt der Geschichte. In der Haltung: scheinbar die „objektivste" Gattung, das Ich ist ausgelöscht, zumindest scheint es zu schweigen, und das Persönliche wird ins Allgemeine gehoben, so wie das Allgemeine exemplarisch „personalisiert" wird. Auch diese Bestimmungen sind durch die Wirklichkeit, also die jeweiligen Texte in Frage gestellt, nicht hat Poesie sich den Gattungszwängen zu fügen (obwohl sie es oft getan hat, im Mittelalter etwa oder im 17. und 18. Jahrhundert), sondern sie hat kraft ihrer Eigenmächtigkeit Gattungen zu setzen. Immerhin aber ist doch Goethes organischer Begriff „Naturformen" offenbar den Gegebenheiten gemäß, und mein Versuch, ihn skizzierend auszufüllen, wird als Arbeitshilfe zureichen.

Zurück zu unserer Frage nach der Verbindlichkeit des Gedicht-Begriffs hier und heute.

Meine erste These lautet:
Lyrik ist eine einfache Gattung. Sie bestimmt sich wenn nicht streng so doch klar durch Form und Gegenstand. Wo die ihr eigene Form (stilisierte Knappheit) und der ihr eigene Gegenstand (das arg strapazierte „lyrische Ich") preisgegeben sind, wird Lyrik preisgegeben. Was bleibt, ist allenfalls noch „das Lyrische".

Meine zweite These lautet:
Ein gut Teil dessen, was heute als Lyrik angeboten wird und prosperiert, ist stecken gebliebene Prosa, ist Schwundform des Essays, ist Tagebuch im Stammel-Ton. Wem das fehlt, was man wohl den epischen Atem oder den dramatischen Nerv nennt, der macht sich und uns gern glauben, Lyrik sei Säuseln und diffuses Licht. Dabei ist sie eine spröde, strenge und sehr entschiedene Sache.
(1977)

○ **Vergleichen, beziehen:**
Wapnewskis Lyrikverständnis mit dem von Brinkmann vergleichen

○ **Vergleichen, beziehen:**
– Wapnewskis Auffassung von Lyrik mit der Auffassung anderer Schriftsteller vergleichen
– Gedichtbeispiele und deren Form zur Veranschaulichung und Überprüfung der Auffassung Wapnewskis heranziehen

Bertolt Brecht
Der Lyriker braucht die Vernunft nicht zu fürchten

Einige Leute, deren Gedichte ich lese, kenne ich persönlich. Ich wundere mich oft, daß mancher von ihnen in seinen Gedichten weit weniger Vernunft zeigt als in seinen sonstigen Äußerungen. Hält er Gedichte für reine Gefühlssache? Glaubt er, daß es überhaupt reine Gefühlssachen gibt? Wenn er so etwas glaubt, sollte er doch wenigstens wissen, daß Gefühle ebenso falsch sein können wie Gedanken. Das müßte ihn vorsichtig machen.
Einige Lyriker, besonders Anfänger, scheinen, wenn sie sich in Stimmung fühlen, Furcht zu haben, aus dem Verstand Kommendes könne die Stimmung verscheuchen. Dazu ist zu sagen, daß diese Furcht unbedingt eine törichte Furcht ist.

Wie man aus den Werkstättenberichten großer Lyriker weiß, handelt es sich bei ihren Stimmungen keineswegs um so oberflächliche, labile, leicht verfliegende Stimmungen, daß umsichtiges, ja nüchternes Nachdenken stören könnte. Die gewisse Beschwingtheit und Erregtheit ist der Nüchternheit keineswegs direkt entgegengesetzt. Man muß sogar annehmen, daß die Unlust, gedankliche Kriterien heranzulassen, auf eine tiefere Unfruchtbarkeit der betreffenden Stimmung hindeutet. Man sollte dann unterlassen, ein Gedicht zu schreiben.
Ist das lyrische Vorhaben ein glückliches, dann arbeiten Gefühl und Verstand völlig im Einklang. Sie rufen sich fröhlich zu: Entscheide du! *(1954)*

Hans Magnus Enzensberger
Scherenschleifer und Poeten

„Mein Gedicht ist mein Messer" – aber es eignet sich nicht zum Kartoffelschälen. Wozu eignet es sich, wozu ist es zu gebrauchen? Diese Frage kann der Hersteller des Gedichts nur vorläufig beantworten, indem er nämlich dem Benutzer vorgreift, der in jedem Fall das letzte Wort hat. Wenn es nach mir ginge – und soweit es nach mir geht –, ist es die Aufgabe des Gedichts, Sachverhalte vorzuzeigen, die mit andern, bequemeren Mitteln nicht vorgezeigt werden können, zu deren Vorzeigung Bildschirme, Leitartikel, Industriemessen nicht genügen. Indem sie Sachverhalte vorzeigen, können Gedichte Sachverhalte ändern und neue hervorbringen. Gedichte sind also nicht Konsumgüter, sondern Produktionsmittel, mit deren Hilfe es dem Leser gelingen kann, Wahrheit zu produzieren. Da Gedichte endlich, beschränkt, kontingent sind, können mit ihrer Hilfe nur endliche, beschränkte, kontingente Wahrheiten produziert werden. Die Poesie ist daher ein Prozeß der Verständigung des Menschen mit sich und über ihn selbst, der nie zur Ruhe kommen kann.
Es nützt nichts, einen Sachverhalt vorzuzeigen, wenn keiner zusieht. Wahrheit kann nur produziert werden, wo mehr als ein Mensch zugegen ist. Deswegen müssen Gedichte an jemand gerichtet, für jemanden geschrieben sein. Mindestens müssen sie damit rechnen, andern vor Augen oder zu Ohren zu kommen. Es gibt kein Sprechen, das ein absolutes Sprechen wäre. So wie sich Messer von Hüten und Hüte von Körben unterscheiden, indem sie ihren Benutzern einmal das Zustechen, zum andern das Aufsetzen und Forttragen zumuten, so mutet jedes Gedicht seinem Leser ein anderes Lesen zu. Gedichte ohne Gestus gibt es nicht. Gedichte können Vorschläge unterbreiten, sie können aufwiegeln, analysieren, schimpfen, drohen, locken, warnen, schreien, verurteilen, verteidigen, anklagen, schmeicheln, fordern, wimmern, auslachen, verhöhnen, reizen, loben, erörtern, jubeln, fragen, verhören, anordnen, forschen, übertreiben, toben, kichern. Sie können jeden Gestus annehmen außer einem einzigen: dem, nichts und niemanden zu meinen, Sprache an sich und selig in sich selbst zu sein. Damit das, was vorgezeigt werden soll, beachtet wird, müssen Gedichte allerdings schön sein. Es muß ein Vergnügen sein, sie zu lesen. Weil die meisten Sachverhalte, die vorzuzeigen sind, schwieriger Natur sind, muß das Vergnügen, mit dem man

Gedichte liest, in aller Regel ein schwieriges Vergnügen sein.
Gedichteschreiber unterscheiden sich von anderen Leuten nicht in höherem Maß als Messerschmiede oder Hutmacher. Sie müssen wichtige Sachverhalte kennen und imstande sein, sie vorzuzeigen. Besondere Weihen stehen ihnen dafür nicht zu. Es ist nicht einzusehen, warum ihr Ruhm den der Hutmacher übertreffen, ihre Würde die der Scherenschleifer in den Schatten stellen, ihre Sterblichkeit oder Unsterblichkeit sich von der eines Postboten unterscheiden sollte. Auch verdienen ihre Gemütsbewegungen kein besonderes Interesse. Zornige Dichter sind weder günstiger noch ungünstiger zu beurteilen als liebenswürdige Dichter, und es besteht keine Veranlassung, tragische Seelenlagen einer unerschrockenen Lachlust vorzuziehen. Überlassen wir also die Gedichteschreiber getrost ihren Gefühlen. Gedichte sind allzumal fühllos, wie Messer: brauchbar oder unbrauchbar, das ist die Frage, die ich mir vorlege, wenn ich etwas geschrieben habe. Nicht immer ist sie leicht, selten ist sie günstig zu beantworten. Freilich, wer stellt sie schon? Die meisten Gedichteschreiber wollen gar nicht erst wissen, was sie herstellen, für wen und wozu. Kein Wunder, daß ihr, daß unser Beruf so lachhaft gering oder feierlich hoch geschätzt wird. „Er hat etwas Brauchbares gemacht": dies Lob, das höchste, wird dem Gedichteschreiber selten zuteil. Dafür kann es dem Messerschmied, dem Scherenschleifer geschehen, daß ihm ein enthusiasmierter Kunde sagt: „Dieses Messer ist wirklich ein Gedicht" – und läßt es in der Sonne funkeln.
(Es folgt das Gedicht „Das Herz von Grönland".)
(1961)

○ **Vergleichen, beziehen:**
Enzensbergers Auffassung von der Funktion des Gedichts mit seiner Medientheorie (Facetten. Die Macht der Bilder–Medien, S. 18/19) sowie mit Brechts Lyrikverständnis vergleichen

Günter Eich
Thesen zur Lyrik

Lyriker liefern zu ihren Gedichten die Poetik umsonst. Wie richtig sagt man sich beim einen, wie richtig beim andern, der das Gegenteil meint. Ratlos vor soviel Richtigkeit, tröstet man sich mit dem alten Fontane. Ja, es muss ein weites Feld sein.

Der zweite Grad der Erkenntnis: Da wird nicht von Gedichten gesprochen, sondern immer nur von den Gedichten des betreffenden Autors. Hier preist einer den richtigen Atem und man mag ihm zustimmen, auch wenn man von Gesundheit in der Lyrik nicht so viel hält.

Aber die Poetologen meinen *allgemeine* Gesetze gefunden zu haben. Ich erlaube mir zu widersprechen. Jedes neue Gedicht verändert die Theorien. Elfenbeinerner Turm und Engagement, Simplizität und Experiment schließen sich nicht aus, – es hat sich schon herumgesprochen.

Hundert Autoren – hundert verschiedene Möglichkeiten des Gedichts. Lange und kurze Gedichte, mittelkurze und mittellange.

So mit Skepsis gerüstet, sage ich einige Punkte meiner Poetik auf, eine private Wunschliste, weiter nichts, – das und so möchte ich schreiben:
    Gedichte ohne die Dimension Zeit
    Gedichte, die meditiert, nicht interpretiert werden müssen
    Gedichte, die schön sind ohne Schönheit zu enthalten
    Gedichte, in denen man sich zugleich ausdrückt und verbirgt
    Unweise Gedichte
    Direkte Gedichte
Die Liste kann fortgesetzt werden.

Lyrik ist überflüssig, unnütz, wirkungslos. Das legitimiert sie in einer utilitaristischen Welt. Lyrik spricht nicht die Sprache der Macht, – das ist ihr verborgener Sprengstoff.
(um 1968)

○ **Anwenden, übertragen:**
Eichs Thesen zur Lyrik in Beziehung setzen zu seinen Gedichten

○ **Vergleichen, beziehen:**
Eichs letzte These mit der Auffassung Benns (S. 104 f.), Brechts und Enzensbergers vergleichen

3.3 Epik (Roman)

Marcel Reich-Ranicki
Über den Roman*

Der Romancier des neunzehnten Jahrhunderts habe sich, pflegt man zu sagen, göttliche Attribute zuerkannt. Jedenfalls wollte er ein Weltschöpfer sein. Er fühlte sich verpflichtet, die ganze Szene zu überblicken, und er bildete sich ein, sie tatsächlich auch überblicken
5 zu können. Er maßte sich an, frei über seine Figuren verfügen zu dürfen. Er war sicher, alle ihre Taten und Empfindungen zu kennen, alle ihre Gedanken zu durchschauen. Ob er wie ein Gott waltete oder nicht – gewiss ist, dass er das Dasein für erkennbar hielt. Und das Erkennbare für erzählbar. Diese Überzeugung geht dem moder-
10 nen Romancier ab.
Balzac, Tolstoj und Fontane verwandelten das Leben in deutliche und übersichtliche epische Landschaften. Proust, Kafka und Joyce, André Gide, Virgina Woolf und Faulkner hielten es hingegen für ihre künstlerische Pflicht, epische Landschaften zu entwerfen, die der Undeut-
15 lichkeit und der Unverständlichkeit des Lebens gerecht werden sollten. Die einen bewiesen, dass sich alles darstellen und daher auch deuten lässt. Die anderen zeigten, dass sich vieles nicht darstellen und kaum ahnen lässt. Die einen lösten Gleichungen auf, die anderen demonstrierten, dass die Gleichungen nicht aufgehen.
20 Dem Erzähler unseres Jahrhunderts musste somit die souveräne Manier des allwissenden und allgegenwärtigen, des allumfassenden und allmächtigen Autors fragwürdig und verdächtig, wenn nicht gar lächerlich und verlogen erscheinen. In der Omnipräsenz und der Omnipotenz, die seine klassischen Vorgänger für ihre selbstverständ-
25 lichen Privilegien und Pflichten erachteten, sah er nicht mehr als eine veraltete, etwas rührende Konvention und eine nicht mehr erträgliche Fiktion. Daher verzichtete er freiwillig auf eine Macht, die, wie er meinte, auf einem leichtsinnigen und naiven Trugschluss beruhte: Er schränkte die Perspektive ein – meist auf die Erfahrungen und Er-
30 lebnisse eines einzigen Individuums. Er bezog alles auf diese eine Gestalt und schilderte bloß das, was von ihr wahrgenommen werden könnte. Und er hütete sich, sie das menschliche Dasein begreifen und die Zusammenhänge durchschauen zu lassen. So verbarg sich der Autor hinter dem Rücken seines Helden oder seines Icher-
35 zählers, was übrigens in vielen Fällen ein und dasselbe bedeutete.
Eine Erfindung der modernen Literatur ist die Perspektive des vorgeschobenen Berichterstatters natürlich nicht. Schon der Dichter der *Odyssee* hatte sie gekannt. Aber sie erfüllte jetzt eine andere Funktion: Es war das veränderte Verhältnis zum Leben, das die Verände-
40 rung des Blickwinkels zur Folge hatte. Er entsprach der Einsicht der Epiker in die Grenzen ihrer Möglichkeiten, er ergab sich aus der Erkenntnis, dass viele Wege der Kunst des neunzehnten Jahrhunderts nicht mehr begehbar waren und dass zu den Zielen nur noch Umwege führen konnten.
45 Gewiss, immer schon liebte es die Literatur, das Exemplarische mit Hilfe des Extremen sichtbar zu machen und das Zentrale im Exzentrischen zu suchen. Doch nie hatte die Vorliebe für das Indirekte so gute Gründe gehabt, nie war sie so radikal gewesen. Die Schriftstel-

○ **Anwenden, übertragen:**
Reich-Ranickis Auffassung an von ihm genannten Autoren und Romanen überprüfen

○ **Diskutieren, erörtern:**
Gilt Reich-Ranickis Charakterisierung des modernen Romans auch für den Gegenwartsroman seit 1945?

ler wandten sich dem Surrealen zu. Aber um der Realität willen. Sie
50 verfremdeten das Leben. Um es zu vergegenwärtigen. Sie verschwiegen Gefühle. Um Gefühle zu provozieren. Sie erfanden den Anti-Helden und das Understatement. Um dem Heroischen und dem Pathos gerecht zu werden. Sie zeigten das Absurde. Um die Vernunft herauszufordern. Sie ließen den Wahnsinn ausbrechen. Um den Sinn
55 kenntlich zu machen. So wurde die Negation zum entscheidenden Faktor der Kunst, der Literatur.

Diese Negation bezweckt indes nichts anderes als die Verdeutlichung der Phänomene. Die Denaturierung erfolgt um der Natur willen. Erst die Verunstaltung der Wirklichkeit ermöglicht ihre künstleri-
60 sche Gestaltung. Erst aus der Deformation ergibt sich die neue Form. Die Fratze soll aufschrecken und dadurch das Antlitz beschwören. Mit anderen Worten: Die Entstellung des Menschen in der modernen Kunst dient seiner Darstellung.
(1986)

Theodor Fontane
Was soll ein Roman?*

Was soll ein Roman? Er soll uns, unter Vermeidung alles Übertriebenen und Hässlichen, eine Geschichte erzählen, an die wir *glauben*. Er soll zu unserer Fantasie und unserem Herzen sprechen, Anregung geben, ohne aufzuregen; er soll uns eine Welt der Fiktion auf Augen-
5 blicke als eine Welt der Wirklichkeit erscheinen, soll uns weinen und lachen, hoffen und fürchten, am Schluss aber empfinden lassen, teils unter lieben und angenehmen, teils unter charaktervollen und interessanten Menschen gelebt zu haben, deren Umgang uns schöne Stunden bereitete, uns förderte, klärte und belehrte.
10 Das etwa soll ein Roman. (…)

(…) „was soll der *moderne* Roman? Welche *Stoffe* hat er zu wählen? Ist sein Stoffgebiet unbegrenzt? Und wenn *nicht*, innerhalb welcher räumlich und zeitlich gezogenen Grenzen hat er am ehesten Aussicht, sich zu bewähren und die Herzen seiner Leser zu befriedigen?"
15 Für uns persönlich ist diese Fragen-Reihe entschieden. Der Roman soll ein Bild der Zeit sein, der wir selber angehören, mindestens die Widerspiegelung eines Lebens, an dessen Grenze wir selbst noch standen, oder von dem uns unsere Eltern noch erzählten. (…)

Noch einmal also: Der moderne Roman soll ein Zeitbild sein, ein
20 Bild *seiner* Zeit. Alles Epochemachende, namentlich alles Dauernde, was die Erzählungsliteratur der letzten 150 Jahre hervorgebracht hat, entspricht im Wesentlichen dieser Forderung. Die großen englischen Humoristen dieses und des vorigen Jahrhunderts schilderten *ihre* Zeit; der französische Roman trotz des älteren Dumas, ist ein
25 Sitten- und Gesellschafts-Roman; Jean Paul, Goethe, ja Freytag selbst (in „Soll und Haben") haben aus *ihrer* Welt und *ihrer* Zeit heraus geschrieben.

So die Regel. Aber, wie schon angedeutet, die Regel erleidet Ausnahmen. Wir zählen dahin den *dramatischen* Roman, den *romantischen*
30 Roman und unter Umständen (aber freilich mit starken Einschränkungen) auch den *historischen* Roman. Diese haben das Vorrecht, die Frage nach dem Jahrhundert ignorieren und ihre Zelte allerorten und allerzeiten aufschlagen zu dürfen. *(1875)*

○ **Vergleichen, beziehen:**
Fontanes Romanverständnis mit der entsprechenden Darstellung bei Reich-Ranicki vergleichen

○ **Anwenden, übertragen:**
Fontanes Romanverständnis anhand eines seiner Romane überprüfen

Uwe Johnson
Vorschläge zur Prüfung eines Romans (Auszug)

Neu wäre ein Roman, der zu tun hat mit der Zeit, in der der Leser lebt.

Nicht etwa, dass wir binnen Jahresfrist in einem Roman jenes Ereignis finden müssten, das im vorigen Frühjahr die Gemüter der Nation und der Fernseher beschäftigte (wie überhaupt ein historischer Katalog aus Romanen nicht erwartet werden kann). (...)

Die Geschichte in einem Roman muss also mehr tun, als der Welt des Lesers etwas hinzufügen. Sie muss sie erweitern, zwar auch durch Neuigkeiten, gründlich aber durch Erfahrung, die der Leser aus Mangel an Zeit oder Erlaubnis bisher versäumte, sodass er wählen kann, ob er sie probieren will oder vermeiden. Das wäre was Neues. (...)

Zur „Schwierigkeit" neuartiger Romane:
Das Problem von Form und Inhalt darf nicht mehr sichtbar sein. Die Geschichte muss sich die Form auf den Leib gezogen haben. Die Form hat lediglich die Aufgabe, die Geschichte unbeschädigt zur Welt zu bringen. Sie darf vom Inhalt nicht mehr ablösbar sein. (...)

Zugegeben, die Manieren neuerer Romane können weit weg sein von den Wahrnehmungsfähigkeiten des Publikums. Wie in anderen Künsten auch.

Das mag ein Dilemma sein. Eine Alternative ist es nicht. (...)

Ein Roman ist keine revolutionäre Waffe. Er bringt nicht unmittelbare politische Wirkung hervor. Die taktischen Aussichten sind ärmlich, strategische kaum nachweisbar.

Gedenken Sie der Millionen jenes Romans zum Weltkrieg I, und gedenken Sie der Millionen, die der Wehrdienstpflicht von 1935 gehorchten.

Gedenkt des Generals Friedrich Engels und seiner Auskunft an die bedauernswerte Miss Emma Harkness: sie habe ihren Roman verdorben, indem sie ihn für ihre politischen Absichten benutzte.

Warnung vor dem Hunde: Wenn ein Roman als ein Ziel die Abschaffung eines bestimmten Gesetzes oder die Förderung einer politischen Gruppe ankündigt, bekommt Ihr nicht einen Roman, sondern, mit Glück, ein Behältnis mit Agitationsmaterial. Wenn eine politische Gruppe im Besitz der Macht bei den Romanschreibern des Landes eine Version der Vergangenheit in Auftrag gibt, wie sie nicht verlief, oder, ebenso, einer Gegenwart, wie sie sein sollte nach den Wünschen der Regierung, wird die Erinnerung an die tatsächlichen Vorgänge, desgleichen die Kenntnis davon, bei den Lesern die Oberhand behalten, und solche Romane werden schon als Information auf Gegenwehr stoßen.

Wozu also taugt der Roman?

Er ist ein Angebot. Sie bekommen eine Version der Wirklichkeit.

Es ist nicht eine Gesellschaft in der Miniatur und es ist kein maßstäbliches Modell. Es ist auch nicht ein Spiegel der Welt und weiterhin nicht ihre Widerspiegelung; es ist eine Welt, gegen die Welt zu halten.

Sie sind eingeladen diese Version der Wirklichkeit zu vergleichen mit jener, die Sie unterhalten und pflegen. Vielleicht passt der andere, der unterschiedliche Blick in die Ihre hinein.

Verteidigen Sie Ihre Unabhängigkeit bis zur letzten Seite des Buches. Wird Ihnen ausdrücklich gesagt, was der Roman zu sagen versuchte, ist dies der letzte Augenblick zur Entfernung des Buches. Sie haben sich das

---

● **Vergleichen, beziehen:**
Johnsons Auffassung von der Aufgabe des Romans mit anderen Auffassungen zur Funktion von Literatur vergleichen (siehe „Zur Rolle des Schriftstellers in der Gesellschaft", S. 104 ff.)

● **Anwenden, übertragen:**
Johnsons „Prüfkriterien" eines Romans auf Romanbeispiele anwenden und einschätzen

Uwe Johnson und Max Frisch in Frankfurt am Main 1981

Recht erworben auf eine Geschichte. Die Lieferung einer Quintessenz oder einer Moral ist Bruch des Vertrages. Mit dem Roman ist die Geschichte versprochen.
Was dazu gesagt wird, sagen Sie.
Der Roman muss Sie unterhalten.
Unterhalten in allen Bedeutungen des Wortes: Wie man unterhalten werden kann durch ein Schauspiel, durch eine Musik, durch ein spielendes Kind; wie eine Brücke, ein Verkehr, ein Haushalt unterhalten wird.
Als ob Sie solcher Nachrichten von Ihren Nachbarn bedürftig wären.
Dann wäre zumindest Teilung der Arbeit festzustellen. Während Sie anders beschäftigt sind, beschafft der Romanschreiber Ihnen Unterhaltung und Information.
Dann hätte er seine Verantwortung gegenüber der Gesellschaft, sofern sie einseitig bestehen kann, erfüllt.
(1975)

Max Frisch
Beim Lesen

Carlo Levi, ein italienischer Maler, von den Faschisten für viele Jahre verbannt, schreibt das Buch seiner Verbannung, Schilderung einer wüstenhaften Gegend, einer fast heidnischen Hinterwelt, die eigentlich niemand kennt, auch die Italiener nicht; das Buch, anständig geschrieben, nicht außerordentlich, wird zum außerordentlichen Erfolg in Italien und darüber hinaus –
Warum?
Vermutlich aus dem gleichen Grund, warum Europa, das heutige, keine epische Dichtung mehr hat, wie die Amerikaner sie haben, wie die Russen sie haben könnten.
Räume unbekannten Lebens, unerfahrene Räume, Welt, die noch nicht geschildert worden ist, nennenswert als Fakt, das ist der Raum der Epik. Europa hat sich in allen landschaftlichen, in allen historischen, aber auch in fast allen gesellschaftlichen Räumen schon oft genug, meisterhaft genug, mehr als genug geschildert; die epische Eroberung, die die Dichtung junger Völker beherrscht, ist so weit noch möglich, wie es etwa in der Schweiz noch einzelne unbestiegene Nebengipfel geben mag; eine ganze Welt aber, eine entscheidend andere, eine Terra incognita, die unser Weltbild wesentlich verändern könnte, haben unsere Epiker nicht mehr abzugeben.

Episch ist die Schilderung, die Mitteilung, nicht die Auseinandersetzung – die Auseinandersetzung mit einer Welt, die nur insofern geschildert wird, als sie zur Auseinandersetzung unerlässlich ist, erfüllt sich im Drama, dort am lautersten; der Roman, der sich auseinandersetzt, ist schon eine epische Spätlese: – die kostümierte Essayistik bei Thomas Mann.
Schilderung – muß aber nicht die Schilderung einer vorhandenen Welt sein; es kann auch eine entworfene Welt sein. Am Anfang ist es das immer; die Sage. Und am Ende, gleichsam als letzte epische Chance, steht die Phantastik.
(Homer, Balzac, Kafka.)
Hinter der homerischen Lust, zu schildern, steht das schöpferische Bedürfnis, sich eine Welt zu geben. Die Epik, die homerische, als Mutter unsrer Welten: erst dadurch, daß eine Welt erzählt wird, ist sie da. Und erst wenn sie da ist, kann sie erobert werden, wie es heute noch die amerikanische Epik tut. Und erst wenn sie erobert ist, kann die Auseinandersetzung mit ihr beginnen –.
(Was mich an der amerikanischen Epik am meisten erregt: das Hinnehmende, die urteilfreie Neugierde, das aufregende Ausbleiben der Reflexion.)
Terra incognita – wenn es stimmt, daß dies der Raum der echten Epik ist, ließe sich ja denken, daß das Neue an unsrer Gegenwart, das Nie-Gewesene beispielsweise der zerstörten Städte, eine epische Chance darstelle. Warum stimmt das nicht? Weil es wesentlich keine neue Welt ist, die da ans Licht zu heben wäre durch epische Entdeckung; sondern durch das zerstörte Gesicht jener alten, die wir kennen, und nennenswert nur in der Abweichung, will sagen: die Ruine setzt voraus, daß wir ihre frühere Ganzheit kennen oder ahnen, sie ist wenig ohne die Folie ihres Gestern, nennenswert nur durch Vergleich, durch Reflexion –. *(1948)*

○ **Vergleichen, beziehen:**
– Frischs Romanverständnis mit dem Johnsons vergleichen
– sein Romanverständnis auf einen seiner Romane beziehen

Klaus Modick
Sechs goldene Regeln für den sicheren Weg zum Erfolgsroman*

Angesichts der Stapelware so genannter Erfolgsromane, die gebirgsgleich in den Buchhandlungen aufragen, fragt sich unsereiner, dessen Werke in der Abseitigkeit von Regalen eine Existenz mit dem Rücken zur Wand fristen, gelegentlich nicht ohne Neid nach den tieferen Geheimnissen der Bestseller-Produktion.

Im Herbst der irrwitzigsten Bestseller-Materialschlacht, die der deutsche Buchmarkt je erlebt hat, wollte ich es endlich genau wissen und schmökerte mich durch die Neuheiten so einschlägig bekannter Erfolgsautoren wie Isabel Allende, Ken Follett, Marianne Fredriksson, Amelie Fried, Noah Gordon und Tom Wolfe. Als Ergebnis dieser aufopferungsvollen Lektüre erschloss sich mir das ultimative, aus sechs goldenen Regeln bestehende Erfolgsrezept.

~

1. „Die Welt ist groß und das Leben lang" (Allende) oder: Handlung ist alles! Das Liebesleben Jesu und die Evangelien als patriarchalisches Machtinstrument (Fredriksson), die feine Welt des alten Valparaiso und der Goldrausch in Kalifornien (Allende), die spanische Inquisition mit ihren Judenverfolgungen und, weil nur Medicus drin ist, wo Medicus draufsteht, mittendrin der gute Doktor (Gordon), ein künstliches Erdbeben in Kalifornien (Follett), der legendäre amerikanische Süden und die Hochfinanz (Wolfe) – der Bestseller kleckert nicht, sondern klotzt weltgeschichtlich, oder wenn er doch kleckert wie im Fall Amelie Fried, müssen eben Mord und Vergewaltigung das Provinzielle ins Monströse wuchten. Schopenhauers Einsicht, es sei nicht Aufgabe des Romanciers große Ereignisse darzustellen, sondern kleine interessant zu machen, hat ausgedient. Nicht die Darstellung, nicht das literarische Wie bestimmt diese Bücher, sondern ihre gewaltigen oder zumindest gewaltig aufgeblasenen Gegenstände, das Was.

> **TOM WOLFE**
> Ein ganzer Kerl
> *Roman. Aus dem Amerikanischen von Benjamin Schwarz*
> 926 S.
>
> **MARIANNE FREDRIKSSON**
> Maria Magdalena
> *Roman. Aus dem Schwedischen von Senta Kapoun*
> 284 S.
>
> **KEN FOLLETT**
> Die Kinder von Eden
> *Roman. Aus dem Englischen von Till R. Lobmeyer und Wolfgang Neuhaus*
> 528 S.

~

2. „Ausgesprochen attraktiv" (Fried) oder: Stil ist nichts! Bestseller müssen nicht nur schnell umgeschlagen, sie wollen auch schnell konsumiert werden. Solche Bücher werden nicht gelesen, sie werden verschlungen. Daher die Plättung und Konventionalisierung der Sprache, die gedanklich und sprachlich völlige Reibungslosigkeit erzeugt. Nichts darf irritieren, nichts innehalten lassen. Hier soll gelesen, nicht nachgedacht werden.

Ob bei Follett die Haut „makellos" oder bei Wolfe „wunderschön weiß" ist, ob bei Allende das Lachen „kristallklar" ist und „Augen aus Stahl" sind, ob uns Fried Typen vorsetzt, die „ausgesprochen attraktiv" aussehen oder, der Einfachheit halber, ein „Durchschnittsgesicht ohne besondere Auffälligkeiten" haben – in solcher Prosa, die auf der Müllkippe der wohlfeilsten und abgenutztesten Adjektive ihr Material aufsammelt, herrscht überall die schlichte Charakterisierungsmethode des Abziehbilds.

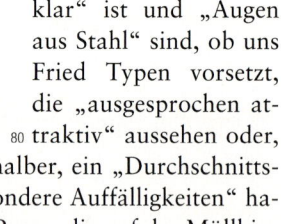

~

3. „Stampf, brännnng, trrrilll." (Wolfe) oder: Mut zur Sprechblase! Wo Beine „tschok, tschok, tschok" (Fried) oder

„stampf stampf stampf" (Wolfe) und Herzen „tak-tarak-tak" (Fried) machen, wo Alarmanlagen „bränning bränning" und Klospülungen „gluckgluckgluck", zur Abwechslung aber auch „glug glug glug" (Wolfe) tönen, und wo Sex – „so intensiv wie lange nicht mehr" – sich so anhört: „Aaaah, ooohh, ja, oh ja" (Fried), da finden wir uns in einer infantilen Sprechblasenrhetorik wieder, die keine Mühe mehr darauf verwendet, die Phänomene sprachlich zu gestalten. Die Menschen und Welten dieser Bücher werden deshalb literarisch auch eigentlich nicht mehr geschaffen, werden durch Sprache nicht her- und dargestellt, sondern es sind behauptete Figuren, die sich stets auf sprachlich vertrautem Gelände bewegen, mag es sich noch so exotisch und pittoresk gebärden. Daher die Ikea-Idylle, in die Fredriksson ihren biblischen Votivkitsch tunkt, daher die aseptische Wartezimmer-Atmosphäre im Gemetzel der Inquisition bei Noah Gordon, der Blockflötencharme der „Bedrohlichkeit" bei Fried und die romantische Gemütlichkeit von Allendes Wildem Westen.

> **AMELIE FRIED**
> DER MANN VON NEBENAN
> Roman. 320 S.
>
> **NOAH GORDON**
> DER MEDICUS VON SARAGOSSA
> Roman. Aus dem Amerikanischen
> von Klaus Berr
> 512 S.
>
> **ISABEL ALLENDE**
> FORTUNAS TOCHTER
> Roman. Aus dem Spanischen
> von Lieselotte Kolanoske
> 486 S.

4. „Ständer wie ein Flaggenmast" (Follett) oder: *Sex sells*! Die Gemeuchelten und Vergewaltigten sind in diesen Büchern Legion. Gewalt verkauft sich gut und sie verkauft sich noch besser, wenn sie mit Sex verkuppelt wird. Dessen Spielarten reichen von „Pobacken und Brüsten" aus frischen Brötchen (Fried) bis zu „Titten wie gezückte Pistolen" (Follett), von der zarten „Knospe der Klitoris" (Allende) bis zum Medicus-korrekten „knapp erbsengroßen Organ", dem „Quell weiblicher Erregung" (Gordon) und kulminieren bei Wolfe zum kosmischen Orgasmus: „Die Planeten kollidieren. Die Erde schwankt. Sex! Wollust! Unaufhaltsam!"

5. „Süße der Nächte" (Fredriksson) oder: *Kitsch as kitsch can*! Vorm Kitsch ist vor allem den drei Autorinnen nicht bang; wenn bei Fried etwa ein See „zauberhaft und unberührt" vor sich hin träumt und das Herz der Allende'schen Heroine immer mal wieder „Galopp läuft". Als Meisterin des Schmiermittels fürs Sentiment entpuppt sich allerdings Fredriksson, deren Roman von A bis Z in Schmalz gehauen ist. Da „flüstert der Wind in hohen Zypressen" und die Puff erprobte Maria, die Jesus zum Manne macht, lässt „die Lust über Schenkel und Brüste fließen". In einer sich edel gebenden Einfalt wird ununterbrochen von Unsagbarem, Besinnlichem, Schicksalhaftem und Unergründlichem geraunt. Denken verboten! Schließlich habe schon Jesus nicht zum Verstand, sondern zum Herzen gesprochen. Und das tun diese Bücher mehr oder minder alle.

6. „In Gottes Hand" (Gordon) oder: Alles wird gut! Erfolgsromane dieses Schlags sind in der Literatur, was in der Musik der Schlager ist. „Sehnsucht nach Zärtlichkeit und Ordnung" (Allende) findet hier ihre kalkulierte Befriedigung. Wenn Wolfes fulminanter Kotzbrocken Croker am Ende zum Stoizismus predigenden Gutmenschen mutiert, Maria Magdalena dem Puff entsagt, Allendes Heldin im Hafen der glücklichen Ehe festmacht oder der gebeutelte Jude von Saragossa auf Gott vertraut, ist alle Wirrnis der Plots geglättet und die Welt in jener Ordnung, in der sie noch nie war.

P.S.: Und weil ich jetzt endlich weiß, wie's gemacht wird, fang ich gleich morgen an, meinen ersten Bestseller zu schreiben. Unter Pseudonym.
(1999)

○ **Diskutieren, erörtern:**
Modicks Kritik am Trivialroman

3.4 Drama

Aristoteles
Poetik (Auszug)

Die Tragödie ist die Nachahmung einer edlen und abgeschlossenen Handlung von einer bestimmten Größe in gewählter Rede, derart, dass jede Form solcher Rede in gesonderten Teilen erscheint und dass gehandelt und nicht berichtet wird und dass mit Hilfe von Mitleid[1] und Furcht[2] eine Reinigung[3] von eben derartigen Affekten bewerkstelligt wird. (…)

Da der Aufbau der Tragödie, wenn sie so schön als möglich sein soll, nicht einfach sein darf, sondern verschlungen, und da sie Nachahmung von Furcht- und Mitleiderregendem sein soll (denn dies ist die Eigenart dieser Nachahmung), so ist es zuerst klar, dass nicht anständige Leute beim Umschlag von Glück in Unglück gezeigt werden sollen (denn dies erzeugt nicht Furcht oder Mitleid, sondern Widerwillen) und auch nicht der Übergang schlechter Menschen von Unglück zu Glück (denn dies läuft der Tragödie völlig zuwider, da keine der geforderten Wirkungen sich einstellt: Es ist weder menschenfreundlich noch Mitleid erregend, noch erschreckend) noch darf der gar zu Schlechte von Glück in Unglück stürzen (eine solche Erfindung ist zwar menschenfreundlich, enthält aber weder Furcht noch Mitleid; Mitleid entsteht nur, wenn der, der es nicht verdient, ins Unglück gerät, Furcht, wenn es jemand ist, der dem Zuschauer ähnlich ist. Also entsteht in diesem Fall weder das eine noch das andere).

Es bleibt also nur der Fall dazwischen übrig. Er tritt ein, wenn einer weder an Tugend und Gerechtigkeit ausgezeichnet ist noch durch Schlechtigkeit und Gemeinheit ins Unglück gerät, sondern dies erleidet durch irgendeinen Fehler. Und zwar muss er zu denjenigen zählen, die großen Ruhm und Glück gehabt haben, wie Oedipus oder Thyestes oder andere berühmte Männer aus einem solchen Geschlechte.

(um 330 v. u. Z.)

[1] griech.: ἔλεος (éleos)
[2] griech.: φόβος (phóbos)
[3] griech.: κάθαρσις (kátharsis)

Untersuchen, erkunden:
- sich über das antike „Mimesis"-Konzept informieren und Aristoteles' Tragödiendefinition (Z. 1–9) erläutern
- die „Katharsis"-Theorie als eine psychologische Wirkungstheorie der Tragödie analysieren; dazu die griechischen Begriffe ἔλεος (= Jammer) und φόβος (= Schauder) mit den lateinischen Übersetzungsbegriffen misericordia (= Mitleid) und metus (= Furcht) vergleichen und die ethisch-christliche Umdeutung der Auffassung des Aristoteles klären
- Aristoteles' Figurenkonzept des „mittleren Helden" am Text untersuchen

Vergleichen, beziehen:
Aristoteles' Tragödientheorie mit Brechts „anti-aristotelischem" Konzept des „epischen Theaters" vergleichen (vgl. S. 101 f.)

Katharsis (griechisch „Reinigung"): Zentralbegriff der Tragödientheorie des Aristoteles („Poetik"). Danach löst die Tragödie, indem sie „Jammer" und „Schaudern" (griechisch éleos und phóbos) bewirkt, eine „Reinigung" des Zuschauers „von eben derartigen Affekten" aus. „Jammer" und „Schaudern" waren bei Aristoteles in erster Linie als seelische Erregungszustände aufgefasst, die sich in heftigen körperlichen Prozessen äußern. Die neuzeitliche Diskussion des Katharsisbegriffs setzte mit dem Humanismus ein. Die übliche Wiedergabe von griechisch éleos („Jammer") und phóbos („Schaudern") durch lateinisch misericordia („Mitleid") und lateinisch metus („Furcht"; neben terror „Schrecken") bedeutete dabei im Ansatz eine Neuinterpretation des Aristoteles. Der Begriff wurde ethisch gedeutet als Reinigung von den Leidenschaften, die in der Tragödie zur Darstellung kommen. Für G. E. Lessing („Hamburgische Dramaturgie", 1767 bis 1769, 73.–78. Stück) war der entscheidende Affekt, den die Tragödie beim Zuschauer auslöst, das Mitleid; Furcht wurde diesem untergeordnet; unter Katharsis verstand er die „Verwandlung" der durch die Tragödie erregten Affekte „in tugendhafte Fertigkeiten". Nach Goethes Aristotelesinterpretation war die Katharsis die alle Leidenschaften ausgleichende „aussöhnende Abrundung" der Tragödie.

(aus: Schüler-DUDEN Literatur)

Gotthold Ephraim Lessing
Hamburgische Dramaturgie (Auszug)

(75. Stück, den 19. Januar 1768)

Er, Aristoteles, ist es gewiss nicht, der die mit Recht getadelte Einteilung der tragischen Leidenschaften in Mitleid und Schrecken gemacht hat. Man hat ihn falsch verstanden, falsch übersetzt. Er spricht von Mitleid und Furcht, nicht von Mitleid und Schrecken; und seine Furcht ist durchaus nicht die Furcht, welche uns das bevorstehende Übel eines anderen, für diesen andern, erweckt, sondern es ist die Furcht, welche aus unserer Ähnlichkeit mit der leidenden Person für uns selbst entspringt; es ist die Furcht, dass die Unglücksfälle, die wir über diese verhänget sehen, uns selbst treffen können; es ist die Furcht, dass wir der bemitleidete Gegenstand selbst werden können. Mit einem Worte: Diese Furcht ist das auf uns selbst bezogene Mitleid. (…)

Es beruhet aber alles auf dem Begriffe, den sich Aristoteles von dem Mitleiden gemacht hat. Er glaubte nämlich, dass das Übel, welches der Gegenstand unsers Mitleidens werden solle, notwendig von der Beschaffenheit sein müsse, dass wir es auch für uns selbst, oder für eines von den Unsrigen, zu befürchten hätten. Wo diese Furcht nicht sei, könne auch kein Mitleiden stattfinden. Denn weder der, den das Unglück so tief herabgedrückt habe, dass er weiter nichts für sich zu fürchten sähe, noch der, welcher sich so vollkommen glücklich glaube, dass er gar nicht begreife, woher ihm ein Unglück zustoßen könne, weder der Verzweifelnde noch der Übermütige, pflege mit andern Mitleid zu haben. Er erkläret daher auch das Fürchterliche und das Mitleidswürdige, eines durch das andere. Alles das, sagt er, ist uns fürchterlich, was, wenn es einem andern begegnet wäre oder begegnen sollte, unser Mitleid erwecken würde: Und alles das finden wir mitleidswürdig, was wir fürchten würden, wenn es uns selbst bevorstünde. Nicht genug also, dass der Unglückliche, mit dem wir Mitleiden haben sollen, sein Unglück nicht verdiene, ob er es sich schon durch irgendeine Schwachheit zugezogen: Seine gequälte Unschuld oder vielmehr seine zu hart heimgesuchte Schuld sei für uns verloren, sei nicht vermögend unser Mitleid zu erregen, wenn wir keine Möglichkeit sähen, dass uns sein Leiden auch treffen könne. Diese Möglichkeit aber finde sich alsdenn und könne zu einer großen Wahrscheinlichkeit erwachsen, wenn ihn der Dichter nicht schlimmer mache, als wir gemeiniglich zu sein pflegen, wenn er ihn vollkommen so denken und handeln lasse, als wir in seinen Umständen würden gedacht und gehandelt haben oder wenigstens glauben, dass wir hätten denken und handeln müssen: Kurz, wenn er ihn mit uns von gleichem Schrot und Korne schildere. Aus dieser Gleichheit entstehe die Furcht, dass unser Schicksal gar leicht dem seinigen eben so ähnlich werden könne, als wir ihm zu sein uns selbst fühlen: Und diese Furcht sei es, welche das Mitleid gleichsam zur Reife bringe.

So dachte Aristoteles von dem Mitleiden und nur hieraus wird die wahre Ursache begreiflich, warum er in der Erklärung der Tragödie, nächst dem Mitleiden, nur die einzige Furcht nannte. Nicht als ob diese Furcht hier eine besondere, von dem Mitleiden unabhängige Leidenschaft sei, welche bald mit bald ohne dem Mitleid, so wie das Mitleid bald mit bald ohne ihr, erreget werden könne; welches die Missdeutung des Corneille war: sondern weil, nach seiner Erklärung des Mitleids, dieses die Furcht notwendig einschließt; weil nichts unser Mitleid erregt, als was zugleich unsere Furcht erwecken kann. *(1768)*

Titelblatt der Ausgabe von 1779

○ **Am Text erarbeiten:** Lessings Umdeutung der aristotelischen „psychologischen" Katharsis-Theorie in eine aufklärerisch-ethische Wirkungstheorie des Theaters

○ **Anwenden, übertragen:** Lessings Tragödienverständnis am Beispiel seines „Bürgerlichen Trauerspiels" „Emilia Galotti" veranschaulichen

Friedrich Schiller
Die Schaubühne als moralische Anstalt betrachtet (Auszug)

Die Gerichtsbarkeit der Bühne fängt an, wo das Gebiet der weltlichen Gesetze sich endigt. Wenn die Gerechtigkeit für Gold verblindet und im Solde der Laster schwelgt, wenn die Frevel der Mächtigen ihrer Ohnmacht spotten und Menschenfurcht den Arm der Obrigkeit bindet, übernimmt die Schaubühne Schwert und Waage und reißt die Laster vor einen schrecklichen Richterstuhl. Das ganze Reich der Fantasie und Geschichte, Vergangenheit und Zukunft stehen ihrem Wink zu Gebot. Kühne Verbrecher, die längst schon im Staub vermodern, werden durch den allmächtigen Ruf der Dichtkunst jetzt vorgeladen und wiederholen zum schauervollen Unterricht der Nachwelt ein schändliches Leben. Ohnmächtig, gleich den Schatten in einem Hohlspiegel, wandeln die Schrecken ihres Jahrhunderts vor unsern Augen vorbei und mit wollüstigem Entsetzen verfluchen wir ihr Gedächtnis. Wenn keine Moral mehr gelehrt wird, keine Religion mehr Glauben findet, wenn kein Gesetz mehr vorhanden ist, wird uns Medea noch anschauern, wenn sie die Treppen des Palastes herunterwankt und der Kindermord jetzt geschehen ist. Heilsame Schauer werden die Menschheit ergreifen und in der Stille wird jeder sein gutes Gewissen preisen, wenn Lady Macbeth, eine schreckliche Nachtwandlerin, ihre Hände wäscht und alle Wohlgerüche Arabiens herbeiruft, den hässlichen Mordgeruch zu vertilgen. Wer von uns sah ohne Beben zu, wen durchdrang nicht lebendige Glut zur Tugend, brennender Hass des Lasters, als, aufgeschreckt aus Träumen der Ewigkeit, von den Schrecknissen des *nahen* Gerichts umgeben, Franz von Moor aus dem Schlummer sprang, als er, die Donner des erwachten Gewissens zu übertäuben, Gott aus der Schöpfung leugnete und seine gepresste Brust, zum letzten Gebete vertrocknet, in frechen Flüchen sich Luft machte? – –
(…)

Es ist nicht Übertreibung, wenn man behauptet, dass diese auf der Schaubühne aufgestellten Gemälde mit der Moral des gemeinen Manns endlich in eins zusammenfließen und in einzelnen Fällen seine Empfindung bestimmen. Ich selbst bin mehr als einmal ein Zeuge gewesen, als man seinen ganzen Abscheu vor schlechten Taten in dem Scheltwort zusammenhäufte: Der Mensch ist ein Franz Moor. Diese Eindrücke sind unauslöschlich und bei der leisesten Berührung steht das ganze abgeschreckende Kunstgemälde im Herzen des Menschen wie aus dem Grabe auf. So gewiss sichtbare Darstellung mächtiger wirkt als toter Buchstabe und kalte Erzählung, so gewiss wirkt die Schaubühne tiefer und dauernder als Moral und Gesetze. (…)

Die Schaubühne ist die Stiftung, wo sich Vergnügen mit Unterricht, Ruhe mit Anstrengung, Kurzweil mit Bildung gattet, wo keine Kraft der Seele zum Nachteil des andern gespannt, kein Vergnügen auf Unkosten des Ganzen genossen wird. Wenn Gram an dem Herzen nagt, wenn trübe Laune unsre einsamen Stunden vergiftet, wenn uns Welt und Geschäfte anekeln, wenn tausend Lasten unsre Seelen drücken und unsre Reizbarkeit unter Arbeiten des Berufs zu ersticken droht, so empfängt uns die Bühne – in dieser künstlichen Welt träumen wir die wirkliche hinweg, wir werden uns selbst wiedergegeben, unsre Empfindung erwacht, heilsame Leidenschaften erschüttern unsre schlummernde Natur und treiben das Blut in frischeren Wallungen. Der Unglückliche weint hier mit fremdem Kummer seinen eigenen aus – der Glückliche wird nüchtern und der Sichere besorgt. Der empfindsame Weichling härtet sich zum Manne, der rohe Unmensch fängt hier zum ersten Mal an zu empfinden. Und dann endlich – welch ein Triumph für dich, Natur – so oft zu Boden getretene, so oft wieder auferstehende Natur – wenn Menschen aus allen Kreisen und Zonen und Ständen, abgeworfen jede Fessel der Künstelei und der Mode, herausgerissen aus jedem Drange des Schicksals, durch *eine* allwebende Sympathie verbrüdert, in *ein* Geschlecht wieder aufgelöst, ihrer selbst und der Welt vergessen und ihrem himmlischen Ursprung sich nähern. Jeder Einzelne genießt die Entzückungen aller, die verstärkt und verschönert aus hundert Augen auf ihn zurückfallen und seine Brust gibt jetzt nur *einer* Empfindung Raum – es ist diese: ein *Mensch* zu sein. (1784)

○ Vergleichen, beziehen:
- Schillers Wirkungstheorie mit der „Katharsis"-Theorie bei Aristoteles und Lessing vergleichen.
- Schillers „Schaubühne"-Konzept mit seinem Konzept der „ästhetischen Erziehung des Menschen" (vgl. S. 26 f.) vergleichen

○ Anwenden, übertragen:
Schillers Theaterverständnis am Beispiel seiner Tragödie „Maria Stuart" erläutern

Bertolt Brecht
Über experimentelles Theater (Auszug)

Die Einfühlung ist ein Grundpfeiler der herrschenden Ästhetik. Schon in der großartigen Poetik des Aristoteles wird beschrieben, wie die Katharsis, das heißt die seelische Läuterung des Zuschauers, vermittels der *Mimesis* herbeigeführt wird. Der Schauspieler ahmt den Helden nach (den Oedipus oder Prometheus), und er tut es mit solcher Suggestion und Verwandlungskraft, daß der Zuschauer ihn darin nachahmt und sich so in Besitz der Erlebnisse des Helden setzt. Hegel, der meines Wissens die letzte große Ästhetik verfaßt hat, verweist auf die Fähigkeit des Menschen, angesichts der vorgetäuschten Wirklichkeit die gleichen Emotionen zu erleben wie angesichts der Wirklichkeit selber. Was ich Ihnen nun berichten wollte, ist, daß eine Reihe von Versuchen, vermittels der Mittel des Theaters ein praktikables Weltbild herzustellen, zu der verblüffenden Frage geführt haben, ob es zu diesem Zweck nicht notwendig sein wird, die Einfühlung mehr oder weniger preiszugeben.

Faßt man nämlich die Menschheit mit all ihren Verhältnissen, Verfahren, Verhaltensweisen und Institutionen nicht als etwas Feststehendes, Unveränderliches auf und nimmt man ihr gegenüber die Haltung ein, die man der Natur gegenüber mit solchem Erfolg seit einigen Jahrhunderten einnimmt, jene kritische, auf Veränderungen ausgehende, auf die Meisterung der Natur abzielende Haltung, dann kann man die Einfühlung nicht verwenden. Einfühlung in änderbare Menschen, vermeidbare Handlungen, überflüssigen Schmerz und so weiter ist nicht möglich. (...)

Die Einfühlung ist das große Kunstmittel einer Epoche, in der der Mensch die Variable, seine Umwelt die Konstante ist. Einfühlen kann man sich nur in den Menschen, der seines Schicksals Sterne in der eigenen Brust trägt, ungleich uns.

Es ist nicht schwer, einzusehen, daß das Aufgeben der Einfühlung für das Theater eine riesige Entscheidung, vielleicht das größte aller denkbaren Experimente bedeuten würde.

Die Menschen gehen ins Theater, um mitgerissen, gebannt, beeindruckt, erhoben, entsetzt, ergriffen, gespannt, befreit, zerstreut, erlöst, in Schwung gebracht, aus ihrer eigenen Zeit entführt, mit Illusionen versehen zu werden. All dies ist so selbstverständlich, daß die Kunst geradezu damit definiert wird, daß sie befreit, mitreißt, erhebt und so weiter. Sie ist gar keine Kunst, wenn sie das nicht tut.

Die Frage lautete also: Ist Kunstgenuß überhaupt möglich ohne Einfühlung oder jedenfalls auf einer andern Basis als der Einfühlung?

Was konnte eine solche neue Basis abgeben? Was konnte an die Stelle von *Furcht* und *Mitleid* gesetzt werden, des klassischen Zwiegespanns zur Herbeiführung der aristotelischen Katharsis? Wenn man auf die Hypnose verzichtet, an was konnte man appellieren? Welche Haltung sollte der Zuhörer einnehmen in den neuen Theatern, wenn ihm die traumbefangene, passive, in das Schicksal ergebene Haltung verwehrt wurde? Er sollte nicht mehr aus seiner Welt in die Welt der Kunst entführt, nicht mehr gekidnappt werden; im Gegenteil sollte er in seine reale Welt eingeführt werden, mit wachen Sinnen. War es möglich, etwa anstelle der Furcht vor dem Schicksal die Wissensbegierde zu setzen, anstelle des Mitleids die Hilfsbereitschaft? Konnte man damit einen neuen Kontakt schaffen zwischen Bühne und Zuschauer, konnte das eine neue Basis für den Kunstgenuß abgeben?

Ich kann die neue Technik des Dramenbaus, des Bühnenbaus und der Schauspielweise, mit der wir Versuche anstellten, hier nicht beschreiben. Das Prinzip besteht darin, anstelle der Einfühlung die *Verfremdung* herbeizuführen.

Was ist Verfremdung? (...)

Verfremden heißt Historisieren, heißt Vorgänge und Personen als historisch, also als vergänglich darstellen. Dasselbe kann natürlich auch mit Zeitgenossen geschehen, auch ihre Haltungen können als zeitgebunden, historisch, vergänglich dargestellt werden.

Was ist damit gewonnen? Damit ist gewonnen, daß der Zuschauer die Menschen auf der Bühne nicht mehr als ganz unänderbare, unbeeinflußbare, ihrem Schicksal hilflos ausgeliefert dargestellt sieht. Er sieht: die-

---

Diesen Vortrag hielt Brecht am 4. Mai 1939 vor Mitgliedern der Studentenbühne in Stockholm.

➔ Gegenüberstellung des dramatischen und epischen Theaters, S. 60 f.

Am Text erarbeiten: Brechts Konzept des „epischen Theaters"

Vergleichen, beziehen: Brechts wirkungsorientiertes Konzept des „epischen Theaters" mit demjenigen von Aristoteles und Lessing vergleichen

> **Anwenden, übertragen:**
> Brechts Konzept des „epischen Theaters" an einem seiner Dramen abprüfen und erläutern

ser Mensch ist so und so, weil die Verhältnisse so und so sind. Und die Verhältnisse
105 sind so und so, weil der Mensch so und so ist. Er ist aber nicht nur so vorstellbar, wie er ist, sondern auch anders, so wie er sein könnte, und auch die Verhältnisse sind anders vorstellbar, als sie sind. Damit ist ge-
110 wonnen, daß der Zuschauer im Theater eine neue Haltung bekommt. Er bekommt den Abbildern der Menschenwelt auf der Bühne gegenüber jetzt dieselbe Haltung, die er als Mensch dieses Jahrhunderts der Natur ge-
115 genüber hat. Er wird auch im Theater empfangen als der große Änderer, der in die Naturprozesse und die gesellschaftlichen Prozesse einzugreifen vermag, der die Welt nicht mehr nur hinnimmt, sondern sie mei-
120 stert. Das Theater versucht nicht mehr, ihn besoffen zu machen, ihn mit Illusionen auszustatten, ihn die Welt vergessen zu machen, ihn mit seinem Schicksal auszusöhnen. Das Theater legt ihm nunmehr die Welt vor zum
125 Zugriff.

(1939)

Friedrich Dürrenmatt
Über Tragödie und Komödie (Auszug)

Die Tragödie setzt Schuld, Not, Maß, Übersicht, Verantwortung voraus. In der Wurstelei unseres Jahrhunderts, in diesem Kehraus der weißen Rasse, gibt es keine Schuldigen
5 und auch keine Verantwortlichen mehr. Alle können nichts dafür und haben es nicht gewollt. Es geht wirklich ohne jeden. Alles wird mitgerissen und bleibt in irgendeinem Rechen hängen. Wir sind zu kollektiv schul-
10 dig, zu kollektiv gebettet in die Sünden unserer Väter und Vorväter. Wir sind nur noch Kindeskinder. Das ist unser Pech, nicht unsere Schuld: Schuld gibt es nur noch als persönliche Leistung, als religiöse Tat. Uns
15 kommt nur noch die Komödie bei. Unsere Welt hat ebenso zur Groteske geführt wie zur Atombombe, wie ja die apokalyptischen Bilder des Hieronymus Bosch auch grotesk sind. Doch das Groteske ist nur ein sinnli-
20 cher Ausdruck, ein sinnliches Paradox, die Gestalt nämlich einer Ungestalt, das Gesicht einer gesichtslosen Welt und genau so wie unser Denken ohne den Begriff des Paradoxen nicht mehr auszukommen scheint, so
25 auch die Kunst, unsere Welt, die nur noch ist, weil die Atombombe existiert: Aus Furcht vor ihr.
Doch ist das Tragische immer noch möglich, auch wenn die reine Tragödie nicht mehr
30 möglich ist. Wir können das Tragische aus der Komödie heraus erzielen, hervorbringen als einen schrecklichen Moment, als einen sich öffnenden Abgrund, so sind ja schon viele Tragödien Shakespeares Komödien,
35 aus denen heraus das Tragische aufsteigt.
Nun liegt der Schluß nahe, die Komödie sei der Ausdruck der Verzweiflung, doch ist dieser Schluß nicht zwingend. Gewiß, wer das Sinnlose, das Hoffnungslose dieser Welt
40 sieht, kann verzweifeln, doch ist diese Verzweiflung nicht eine Folge dieser Welt, sondern eine Antwort, die er auf diese Welt gibt, und eine andere Antwort wäre sein Nichtverzweifeln, sein Entschluß etwa, die
45 Welt zu bestehen.
(...)
Die Brechtsche These, die er in seiner Straßenszene entwickelt, die Welt als Unfall hinzustellen und nun zu zeigen, wie es zu
50 diesem Unfall gekommen sei, mag großartiges Theater geben, was ja Brecht bewiesen hat, doch muß das meiste bei der Beweisführung unterschlagen werden: Brecht denkt unerbittlich, weil er an vieles unerbittlich
55 nicht denkt.
Endlich: Durch den Einfall, durch die Komödie wird das anonyme Publikum als Publikum erst möglich, eine Wirklichkeit, mit der zu rechnen, aber die auch zu berech-
60 nen ist. Der Einfall verwandelt die Menge der Theaterbesucher besonders leicht in eine Masse, die nun angegriffen, verführt, überlistet werden kann, sich Dinge anzuhören, die sie sich sonst nicht so leicht anhören würde.
65 Die Komödie ist eine Mausefalle, in die das Publikum immer wieder gerät und immer noch geraten wird. Die Tragödie dagegen setzt eine Gemeinschaft voraus, die heute nicht immer ohne Peinlichkeit als vorhanden
70 fingiert werden kann: Es gibt nichts Komischeres etwa, als in den Mysterienspielen der Anthroposophen als Unbeteiligter zu sitzen.

(1955)

> **Vergleichen, beziehen:**
> Dürrenmatts Positionsbestimmung gegenüber Brecht untersuchen

Augusto Boal
Theater der Unterdrückten (Auszug)

Der brasilianische Theatermacher Augusto Boal beschreibt hier einige von ihm entwickelte Techniken eines agitatorischen Theaters. Nachdem die Aktivitäten von Boals Teatro de Arena in Sao Paulo 1968 durch die Militärregierung stark eingeschränkt wurden, setzte er seine Theaterarbeit im Untergrund fort. Boals „Unsichtbares Theater" findet meistens außerhalb einer Bühne mitten im Leben statt. Durch inszenierte Szenen sollen Zuschauer aus ihrer passiven Haltung herausgelockt und zu Mitwirkenden gemacht werden. Dieses Theatermodell verbindet eine politisch emanzipatorische Ausrichtung mit konkreten pädagogischen Zielen. Boals Methode steht hier repräsentativ für viele in der Dritten Welt entwickelte Theatermodelle, die außerhalb des konventionellen Theaterbetriebs politisch emanzipatorische Zielsetzungen mit praktischer Lebenshilfe verbinden.

Es wurde schon viel unternommen, um die erstarrten Theaterrituale zu zerbrechen, um die Mauern zwischen Publikum und Schauspielern niederzureißen. Ob nun das Publikum aufgefordert wird, auf die Bühne zu kommen und mitzutanzen wie in *Hair*, mit den Requisiten zu spielen wie in den Vorstellungen des „Great magic circus", ob es mit den Akteuren in unmittelbaren, fast orgiastischen Kontakt tritt wie beim Living Theatre (*Paradise now*) – von wirklicher Gleichberechtigung kann in allen diesen Fällen keine Rede sein. Das Wort behält der Schauspieler, der den Zuschauer dann wieder ins Parkett schickt: „Nun ist's genug." Jeder hat seine Rolle, seinen vorbestimmten Platz.

Auch in der „Theatergeografie", mit dem Bühnenbild, wurden zahlreiche Versuche gemacht, die örtliche Trennung zwischen Schauspieler und Publikum aufzuheben. Von der italienischen Bühne, die Spielfläche und Zuschauerraum streng scheidet, der elisabethanischen Bühne, die in den Zuschauerraum hineinragt, der japanischen Kabuki-Bühne, die rund um den Zuschauerraum verläuft, bis zur Rundbühne und sogar zur Verschmelzung von Bühne und Zuschauerraum reichen die Experimente. Dennoch blieb die Trennung zwischen Agierendem und Betrachtendem erhalten.

Anders das „Unsichtbare Theater". Hier wissen die Zuschauer nicht, dass sie Zuschauer sind, und sind daher gleichzeitig, auch Akteure. Sie agieren gleichberechtigt mit den Schauspielern, die ihnen nur eins voraushaben: Sie wissen, was gespielt wird. Zugleich werden die Schauspieler hier zu Zuschauern. Dieses Theater, das sich von seinen traditionellen Ritualen befreit, braucht nicht die Bühne als Schauplatz: Jeder Schauplatz wird zur Bühne für die Dauer der Handlung.

Das Unsichtbare Theater darf nicht mit dem Happening verwechselt werden. Es hat auch nichts mit dem Guerilla-Theater zu tun. Bei beiden ist von vornherein klar, dass es sich um Theater handelt und es tritt sofort der alte Mechanismus in Kraft: die Scheidung in Zuschauer und Schauspieler. Der Zuschauer ist wie immer zur Handlungsunfähigkeit verurteilt.

Das Unsichtbare Theater geht von einer fest umrissenen Konfliktsituation aus. Es muss bis ins Detail genau vorbereitet werden, nicht nur, was die Szene selbst und das Zusammenspiel der Schauspieler betrifft, sondern auch hinsichtlich der möglichen Mitwirkung der „Zuschauer". Die Schauspieler müssen darauf vorbereitet sein, alle denkbaren Stichworte der Zuschauer in ihr Spiel aufzunehmen. Dieses denkbare Eingreifen muss, soweit möglich, während der Proben vorausgesehen und berücksichtigt werden, sozusagen als wahlfreier Text. Das Unsichtbare Theater ist Kunst, da es eine bestimmte Erkenntnis der Wirklichkeit sinnlich ausdrückt. Es will eine Erfahrung vermitteln, es will etwas anschaulich machen und rekurriert dazu auf sinnliche Mittel. Im Gegensatz zum Happening beharrt es auf einer strukturierten Deutung der Realität. Es verfolgt nicht die Freisetzung von Energie als Selbstzweck, sondern um sie auf bestimmte Ziele zu lenken.

Das Unsichtbare Theater muss sich an einem Ort mit vielen Menschen entladen.
(1979)

> **Diskutieren, erörtern:**
> Übertragbarkeit des „Unsichtbaren Theaters" auf unsere gesellschaftliche Situation

4 Zur Rolle des Schriftstellers in der Gesellschaft

Gottfried Benn
Können Dichter die Welt ändern? (Rundfunk-Dialog, Auszug)

A.: Sie haben in zahlreichen Aufsätzen hinsichtlich der Figur des Dichters einen Standpunkt vertreten, der ungefähr folgendes besagt: Der Dichter hat keine Wirkung auf die Zeit, er greift in den Lauf der Geschichte nicht ein und kann seinem Wesen nach nicht eingreifen, er steht außerhalb der Geschichte. Ist das nicht ein etwas absoluter Standpunkt?

B.: Wünschten Sie, ich hätte geschrieben, der Dichter solle sich für das Parlament interessieren, die Kommunalpolitik, die Grundstückskäufe, die notleidende Industrie oder den Aufstieg des fünften Standes?

A.: Es gibt doch aber eine Reihe namhafter Schriftsteller, die Ihre ablehnende Stellung nicht teilen und aus der Anschauung heraus arbeiten, daß wir an einer Wendung der Zeit stehen, daß ein neuer Menschentyp sich bildet und daß der Weg in eine gänzlich veränderte und bessere Zukunft beschrieben werden kann?

B.: Natürlich können Sie eine bessere Zukunft beschreiben, es gab immer Erzähler der Utopie, zum Beispiel Jules Verne oder Swift. Was die Wendung der Zeit angeht, so habe ich schon wiederholt meine Untersuchungen darauf gerichtet, daß die Zeit sich immer wendet, immer ein neuer Menschentyp sich bildet und daß Formeln wie Menschheitsdämmerung und Morgenröte schon allmählich Begriffe von einer geradezu mythischen Solidität und Regelmäßigkeit darstellen.

A.: Sie halten also jede Beteiligung des Dichters an der Diskussion von Zeitfragen für abwegig?

B.: Für Liebhaberei. Ich sehe, daß eine Gruppe von Schriftstellern für Abschaffung des § 218 eintritt, eine andere für Beseitigung der Todesstrafe. Das ist der Typ von Schriftstellern, der seit der Aufklärung eine sichtbare Stellung in der Öffentlichkeit einnimmt. Sein Gebiet sind lokale Ergreifungen, freigeistige Bestrebungen, in denen der berühmte Kampf Voltaires für Calas und das j'accuse Zolas unverkennbar nachklingt.

A.: Und Sie nehmen diese Richtung der Schriftstellerei in die Grenzen der Dichtung nicht auf?

B.: Erfahrungsgemäß befindet sie sich selten innerhalb dieser Grenzen. Schriftsteller, deren Arbeit auf empirische Einrichtungen der Zivilisation gerichtet ist, treten damit auf die Seite derer über, die die Welt realistisch empfinden, für materiell gestaltet halten und dreidimensional in Wirkung fühlen, sie treten über zu den Technikern und Kriegern, den Armen und Beinen, die die Grenzen verrücken und Drähte über die Erde ziehen, sie begeben sich in das Milieu der flächenhaften und zufälligen Veränderungen, während doch der Dichter prinzipiell eine andere Art von Erfahrung besitzt und andere Zusammenfassungen anstrebt als praktisch wirksame und dem sogenannten Aufstieg dienende.

A.: Sie sagen: der Techniker und der Krieger. Die also allein, meinen Sie, verändern die Welt?

B.: Was sich an ihr verändern läßt. Ja, ich meine allerdings, daß der diesen beiden übergeordnete Begriff, nämlich der des Wissenschaftlers, der eigentliche und prinzipielle Gegenspieler des Dichters ist, der Wissenschaftler, der einer Logik lebt, die angeblich allgemeingültig sein soll, aber doch nur lukrativ ist, der einen Wahrheitsbegriff durchgesetzt hat, der den populären Vorstellungen von Nachprüfbarkeit, allgemeiner Erfahrbarkeit, Verwertbarkeit weitgehend entgegenkommt, und der eine Ethik propagiert, die das Primat des Durchschnitts sichert. Ich begreife, daß ein Volk, das nichts anderes gelernt hat, als Kunst und Wissenschaft immer in einem Atem zu nennen, gierig die Weisheit der Aufklärung in sich aufnehmen mußte, die die beiden Figuren immer nebeneinanderstellt, ganz besonders in einem Jahrhundert, in dem die Wissenschaft wirklich einen Elan hatte, der sich als schöpferisch gab. Aber ich begreife noch mehr: Fahren Sie an einem Sonntag hundert Kilometer nördlich von Berlin in die Gegend des Großen Kurfürsten, Fehrbellin, und die friderizianischen Orte: eine Landschaft kärglich und dürr, gar nicht zu beschreiben, Ort-

---

○ **Anwenden, übertragen:**
– Gedichte Benns (→ „Das Janusgesicht der Moderne", S. 68 f.) zur Veranschaulichung bzw. Überprüfung seiner Position heranziehen
– literarische und theoretische Texte in diesem Buch heraussuchen, die man der Position Benns bzw. der Gegenposition zuordnen könnte

○ **Vergleichen, beziehen:**
Benns Auffassung mit derjenigen Brechts („Über experimentelles Theater", „An die Nachgeborenen"), Enzensbergers („Scherenschleifer und Poeten") und Handkes („Ich bin ein Bewohner des Elfenbeinturms") vergleichen und beurteilen

schaften, die Armut und Notdurft in Person, wahre Brutstätten von Kausaltrieb, da wird es sich für Sie erklären, warum der Dichter der „Penthesilea" [H. v. Kleist] immer eine peinliche und arrogante Figur bleiben mußte in einem Volk, dem aus der Erscheinung des Ackerbürgers und Ortsvorstehers die praktische Nützlichkeit als Grundlage seiner farblosen Empfindungen anerzogen wurde. (…) Man kann es nicht anders ausdrücken: Kunstwerke sind phänomenal, historisch unwirksam, praktisch folgenlos. Das ist ihre Größe.

A.: Das ist doch aber eine vollkommen nihilistische Auffassung von der Dichtung?

B.: Wenn gesellschaftlicher Fortschritt positiv ist, unbedingt. Sehen Sie die Reihe von Kunstwerken, die Ihnen die Geschichte hinterließ, in einem Zug an sich vorüberziehen. Nofretete und den Dorertempel, Anna Karenina oder den Nausikaagesang der Odyssee – nichts an ihnen weist über sich hinaus, nichts bedarf einer Erklärung, nichts will wirken außerhalb seiner selbst, es ist der Zug in sich versunkener Gestalten, schweigsamer und vertiefter Bilder, wenn Sie das nihilistisch nennen wollen, ist es der besondere Nihilismus der Kunst.

(1930)

> **Diskutieren, erörtern:**
> Benns Auffassung erörtern

Bertolt Brecht
An die Nachgeborenen

I
Wirklich, ich lebe in finsteren Zeiten!
Das arglose Wort ist töricht. Eine glatte Stirn
Deutet auf Unempfindlichkeit hin. Der Lachende
Hat die furchtbare Nachricht
Nur noch nicht empfangen.

Was sind das für Zeiten, wo
Ein Gespräch über Bäume fast ein Verbrechen ist
Weil es ein Schweigen über so viele Untaten einschließt!
Der dort ruhig über die Straße geht
Ist wohl nicht mehr erreichbar für seine Freunde
Die in Not sind?

Es ist wahr: ich verdiene noch meinen Unterhalt
Aber glaubt mir: das ist nur ein Zufall. Nichts
Von dem, was ich tue, berechtigt mich dazu, mich sattzuessen.
Zufällig bin ich verschont. (Wenn mein Glück aussetzt, bin ich verloren.)

Man sagt mir: Iß und trink du! Sei froh, daß du hast!
Aber wie kann ich essen und trinken, wenn
Ich dem Hungernden entreiße, was ich esse, und
Mein Glas Wasser einem Verdurstenden fehlt?
Und doch esse und trinke ich.

Ich wäre gern auch weise.
In den alten Büchern steht, was weise ist:
Sich aus dem Streit der Welt halten und die kurze Zeit
Ohne Furcht verbringen
Auch ohne Gewalt auskommen
Böses mit Gutem vergelten
Seine Wünsche nicht erfüllen, sondern vergessen
Gilt für weise.
Alles das kann ich nicht:
Wirklich, ich lebe in finsteren Zeiten.

II
In die Städte kam ich zur Zeit der Unordnung
Als da Hunger herrschte.
Unter die Menschen kam ich zu der Zeit des Aufruhrs
Und ich empörte mich mit ihnen.
So verging meine Zeit
Die auf Erden mir gegeben war.

Mein Essen aß ich zwischen den Schlachten
Schlafen legte ich mich unter die Mörder
Der Liebe pflegte ich achtlos
Und die Natur sah ich ohne Geduld.
So verging meine Zeit
Die auf Erden mir gegeben war.

Die Straßen führten in den Sumpf zu meiner Zeit.
Die Sprache verriet mich dem Schlächter.
Ich vermochte nur wenig. Aber die Herrschenden
Saßen ohne mich sicherer, das hoffte ich.
So verging meine Zeit
Die auf Erden mir gegeben war.

Die Kräfte waren gering. Das Ziel
Lag in großer Ferne
Es war deutlich sichtbar, wenn auch für mich
Kaum zu erreichen.
So verging meine Zeit
Die auf Erden mir gegeben war.

III
Ihr, die ihr auftauchen werdet aus der Flut
In der wir untergegangen sind
Gedenkt
Wenn ihr von unseren Schwächen sprecht
Auch der finsteren Zeit
Der ihr entronnen seid.

Gingen wir doch, öfter als die Schuhe die Länder wechselnd
Durch die Kriege der Klassen, verzweifelt
Wenn da nur Unrecht war und keine Empörung.

Dabei wissen wir doch:
Auch der Haß gegen die Niedrigkeit
Verzerrt die Züge.
Auch der Zorn über das Unrecht
Macht die Stimme heiser. Ach, wir
Die wir den Boden bereiten wollten für Freundlichkeit
Konnten selber nicht freundlich sein.

Ihr aber, wenn es so weit sein wird
Daß der Mensch dem Menschen ein Helfer ist
Gedenkt unsrer
Mit Nachsicht.

(1939)

○ **Anwenden, übertragen:**
die Dramenausschnitte aus „Die heilige Johanna der Schlachthöfe" und „Leben des Galilei" als Beispiele für Brechts Auffassung lesen und prüfen

Peter Handke
Ich bin ein Bewohner des Elfenbeinturms (Auszug)

Eine normative Auffassung von den „Aufgaben" der Literatur verlangt (…) in recht unbestimmten, unklaren Formeln, daß die Literatur die „Wirklichkeit" zeigen solle, wobei diese Auffassung jedoch als Wirklichkeit die konkrete gesellschaftliche Wirklichkeit jetzt, an diesem Ort, in diesem Staat meint. Sie verlangt: wahrhaftig: *verlangt*, eine Darstellung dieser politischen Wirklichkeit, sie verlangt, daß „Dinge beim Namen genannt werden". Sie verlangt dazu eine Geschichte mit handelnden oder nicht handelnden Personen, deren soziale Bedingungen möglichst vollständig aufgezählt werden. Sie verlangt konkrete gesellschaftliche Daten, um dem Autor Bewältigung der Wirklichkeit attestieren zu können. Dieser Auffassung von der Wirklichkeit geht es um eine sehr einfache, aufzählbare, datierbare, pauschale Wirklichkeit. Sie hält es mit der Genauigkeit der Daten, die die Dinge stumpf beim Namen nennen, aber nicht mit der Genauigkeit der subjektiven Reflexe und Reflexionen auf diese Daten. Sie übersieht den Zwiespalt zwischen der subjektiv, willkürlich erfundenen Geschichte, die sie von der Literatur immer noch erwartet, und der dieser erfundenen Geschichte notwendig angepaßten, damit schon verzerrt gezeigten gesellschaftlichen Wirklichkeit. Sie übersieht, daß es in der Literatur nicht darum gehen kann, politisch bedeutungsgeladene Dinge beim Namen zu nennen, sondern vielmehr von ihnen zu abstrahieren. Die Wörter Hitler, Auschwitz, Lübke, Berlin, Johnson, Napalmbomben sind mir schon zu bedeutungsgeladen, zu politisch, als daß ich sie, als Wörter, literarisch noch unbefangen gebrauchen könnte. Wenn ich diese Wörter in einem literarischen Text lese, gleich in welchem Zusammenhang, bleiben sie für mich unwirksam, sind für mich ärgerlich literarisch geworden, lassen mich weder zum Denken kommen noch assoziieren. Jedenfalls erscheinen mir gesellschaftliche oder politische Dinge in der Literatur, naiv beim *Namen* genannt, als Stilbruch, es sei denn, man nimmt die Namen nicht als Bezeichnungen dieser Dinge, sondern als Dinge für sich und zerstört dabei die festgesetzten Bedeutungen dieser Wörter. Es interessiert mich als Autor übrigens gar nicht, die Wirklichkeit zu zeigen oder zu bewältigen, sondern es geht mir darum, *meine* Wirklichkeit zu zeigen (wenn auch nicht zu bewältigen). Das Erforschen und Bewältigen der Wirklichkeit (ich weiß gar nicht, was das ist) überlasse ich den Wissenschaften, die allerdings mir mit ihren Daten und Methoden (soziologischen, medizinischen, psychologischen, juristischen) wieder Material für *meine* Wirklichkeit liefern können. (…)
Eine normative Literaturauffassung freilich bezeichnet mit einem schönen Ausdruck jene, die sich weigern, noch Geschichten zu erzählen, die nach neuen Methoden der Weltdarstellung suchen und diese an der Welt ausprobieren, als „Bewohner des Elfenbeinturms", als „Formalisten", als „Ästheten". So will ich mich gern als Bewohner des Elfenbeinturms bezeichnen lassen, weil ich meine, daß ich nach Methoden, nach Modellen für eine Literatur suche, die schon morgen (oder übermorgen) als realistisch bezeichnet werden wird, und zwar dann, wenn auch diese Methoden schon nicht mehr anwendbar sein werden, weil sie dann eine Manier sind, die nur scheinbar natürlich ist, wie jetzt die Fiktion als Mittel der Wirklichkeitsdarstellung in der Literatur noch immer scheinbar natürlich ist.
(1967)

Vergleichen, beziehen: Handkes Auffassung von der Rolle und Aufgabe des Schriftstellers in die durch Benn markierte Dialektik von absoluter und engagierter Literatur einordnen und diskutieren

Bodo Kirchhoff
Das Schreiben: ein Sturz (Auszug)

Es gab bei uns eine Zeit, in der Schriftsteller Einfluss auf die öffentliche Meinung hatten. Diese Zeit ist vorüber. Der Zusammenbruch des Sozialismus hat die letzten Autoren alten Schlages – Idealisten, Utopisten, Märtyrer, Hofnarren, Renegaten, Zwischen-allen-Stühlen-Sitzer – aus dem Paradies der Freund/Feindverhältnisse vertrieben. Etwas ratlos (wie die Soldaten, die eigentlich nichts mehr zu tun haben) leben sie nun alle, grenzenlos, in Deutschland und hoffen auf Marktanteile.

Wir sind Kollegen in der Ohnmacht. Die Räuber-und-Gendarm-Jahre sind vorbei; wer über das Böse schreibt, muss wieder zur Bibel greifen, wer sich auf den Grund gehen will, muss Physik und Chemie studieren, die alten Griechen lesen und die neuen Feministinnen kennen, eine Psychoanalyse machen und am Ende mit offenen Fragen leben. Unser Einfluss ist winzig geworden.

Ich sage das nicht triumphierend. Es ist eben so. Aber zum Trost gibt es die Medien, zum Trost gibt es die Buchmesse: das Licht, das nicht aus uns kommt, sondern auf uns geworfen wird. Vorübergehend werden wir von vielen bemerkt, das ist unsere Chance – in der Macht von Autorinnen und Autoren liegt es heute, in den Zeiten der Schausucht, nur noch durch Offenheit zu verblüffen. Sie erstatten Selbstanzeige; jede Zeile, die hier steht, soll genau diese Art von Aufmerksamkeit erregen, die der Enthüllung eigener Schwächen stets sicher ist. Nur: Wer auf die Schausucht baut, muss mit seiner Zeigesucht rechnen – und letzten Endes mit einem gewissen Ekel des Publikums. Je öffentlicher sich meine Offenheit vollzieht, desto mehr schwinden Bedeutung und Einfluss des Autors (...).

Das war nicht immer so, wenn man an Brecht und Thomas Mann denkt, an Grass oder Frisch. Was ist geschehen?

Diese Frage führt wieder zur Selbstanzeige. Für mich gilt, dass ich aus dem herkömmlichsten aller Gründe schreibe, nämlich um ein Leiden oder Unbehagen an mir zu mildern, mich also durch Schreiben besser zu fühlen, freilich mit dem Nebeneffekt (im Laufe der Jahre), dass ich dadurch auch besser dastehe; mein Leiden trägt nicht das bleiche Anlitz der Emigration oder die gequälten Züge der Gewissensnot. Mein Leiden äußert sich nicht glaubhaft, leider. Und hätte ich es als Verwalter und Kommentator von Literatur mit mir und meinesgleichen zu tun, würde ich mich vielleicht auch an die lieb gewonnenen Bilder des Jammers klammern und einen Kanon von Namen hochhalten, denen die bewährten Motive anhaften: Verfolgung, Verleumdung, Verbitterung, Einsamkeit, Armut, Wahnsinn. (...)

Meine Zukunft ist jetzt, in der Wüste des Banalen. Dort und sonst nirgends kann ich den Existenzvorsprung erringen, der nötig ist um als Autor glaubhaft zu sein, jenes Lebenssoll, wie es, glorreich, die Alten erfüllten, sofern ich auf Menschen treffe, die wie ich damit zurechtkommen, dass in Mitteleuropa die großen, überpersönlichen Erfahrungen aus erster Hand der Vergangenheit angehören – und dass dieser Mangel Quelle meiner Arbeit ist.

Ich lebe in einem Korridor der Seligen, der immer enger wird: An der Grenze zum früheren Jugoslawien, ja im Osten Berlins hört er schon auf. Von Tag zu Tag werden ich und meinesgleichen weniger repräsentativ für die Lage der Welt, Sterndeuter in einem Schlösschen mit Bibliothek und Wassergraben, umgeben von weiten Gebieten des Elends, nur in Kontakt mit ein paar anderen Schlösschen, verbunden durch eine Sprache, die in den Kontinenten dazwischen keiner versteht. Und wenn ich meinen Ausguck, angsterfüllt, verlasse, wenn ich mir die Fremde aneignen will, werde ich als Dieb betrachtet (was in der Bemerkung einer Kritikerin gipfelte, westdeutsche Autoren nähmen den ostdeutschen die Themen weg, wenn sie über deren Umstände schrieben).

Bleibe ich aber im Lande, was auch heißt: in den Grenzen, die mir gesetzt werden, bei meinen Leisten, und will nicht untergehen, muss ich mich selbst zum Gegenstand meiner Arbeit machen oder, falls mir dies zu gewagt ist, höchst gescheit darüber schreiben, worüber man schreiben sollte, wenn man genügend Wissen besäße, und wie man, bei aller Einsicht in das Unmögliche, gleichwohl hundert Seiten füllt und damit doch zu den Wissenden zählt, also darüber schreiben, dass man eigentlich nicht schreiben kann, es aber dennoch tut und weiß, dass man es dennoch tut, und weiß, dass man weiß, dass man es dennoch tut.

Auf die Väter der Selbsterkenntnis wartete am Ende der Ruhm (und schlimmstenfalls, wie auf Adorno, eine blanke Frauenbrust); auf ihre kritischen Nachkommen – unfähig, die Spirale des Denkens empört oder lachend zu verlassen – wartet das Grauen. Dem renne ich, wissentlich, davon. Wenn es etwas zu sagen gibt, dann über diese Flucht. Nicht Authentizität, nur die Sehnsucht danach bestimmt mein Schaffen. Ich stürze mich in das, wovon ich erzählen will; wenn etwas Interesse wecken kann, dann dieser Sturz. *(1992)*

● **Vergleichen, beziehen:**
- Kirchhoffs Auffassung in die Dichotomie absolute – engagierte Literatur einordnen
- seine Position vor dem Hintergrund der Nach-Wende-Situation (und der „Postmoderne") charakterisieren und erörtern
- seine Auffassung mit derjenigen Handkes vergleichen

● **Anwenden, übertragen:**
literarische Texte der 90er-Jahre unter Kirchhoffs Motto „Das Schreiben: ein Sturz – In der Wüste des Banalen ..." lesen und einschätzen

ANHANG

Epochen und Epochenumbrüche **110**

Umgang mit Gedichten **112**

Umgang mit erzählenden Texten **114**

Umgang mit Sachtexten **116**

Autoren- und Quellenverzeichnis **118**

Abbildungsverzeichnis **120**

EPOCHEN UND EPOCHENUMBRÜCHE

EPOCHEN DER DEUTSCHEN LITERATUR

1500	1600	1700	1720	1740	1760	1780

- Renaissance
- Barock
- Aufklärung
- Empfindsamkeit
- Sturm und Drang

EPOCHENUMBRUCH 18. / 19. JAHRHUNDERT

1700	1750	1800	1850

Biedermeier und Vormärz
Büchner: Dantons Tod (1835)
Heine: Neue Gedichte (1844)

Romantik
Eichendorff: Sehnsucht (1834)
Günderode: Luftschiffer (1806)
E.T.A. Hoffmann: Elixiere (1816)
Kleist: Der zerbrochene Krug (1804)
Jean Paul: Rede (1796)
Novalis: Hymnen (1800)
Fr. Schlegel: Athenäum-Fragment (1801)

Sturm und Drang
Goethe: Götz (1773)
        Werther (1774)
Schiller: Räuber (1781)
        Kabale und Liebe (1784)
Lenz: Zerbin (1776)

Klassik
Goethe: Iphigenie (1787)
        Wilhelm Meisters Lehrjahre (1795)
        Faust I (1808)
Schiller: Briefe über die ästhetische Erziehung (1795)
        Maria Stuart (1800)
Hölderlin: Hyperion (1797)

Empfindsamkeit
Klopstock: Messias (1748)
Claudius: Wandsbecker Bote (1771)

Aufklärung
Brockes: Irdisches Vergnügen in Gott (1721)
Gottsched: Versuch einer critischen Dichtkunst (1730)
Rousseau: Emile (1762)
Kant: Was ist Aufklärung? (1783)
Lessing: Minna von Barnhelm (1767)
        Emilia Galotti (1772)
        Nathan der Weise (1779)

Spätbarock — **Rokoko**

Die **Geschichte der Literatur** kann man mit einem breiten, mächtigen Fluss vergleichen, voller Strömungen, Stauungen, Strudel, Untiefen, Katarakte. Sie durch **„Epochen"** gliedern zu wollen ist ein verständlicher, aber problematischer und im Grunde vergeblicher Versuch. „Offensichtlich bezeichnen Epochenbegriffe etwas, was es in der Realität überhaupt nicht gibt. Sie sind nachträglich gestanzte Spielmarken kluger Konstrukteure … Immer herrscht die Gleichzeitigkeit des Verschiedenen." (Conrady, S. 85; vgl. Rosenberg, S. 84) Dennoch haben sich **Epochengliederungen und Epochenbegriffe** als Strukturierungsversuche eingebürgert (z. B. Barock, Aufklärung, Sturm und Drang, Klassik, Romantik, …). Dabei entstammen die Epochenbezeichnungen ganz unterschiedlichen kulturellen Kontexten (z. B. Politikgeschichte: „Vormärz", Kunstgeschichte: „Barock", Wohnkultur: „Biedermeier", Malerei: „Impressionismus") und werden angesichts der jüngsten Entwicklung im 20. Jahrhundert immer „kurzatmiger" und fragwürdiger (z. B. „Literatur der DDR", „Neue Subjektivität").

Anstatt „Epochen" mit ihren „Merkmalen" sollte man besser **„Epochenumbrüche"** ins Auge fassen, verhältnismäßig kurze Phasen gesellschaftlich-kulturellen Wandels, in denen sich wesentliche Funktionen, Inhalte und Ausdrucksformen der Literatur ändern („umbrechen") und die im Sinne der „Gleichzeitigkeit des Verschiedenen" durch konkurrierende oder parallele, oft einander „überlappende" Strömungen gekennzeichnet sind.

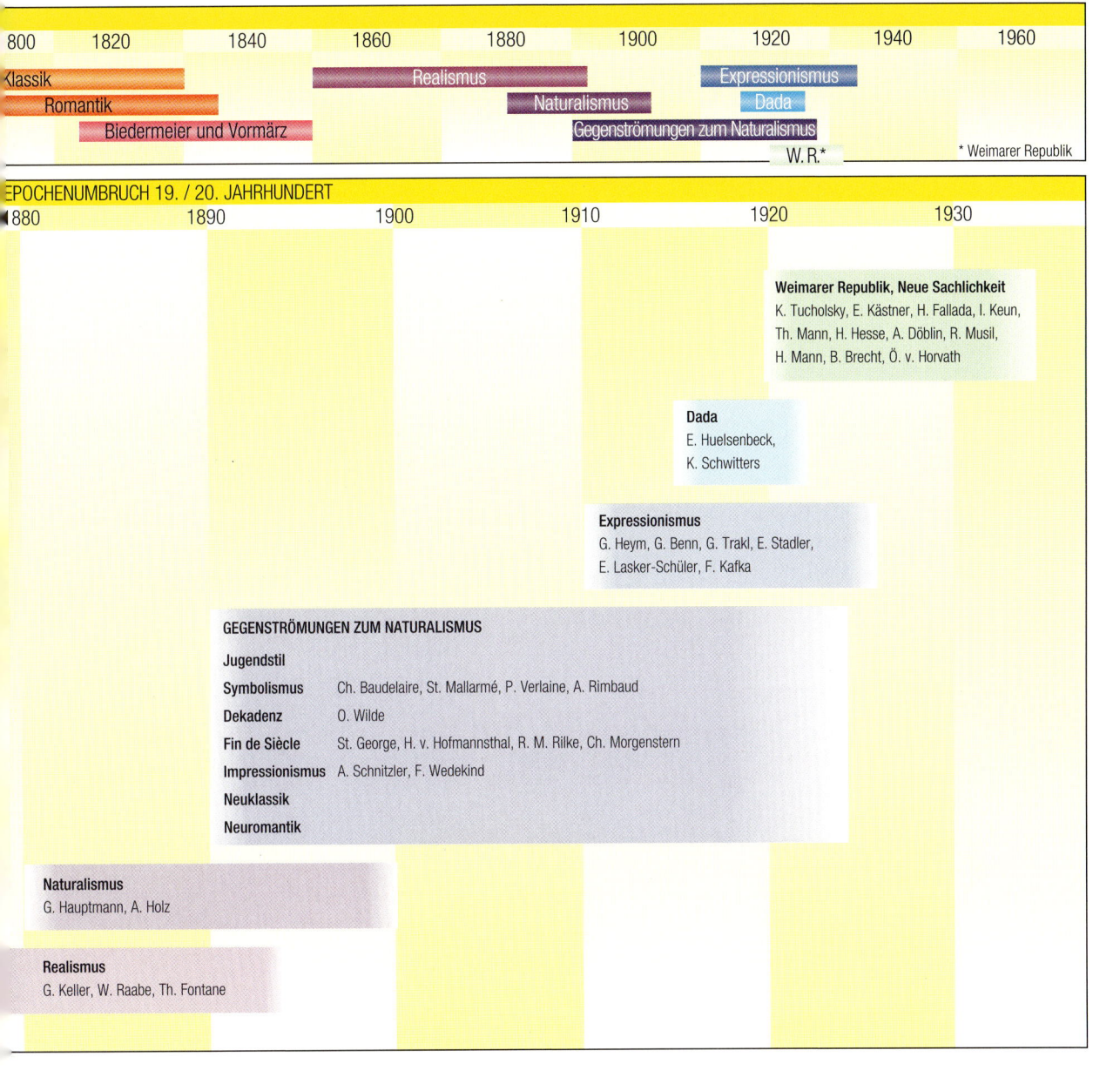

Epochen und Epochenumbrüche

| 1800 | 1820 | 1840 | 1860 | 1880 | 1900 | 1920 | 1940 | 1960 |

- Klassik
- Romantik
- Biedermeier und Vormärz
- Realismus
- Naturalismus
- Gegenströmungen zum Naturalismus
- Expressionismus
- Dada
- W.R.*

* Weimarer Republik

EPOCHENUMBRUCH 19. / 20. JAHRHUNDERT

| 1880 | 1890 | 1900 | 1910 | 1920 | 1930 |

Weimarer Republik, Neue Sachlichkeit
K. Tucholsky, E. Kästner, H. Fallada, I. Keun, Th. Mann, H. Hesse, A. Döblin, R. Musil, H. Mann, B. Brecht, Ö. v. Horvath

Dada
E. Huelsenbeck, K. Schwitters

Expressionismus
G. Heym, G. Benn, G. Trakl, E. Stadler, E. Lasker-Schüler, F. Kafka

GEGENSTRÖMUNGEN ZUM NATURALISMUS
Jugendstil
Symbolismus Ch. Baudelaire, St. Mallarmé, P. Verlaine, A. Rimbaud
Dekadenz O. Wilde
Fin de Siècle St. George, H. v. Hofmannsthal, R. M. Rilke, Ch. Morgenstern
Impressionismus A. Schnitzler, F. Wedekind
Neuklassik
Neuromantik

Naturalismus
G. Hauptmann, A. Holz

Realismus
G. Keller, W. Raabe, Th. Fontane

So lässt sich der **Epochenumbruch vom 18. zum 19. Jahrhundert** verstehen als ein Konzept, bei dem sich die Literatur aus den Fesseln ihrer Bindung an höfisch-absolutistische Funktionen (im Barock) zunehmend befreit und zum Träger im weitesten Sinne „aufklärerischer" Ideen (z. B. **Autonomie** des Individiuums und der Kunst) wird. Die Gemeinsamkeiten und Widersprüche zwischen den einzelnen Strömungen (Rokoko, Aufklärung, Empfindsamkeit, Sturm und Drang, Klassik, Romantik, Biedermeier und Vormärz) wirken produktiv bis in die Moderne.

Der **Epochenumbruch vom 19. zum 20. Jahrhundert** ist gekennzeichnet durch den Beginn der **„Moderne"**, die die Literatur und deren Rezeption im 20. Jahrhundert geprägt hat und bis heute bestimmt.

Die unterschiedlichen literarischen Strömungen und Konzepte (Realismus, Naturalismus, Symbolismus und Jugendstil, Dekadenz und Fin de Siècle, Impressionismus, Neuklassik und Neuromantik, Expressionismus, Dada und Neue Sachlichkeit) konkurrieren oder ergänzen einander und zeigen zum Teil mehr rückwärtsgewandte, an der Tradition orientierte, „konservative" Tendenzen (z. B. Neuromantik, Dekadenz und Fin de Siècle), zum Teil eher „fortschrittliche" literarische Perspektiven (z. B. Naturalismus, Expressionismus, Neue Sachlichkeit) und vermitteln dem Leser insgesamt ein Bild der **Ambivalenz** und Vielgestaltigkeit der Moderne.

UMGANG MIT GEDICHTEN

1. **Der Sprecher im Gedicht**
   - vom Autor erschaffene Perspektivefigur, aus deren Sicht die Dinge dem Leser vermittelt werden
   - der Sprecher kann sich äußern als „Ich" (**„lyrisches Ich"**) oder als **Rollenfigur**; er kann auch ganz zurücktreten
   - die **„Haltung"** des Sprechers bestimmt die Sprechweise im Gedicht (z. B. beschreibend, reflektierend, jubelnd, klagend, …)

2. **Die Form des Gedichts**
   - **Vers:** Gedichtzeile; kleinste „Einheit" eines Gedichts; meist durch eine bestimmte – z. B. metrisch-rhythmische – Struktur gekennzeichnet
     → *Zeilenstil:* Satz- und Versende stimmen überein
     → *Enjambement:* auch *Zeilensprung*; Satz überspringt das Versende
   - **Strophe:** nächstgrößere „Einheit" des Gedichts; bestehend aus einer bestimmten Anzahl von Versen; kann sich im Gedicht mehrfach wiederholen (vgl. Lied, Choral)
   - **Gedichtformen:**
     → *Ballade:* längeres „Erzählgedicht" mit mehreren Strophen und meist regelmäßigem Reim und Metrum
     → *Lied:* einfaches Gedicht aus mehreren, oft vierzeiligen Strophen; oft mit Refrain (wiederkehrender Vers);
     → *Sonett:* kunstvolle Gedichtform („Klinggedicht") aus zwei Vierzeilern (Quartette) und zwei Dreizeilern (Terzette); meist mit fester Reimfolge, z. B. abba abba ccd eed (cdc dcd)

- **Reim:**
  → *Endreim:* Gleichklang der Wörter am Versende vom letzten betonten Vokal an
     – Paarreim: aa – bb – cc – …
     – Kreuzreim: abab …
     – umarmender Reim: abba …
     – Schweifreim: aab ccb …
  → *Binnenreim:* innerhalb eines Verses („… dass keine Hand die andre fand": Hofmannsthal, Die Beiden)
  → *Stabreim:* auch *Alliteration*; mehrere Wörter beginnen mit dem selben Buchstaben („… da war das Wunder wach")
- **Metrum:** auch: *Versmaß*; Taktschema eines Verses; regelmäßige Abfolge betonter/unbetonter Silben (Hebungen/Senkungen)
- **Versfuß:** kleinste metrische Einheit; wiederholt sich mehrfach im Vers
  → *Jambus* (steigend): x x́
  → *Trochäus* (fallend): x́ x
  → *Anapäst* (steigend): x x x́
  → *Daktylus* (fallend): x́ x x
- **Kadenz:** Versende;
  → männlich-stumpf (voll): letzte Silbe betont
  → weiblich-klingend: letzte Silbe unbetont
- **Versformen:**
  → *Blankvers:* fünfhebig-jambischer Vers ohne Reimbindung
  → *Alexandriner:* sechshebig-jambischer Vers mit 12 oder 13 Silben und Zäsur nach der dritten Hebung
- **Rhythmus:** natürliche Sinnbetonung; entweder dem Metrum folgend (metrischer Rhythmus) oder – häufiger – im Kontrast zum Taktschema des Metrums mit Akzentuierung einzelner Wörter oder Wendungen; Möglichkeiten der rhythmischen Bewegung insgesamt: z. B. regelmäßig – unregelmäßig; steigend – fallend; ruhig – unruhig; fließend, drängend, gestaut, …

3. Sprache im Gedicht

- **Satzbau** (Syntax):
  - → *Parataxe:* Beiordnung; Anreihung einfacher (Haupt-)Sätze
  - → *Hypotaxe:* Unterordnung von Glied- und Hauptsätzen, Satzgefüge
  - → *Inversion:* Veränderung der üblichen Wortstellung
  - → *Ellipse:* unvollständiger Satz
  - → *Parallelismus:* parallele Anordnung von Wendungen und Sätzen
  - → *Wiederholung:* Wiederkehr von Wörtern und Wendungen
  - → *Anapher:* Wiederholung eines Wortes oder einer Wendung am Satzanfang („Das Wasser rauscht, das Wasser schwoll …": Goethe, Der Fischer)
  - → *Klimax:* dreigliedrige Steigerung („veni, vidi, vici" = ich kam, sah und siegte: Caesar)
- **Wortwahl:**
  - → „poetische", auffällige Wörter
  - → Wörter aus einem bestimmten Bedeutungsbereich (z. B. Natur, Liebe, Technik, …)
  - → Wörter einer bestimmten Sprachebene (z. B. Alltagssprache, … vgl. poetische Wörter)
  - → Vorherrschen bestimmter Wortarten (z. B. Substantive, Verben, Adjektive)
- **klangliche Mittel:**
  - → klangstarke Wörter
  - → *Lautmalerei (Onomatopoesie):* Häufung von charakteristischen Vokalen oder Konsonanten)
  - → *Laut- und Klangsymbolik:* subjektive Verknüpfung von Bedeutungsinhalten und Klangfarben (z. B. u/o: Dumpfheit, Trauer, Tod)
  - → *Assonanz:* Wiederholung auffälliger Vokale
  - → *Alliteration:* Wiederholung auffälliger Konsonanten
- **stilistisch-rhetorische Mittel:**
  - → *Kontrast:* semantisch-syntaktische Entgegensetzung
  - → *Hyperbel:* Übertreibung („Flut der Tränen")
  - → *Ironie:* das Gegenteil meinende Wendung („Du bist mir ein schöner Freund!")
  - → *Euphemismus:* Beschönigung („Freund Hein" für „Tod")
  - → *Synästhesie:* Verbindung unterschiedlicher Sinneseindrücke („… blickt zu mir der Töne Licht": Brentano, Abendständchen)

4. Bildlichkeit im Gedicht

- **Bild:** allgemeine Bezeichnung für unterschiedliche Formen bildhafter sprachlicher Zeichen zur Steigerung der Anschaulichkeit (vgl. Vergleich, Metapher, Symbol, Chiffre)
- **Vergleich:** ausdrückliche Verknüpfung zweier Bedeutungsbereiche durch „wie" mit Hervorhebung des Gemeinsamen („tertium comparationis"; „… rauscht die Erde wie in Träumen": Eichendorff, Der Abend)
- **Metapher** (griech. „Übertragung"): sprachliches Bild, bildhafter Ausdruck; Wörter werden nicht in der eigentlichen, sondern in „übertragener", uneigentlicher, bildhafter Bedeutung verwendet; gelegentlich auch als verkürzter Vergleich ohne „wie" bezeichnet („der Flug der Gedanken", „Arm des Flusses", „Wüstenschiff" für Kamel)
- **Personifikation:** Vermenschlichung von Naturerscheinungen, Gegenständen oder abstrakten Begriffen (vgl. *Allegorie*) („Gelassen stieg die Nacht ans Land,/Lehnt träumend an der Berge Wand …": Mörike, Um Mitternacht; „Mutter Natur")
- **Symbol:** (griech. „Zeichen", eigentlich „Zusammengefügtes"); ein anschauliches, konkretes bildhaftes Zeichen, das über sich hinausweist auf etwas Allgemeines, Abstraktes (In Goethes Sonett „Mächtiges Überraschen" z. B. verweist der Naturvorgang als lyrisches Bild auf einen allgemeinen Lebens- und Erfahrungszusammenhang: der Strom als Strom des Lebens. Der „römische Brunnen" in C. F. Meyers Gedicht steht als „Dingsymbol" für das Leben mit seinem Zugleich von Steigen und Fallen, Nehmen und Geben, Strömen und Ruhen)
- **Chiffre:** (frz. „Ziffer", „Zahl"); ursprünglich Zeichen einer Geheimschrift, die nach einem bestimmten „Schlüssel" geschrieben und nur mit diesem Schlüssel „entziffert", „dechiffriert" werden konnte; ein besonders in moderner Lyrik verwendetes sprachliches Bild bzw. Zeichen, in dem die Wirklichkeit verschlüsselt, verrätselt, verfremdet wird; die Chiffre reduziert das Symbol, verweist nicht auf die „Totalität" des Allgemeinen, sondern deutet nur an; die Bedeutung der Chiffre kann oft nur aus dem Kontext bzw. aus der Kenntnis der individuellen Chiffrensprache eines Autors erschlossen werden (z. B. Hölderlin, Hälfte des Lebens: „Rose": Bild des Sommers; darüber hinaus „Liebeszeichen" für die „Himmlischen"; Zeichen der „schönern Zeit, an die wir glauben", Zeichen für die geschichtliche Utopie; „Schwäne": Zeichen für die Liebe; „Nordwind": ebenso wie „sprachlose Mauern" Zeichen der Kälte, der Trennung, der Entfremdung; Verlust der Hoffnung auf die geschichtliche Utopie)

UMGANG MIT ERZÄHLENDEN TEXTEN

Fiktionalität

Als fiktional bezeichnet man Texte, die erzählen, „was möglich" ist, jedoch keinen Anspruch auf Fundierung ihres Geschehens in der alltäglich-empirischen Welt erheben. Vielmehr wird in diesen Texten eine fiktive Welt „gesetzt", wobei die in dieser Welt wirkenden Gesetze durchaus von denen der realen Alltagswelt abweichen können. Jedoch dürfen die Gesetze der fiktionalen Welt einander ebensowenig widersprechen oder ausschließen wie im Fall der Gesetze der Alltagswelt. Der Unterschied zwischen dem Autor nichtfiktionaler Literatur (z. B. dem Geschichtsschreiber) und dem Verfasser fiktionaler Texte besteht darin, „dass der eine erzählt, was geschehen ist, der andere, was geschehen könnte" (Aristoteles, 9. Kap. der *Poetik*).

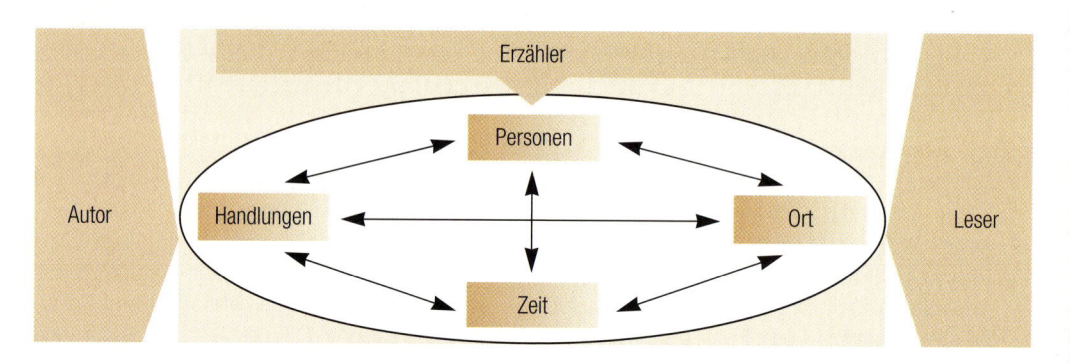

Der Erzähler

ist im Unterschied zum Autor eine fiktive Gestalt. Er fungiert als Vermittlungsinstanz zwischen der fiktionalen Welt und dem Leser.

Der Standort des Erzählers

ist – vergleichbar mit der Kameraeinstellung beim Film – die Position des Erzählers gegenüber den von ihm erzählten Geschehnissen, zum Beispiel Abstand (Distanz) oder Nähe.

Die Erzählhaltung

ist die Einstellung, mit der der Erzähler dem Leser die fiktionale Welt vermittelt. Die Erzählhaltung wirkt sich auf die Art der Darstellung und die Sprachgebung aus, z. B.

- sachlich,
- unbeteiligt,
- ironisch,
- humorvoll,
- engagiert,
- wertend,
- …

Erzählperspektiven

Er/Sie-Form   *auktorial:* der Erzähler hat einen Überblick über das Geschehen; er weiß auch, was im Inneren der Figuren vor sich geht; er macht sich durch Kommentare und Einmischungen bemerkbar. Sein Standort liegt außerhalb des Geschehens.

personal: Der Erzähler übernimmt die Perspektive einer Figur (Perspektivefigur) und sieht die erzählte Welt mit deren Augen. Sein Standort liegt innerhalb des Geschehens; Unmittelbarkeit.

neutral: Der Erzähler scheint ganz zu verschwinden; das Geschehen wird dem Leser scheinbar unvermittelt vor Augen gestellt.

Ich-Form   *auktorial:* Der Ich-Erzähler erinnert sich an das Geschehen, nimmt also einen Standort außerhalb des Geschehens ein und vermittelt zwischen erlebendem Ich und Leser.

personal: Der Ich-Erzähler ist gleichzeitig erlebendes und erzählendes Ich; Unmittelbarkeit.

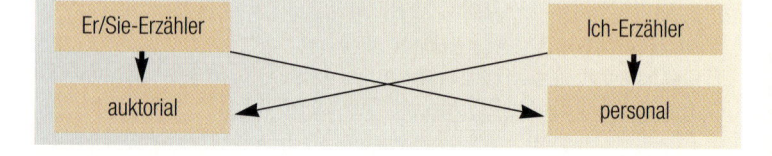

Handlung

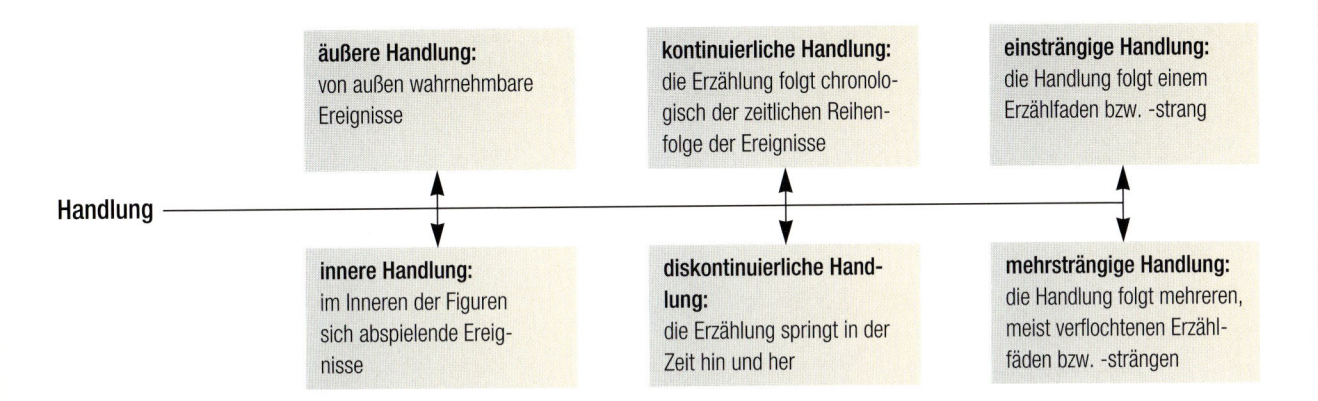

äußere Handlung: von außen wahrnehmbare Ereignisse

kontinuierliche Handlung: die Erzählung folgt chronologisch der zeitlichen Reihenfolge der Ereignisse

einsträngige Handlung: die Handlung folgt einem Erzählfaden bzw. -strang

innere Handlung: im Inneren der Figuren sich abspielende Ereignisse

diskontinuierliche Handlung: die Erzählung springt in der Zeit hin und her

mehrsträngige Handlung: die Handlung folgt mehreren, meist verflochtenen Erzählfäden bzw. -strängen

Darstellungsformen

Erzähler

Bericht: straffe, geraffte Handlungsdarstellung

szenische Darstellung: breite Erzählweise, meist mit erzählter Figurenrede und Entfaltung der Situation (vgl. Szene im Drama)

Beschreibung: Darstellung z. B. von Schauplätzen, Figuren, Gegenständen

Kommentar/Reflexion: Eingreifen des Erzählers mit Bemerkungen, Urteilen oder Überlegungen in den Handlungsablauf

Figuren (Personen)

direkte Rede

indirekte Rede

erlebte Rede: Wiedergabe von Gedanken und Gefühlen einer Figur in der 3. Person

innerer Monolog: Wiedergabe von Gedanken und Gefühlen einer Figur in der 1. Person

Bewusstseinsstrom: (stream of consciousness); assoziative, sprunghafte Gedankenentwicklung von Figuren

Darstellungsform	Zeitgestaltung	Verhältnis von Erzählzeit und erzählter Zeit		
Bericht	zeitraffendes Erzählen	Erzählzeit	<	erzählte Zeit
szenische Darstellung	zeitdeckendes Erzählen	Erzählzeit	=	erzählte Zeit
Beschreibung	zeitneutrales Erzählen	Erzählzeit	(…)	
Kommentar/Reflexion		Erzählzeit	(…)	
innerer Monolog/ Bewusstseinsstrom	zeitdehnendes Erzählen	Erzählzeit	>	erzählte Zeit

UMGANG MIT SACHTEXTEN

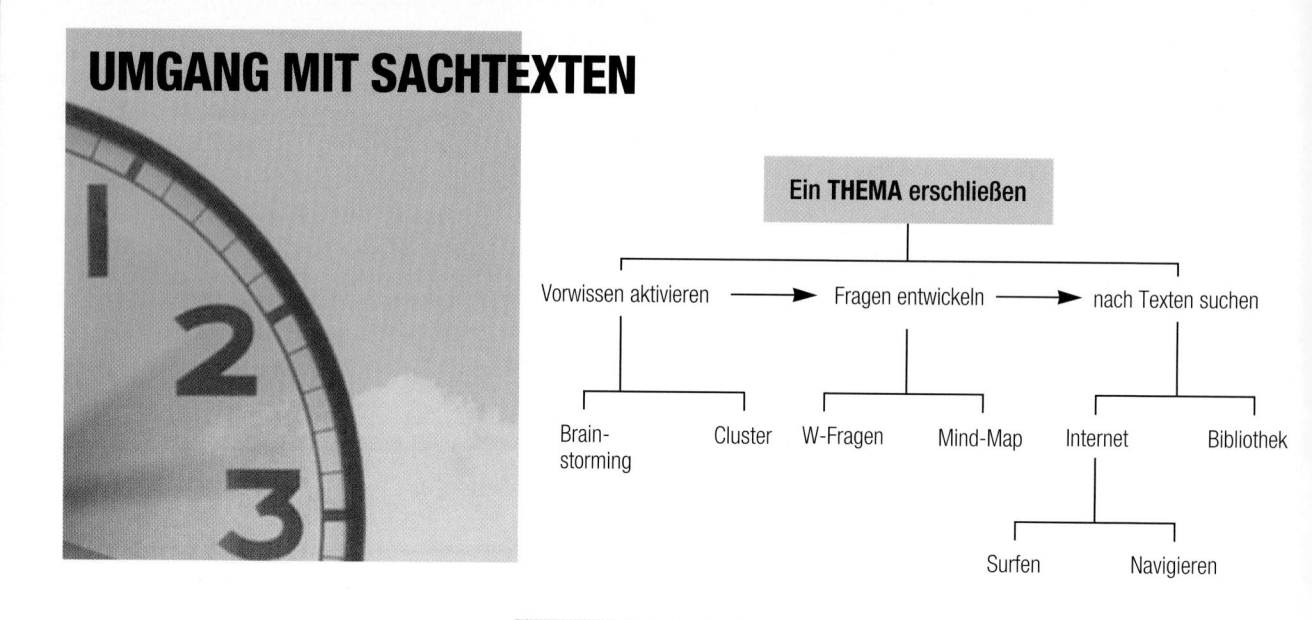

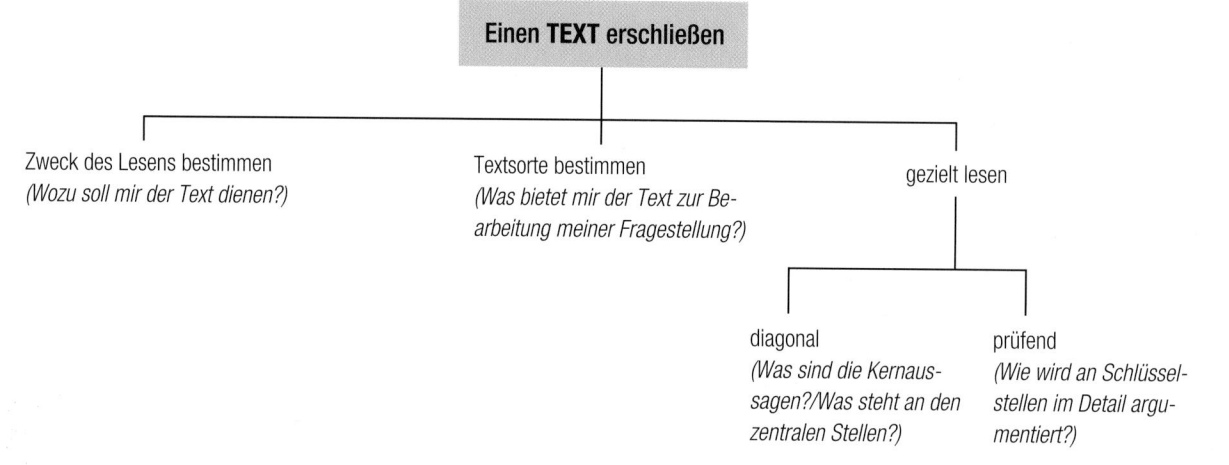

Ein THEMA erschließen

- Vorwissen aktivieren → Fragen entwickeln → nach Texten suchen
  - Vorwissen aktivieren: Brainstorming, Cluster
  - Fragen entwickeln: W-Fragen, Mind-Map
  - nach Texten suchen: Internet (Surfen, Navigieren), Bibliothek

Einen TEXT erschließen

- **Zweck des Lesens bestimmen** *(Wozu soll mir der Text dienen?)*
- **Textsorte bestimmen** *(Was bietet mir der Text zur Bearbeitung meiner Fragestellung?)*
- **gezielt lesen**
  - diagonal *(Was sind die Kernaussagen?/Was steht an den zentralen Stellen?)*
  - prüfend *(Wie wird an Schlüsselstellen im Detail argumentiert?)*

Zum Lesen im Detail folgende Techniken anwenden:

Texte resümieren: Das Ergebnis des Lesens in einem kurzen informierenden Text aufschreiben.

Texte segmentieren: Text in Abschnitte gliedern, sich dabei nach den erkennbaren Teilthemen richten, evtl. Zwischentitel einfügen.

Texte paraphrasieren: Einen schwierigen Text oder Textabschnitt so mit eigenen Worten umformulieren, dass der Sachverhalt für andere leicht verständlich wird, dabei evtl. an wichtigen Stellen die Begrifflichkeit der Textvorlage übernehmen.

Texte exzerpieren: Bei einem längeren Text die zentralen Informationen, Fakten und Aussagen, den Standpunkt und die Hauptargumente in übersichtlicher Form notieren; dabei wichtige Passagen wortwörtlich übernehmen, sodass diese später als Zitate genutzt werden können (auf präzise bibliografische Angaben achten!).

Textstellen erweitern: Sehr komprimierte und schwierige Textstellen evtl. durch Erklärungen, Definitionen und Hinweise aus anderen Informationsquellen (Glossar, Lexika, Wörterbücher, …) verständlich machen; diese Zusatzinformationen als Randnotiz, Fußnote oder auf angeklebten „Haftis" anfügen.

Einen Konspekt erstellen: Den gedanklichen Aufbau, die logische Struktur eines Textes in einer grafischen Darstellung veranschaulichen (Strukturdiagramm, Flussdiagramm, Spiegelstrichgruppen o. Ä.). Zentrale Begriffe, Gedanken/Aussagen, Argumente etc. des Textes so auf einem Blatt notieren, dass Über-/Unterordnung, Gegensätze/Analogien, Zusammenhänge, Ursachen/Folgen, Tatsachen/Meinungen, Thesen/-Beispiele schon durch die Position auf dem Blatt deutlich werden; dabei mit Bezugspfeilen und weiteren Symbolen die gedanklichen Beziehungen zwischen den Schlüsselbegriffen herstellen.

Argumentative Texte und (politische) Reden analysieren

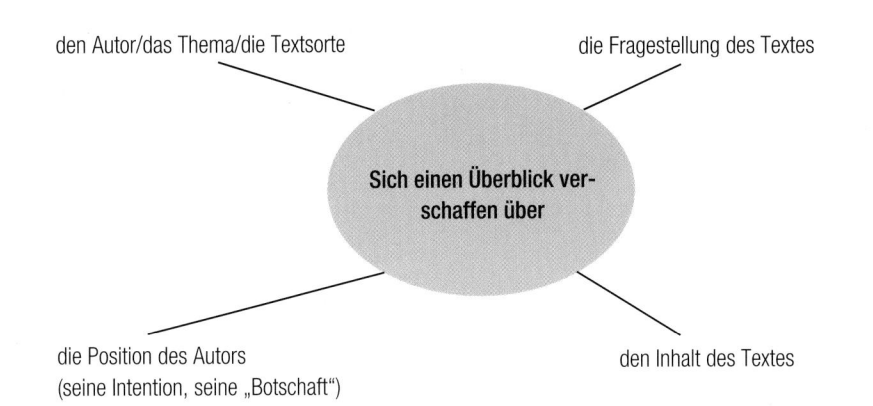

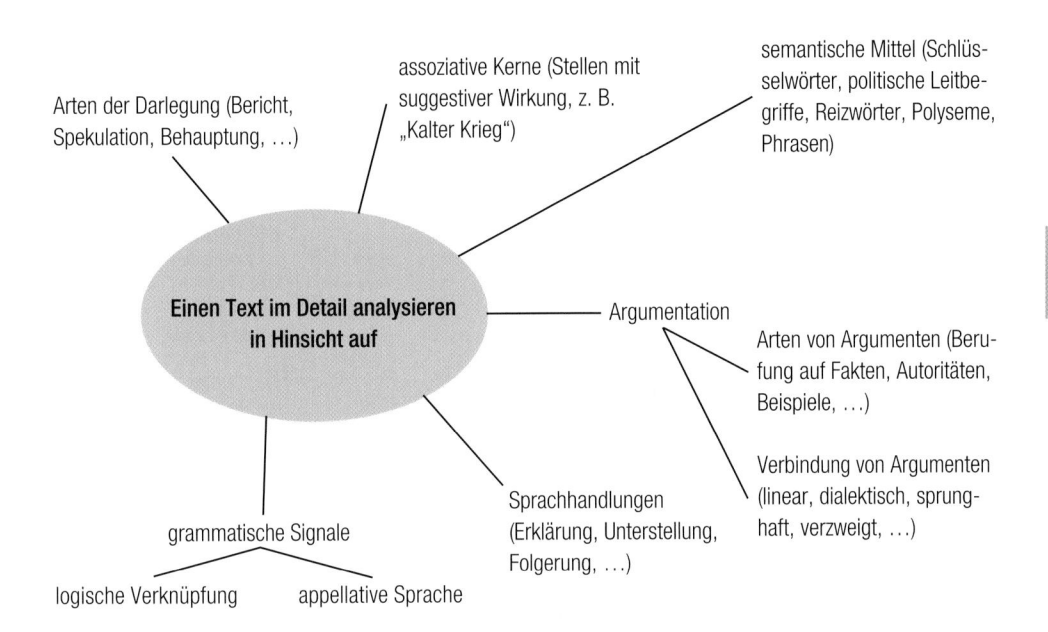

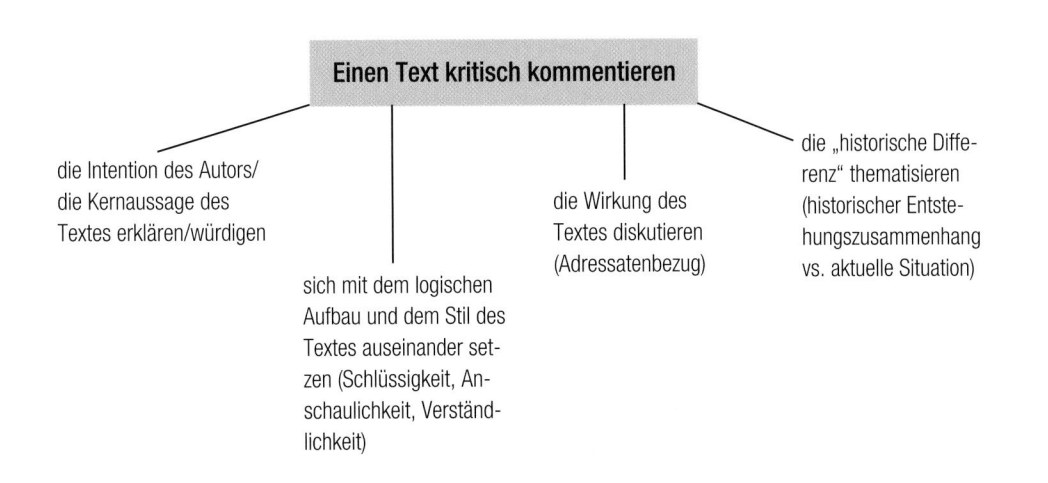

A

Sich einen Überblick verschaffen über
- den Autor/das Thema/die Textsorte
- die Fragestellung des Textes
- den Inhalt des Textes
- die Position des Autors (seine Intention, seine „Botschaft")

B

Einen Text im Detail analysieren in Hinsicht auf
- Arten der Darlegung (Bericht, Spekulation, Behauptung, …)
- assoziative Kerne (Stellen mit suggestiver Wirkung, z. B. „Kalter Krieg")
- semantische Mittel (Schlüsselwörter, politische Leitbegriffe, Reizwörter, Polyseme, Phrasen)
- Argumentation
  - Arten von Argumenten (Berufung auf Fakten, Autoritäten, Beispiele, …)
  - Verbindung von Argumenten (linear, dialektisch, sprunghaft, verzweigt, …)
- Sprachhandlungen (Erklärung, Unterstellung, Folgerung, …)
- grammatische Signale
  - logische Verknüpfung
  - appellative Sprache

Einen Text kritisch kommentieren

- die Intention des Autors/die Kernaussage des Textes erklären/würdigen
- sich mit dem logischen Aufbau und dem Stil des Textes auseinander setzen (Schlüssigkeit, Anschaulichkeit, Verständlichkeit)
- die Wirkung des Textes diskutieren (Adressatenbezug)
- die „historische Differenz" thematisieren (historischer Entstehungszusammenhang vs. aktuelle Situation)

AUTOREN- UND QUELLENVERZEICHNIS

Aristoteles (384–322 v. Chr.)
Poetik (Auszug) **98**
Aus: Aristoteles: Poetik. Deutsch von Olof Gigon. Stuttgart: Reclam 1969, S. 33, 43 f.

Benn, Gottfried (2.5.1886–7.7.1956)
Verlorenes Ich **68**
Ein Wort **75**
Aus: G. Benn: Statische Gedichte. © 1948, 2000 by Arche Verlag AG, Zürich-Hamburg.
Können Dichter die Welt ändern? **104**
Aus: G. Benn: Gesammelte Werke in vier Bänden. Hrsg. von Dieter Wellershoff. Bd. 4: Autobiographische und vermischte Schriften. Stuttgart: Klett-Cotta 1961. 7. Aufl. 1992, S. 213–216.

Boal, Augusto (*1931)
Theater der Unterdrückten **103**
Aus: A. Boal: Theater der Unterdrückten. Deutsch von Marina Spinu und Henry Thorau. Frankf./M.: Suhrkamp 1979.

Brecht, Bertolt (10.2.1898–14.8.1956)
Die heilige Johanna der Schlachthöfe (Auszug) **60**
Aus: B. Brecht: Gesammelte Werke. Bd. 2. Stücke 2. Frankf./M.: Suhrkamp 1967, S. 689–696.
Epische Form des Theaters **60**
Aus: B. Brecht: Gesammelte Werke. Bd. 17. Schriften zum Theater 3. Ebenda, S. 1009 f.
Vergnügungstheater oder Lehrtheater **62**
Aus: B. Brecht: Gesammelte Werke. Bd. 15. Schriften zum Theater 1. Frankf./M.: Suhrkamp 1967, S. 262 ff.
Der Nachgeborene **68**
Aus: B. Brecht: Gesammelte Werke. Bd. 8. Gedichte I. Ebenda, S. 99.
Der Lyriker braucht die Vernunft nicht zu fürchten **90**
Aus: B. Brecht: Gesammelte Werke. Bd. 19. Schriften zur Literatur und Kunst 2. Frankf./M.: Suhrkamp 1967, S. 391 f.
Über experimentelles Theater (Auszug) **101**
Aus: B. Brecht: Über experimentelles Theater. Hrsg. von Werner Hecht. Frankf./M.: Suhrkamp 1970, S. 114 ff.
An die Nachgeborenen **105**
Aus: B. Brecht: Große kommentierte Berliner und Frankfurter Ausgabe. Gedichte 2. Sammlungen 1938–1956. Svendborger Gedichte. Hrsg. von Werner Hecht u. a. Frankf./M.: Suhrkamp 1988, S. 85 f.

Brockes, Barthold Heinrich (1680–1747)
Die kleine Fliege **6**
Aus: B. H. Brockes: Gedichte. Hamburg: Sauke Verlag 1994, S. 31.

Büchner, Georg (17.10.1813–19.2.1837)
Dantons Tod **28**
Aus: G. Büchner: Dantons Tod. Ein Drama. Frankf./M.: Insel 1947.
Der Hesssische Landbote **64**
Aus: G. Büchner: Sämtliche Werke. Bd. 2. Hrsg. von Werner Lehmann. München: Hanser 1972, S. 34 ff.

Claudius, Matthias (15.8.1740–21.1.1815)
Sie dünkten sich die Herren aller Herr'n **25**
Aus: M. Claudius: Zugabe zu den Sämmtlichen Werken des Wandsbecker Bothen oder VIII. Theil. Altona: Hammerich- und Heineking'sche Buchdruckerey 1812, S. 201.

Conrady, Karl Otto
Von der Verführung durch vertraute Epochenbegriffe (Auszug) **85**
Aus: T. Cramer (Hrsg.): Literatur und Sprache im historischen Prozess, Band 1. Tübingen: Niemeyer 1983.

Dieterich, Veit-Jakobus
Hermeneutik **81**
Aus: V.-J. Dieterich: Glaube und Naturwissenschaft. Stuttgart: Calwer 1996, S. 55.

Döblin, Alfred (10.8.1878–28.6.1957)
Berlin Alexanderplatz **47**
Aus: A. Döblin: Berlin Alexanderplatz. Die Geschichte vom Franz Biberkopf. München: dtv 1970, S. 105 f.

Droste-Hülshoff, Annette von (10.1.1797–24.5.1848)
Am Turme **13**
Aus: A. Droste-Hülshoff: Sämtliche Werke. Hrsg. von Clemens Heselhaus. München: Hanser 1955.

Dürrenmatt, Friedrich (5.1.1921–14.12.1990)
Über Tragödie und Komödie **102**
Aus: F. Dürrenmatt: Theaterprobleme. In: Theater, Essays und Reden. Zürich: Arche 1955. © Diogenes Verlag AG Zürich

Eco, Umberto (*5.1.1932)
Textintention* **82**
Aus: U. Eco: Zwischen Autor und Leser. Aus dem Englischen von Hans Günter Holl. München: dtv 1996, S. 71–74.

Eich, Günter (1.2.1907–20.12.1972)
Thesen zur Lyrik **91**
Aus: Ludwig Völker: Lyriktheorie. Stuttgart: Reclam 1990, S. 416 f.

Eichendorff, Joseph von (10.3.1788–26.11.1857)
Sehnsucht **9**
Aus: J. v. Eichendorff: Werke in einem Band. Hrsg. von Wolfdietrich Rasch. München: Hanser 1955.
Wünschelrute **74**
Aus: J. v. Eichendorff: Werke und Schriften. Bd.1. Gedichte, Epen, Dramen. Hrsg. von Gerhard Baumann. Stuttgart: Cotta 1953.

Enzensberger, Hans Magnus (*11.11.1929)
Scherenschleifer und Poeten **90**
Aus: Ludwig Völker: Lyriktheorie. Stuttgart: Reclam 1990, S. 393–395.

Fontane, Theodor (30.12.1819–20.9.1898)
Kritik zu „Die Weber" **57**
Aus: „Litterarisches Echo" vom 15.10.1898. In: Peter-Paul Schneider: Literatur im Industriezeitalter. Bd. 1. Marbach a. Neckar: Deutsche Schillergesellschaft 1987, S. 140.
Was soll ein Roman? **93**
Aus: Fritz Warenburg und Hartmut Steinicke (Hrsg.): Romantheorie. Texte vom Barock bis zur Gegenwart. Stuttgart: Reclam 1999, S. 375 f.

Freud, Sigmund (6.5.1856–23.9.1939)
Die Entdeckung des Unbewussten* **73**
Aus: S. Freud: Vorlesungen zur Einführung in die Psychoanalyse 1915–1917. Frankf./M.: Fischer 1977, S. 226.
Trieblehre **73**
Aus: S. Freud: Abriss der Psychoanalyse. Frankfurt a. M.: S. Fischer 1972, S. 12.

Frisch, Max (15.5.1911–4.4.1991)
Beim Lesen **95**
Aus: M. Frisch: Tagebuch 1946–1949. Berlin: Volk und Welt 1987, S. 212–213. © Suhrkamp Verlag Frankf./M. 1950.

Goethe, Johann Wolfgang von (28.8.1749–22.3.1832)
Maifest **7**
Willkomm und Abschied **7**
Prometheus **7**
Aus: J. W. v. Goethe: Werke. Bd. 1. Hrsg. v. Erich Trunz. Hamburger Ausgabe: Wegner 1948, S. 44–46.
Dornburg **8**
Dornburger Tagebücher **8**
Aus: Walther Killy: Wandlungen des lyrischen Bildes. Göttingen: Vandenhoeck & Ruprecht 1958, S. 11 ff.
Die Leiden des jungen Werther **10**
Aus: J. W. v. Goethe: Werke. Bd. 6. Hrsg. von Erich Trunz. Hamburger Ausgabe.
Venetianische Epigramme **25**
Aus: J. W. v. Goethe: Werke. Bd. 1 Hamburger Ausgabe.
Wilhelm Meisters Lehrjahre **33**
Aus: J. W. v. Goethe: Wilhelm Meisters Lehrjahre. Hrsg. von Erich Schmidt. Frankfurt a.M.: Insel, 1982.
Italienische Reise **36**
Aus: J. W. v. Goethe: Werke. Bd. 11. Hrsg. von Erich Trunz. Hamburger Ausgabe.
Naturformen der Dichtung **86**
Aus: Ludwig Völker: Lyriktheorie. Stuttgart: Reclam 1990, S. 165 f.

Gold, Helmut
Die große Bedeutung ... **54**
Aus: Peter-Paul Schneider, Hildegard Dieke, Helmut Gold, Irina Renz, Norbert J. Schürgers, unter Mitarb. von Klaus Beyrer: Literatur im Industriezeitalter. Bd. 1. Ausstellung und Katalog. Marbach a. Neckar: Deutsche Schillergesellschaft 1987, (Marbacher Kataloge 42), S. 124 f.

Gräff, Thomas
Lektürehilfen zu Franz Kafkas „Prozess" **83**
Aus: T. Gräff: Lektürehilfen zu Franz Kafkas „Der Prozess". Stuttgart: Klett 1990, S. 51 ff.

Günderode, Karoline von (11.2.1780–26.7.1806)
Der Luftschiffer **9**
Ein apokalyptisches Fragment **12**

Reise ins Mittelalter 36
Aus: K. v. Günderode: Sämtliche Werke und ausgewählte Studien. Bd. 1. Hrsg. von Walter Morgenthaler. Basel/Frankf./M.: Stroemfeld/Roter Stern 1990, S. 52, 281, 390.

Handke, Peter (*6.12.1942)
Ich bin ein Bewohner des Elfenbeinturms 107
Aus: P. Handke: Ich bin ein Bewohner des Elfenbeinturms. Frankf./M.: Suhrkamp 1967, S. 24 f.

Hart, Julius
Auf der Fahrt nach Berlin 44
Aus: Walther Killy: 20. Jahrhundert. Texte und Zeugnisse 1880–1933. München: Beck 1967, S. 91 f.

Hauptmann, Gerhart (15.11.1862–6.6.1946)
Die Weber 54
Aus: G. Hauptmann: Die Weber. Dichtung und Wirklichkeit. Hrsg. von Hans Schwab-Felisch. Frankf./M.: Ullstein 1967, S. 17 f., 43 f.

Heine, Heinrich (13.12.1797–17.2.1856)
Fragen 14
Auf diesem Felsen bauen wir 14
Das Fräulein stand am Meere 14
Aus: H. Heine: Werke und Briefe in 10 Bänden. Bd. 1. Gedichte. Berlin/Weimar: Aufbau 1988, S. 198, 22, 231.
Wo soll ich hin? 30
Deutschland. Ein Wintermärchen (Auszug) 31
Aus: H. Heine: Sämtliche Schriften in 6 Bänden. Bd. 4. Hrsg. von Klaus Briegleb. München: Hanser 1968.
Die schlesischen Weber 55
Aus: H. Heine: Nachlese III. Abschnitt. Zeitgedichte. Sämtliche Schriften. Bd. 7. Hrsg. von Klaus Briegleb. München: Hanser 1976, S. 455.

Herder, Johann Gottfried
(25.8.1744–18.12.1803)
Briefe zur Beförderung der Humanität 35
Aus: J. G. Herder: Schriften. Hrsg. von Karl O. Conrady. Reinbek: Rowohlt 1968, S. 211.

Heym, Georg (30.10.1887–16.1.1912)
Der Gott der Stadt 50
Aus: G. Heym: Dichtungen und Schriften. Gesamtausgabe. Bd. 1. Lyrik. Hrsg. von Karl Ludwig Schneider. Hamburg/München: Ellermann 1964, S. 192.
Mein Gott – ich ersticke noch ... 50
Aus: G. Heym: Der ewige Tag. Leipzig: Rowohlt 1911.

Hobbes, Thomas (15.4.1588–4.12.1679)
Wer hierüber noch niemals ... 16
Aus: T. Hobbes: Leviathan. Deutsch von Jacob Peter Mayer. Stuttgart: Reclam 1998, S. 116 f.

Hoffmann, Ernst Theodor Amadeus
(24.1.1776–25.6.1822)
Die Elixiere des Teufels 39
Aus: E.T.A. Hoffmann: Dichtungen und Schriften sowie Briefe und Tagebücher. Bd. 4. Die Elixiere des Teufels. Hrsg. von Walther Harig. Weimar: Lichtenstein 1924.

Hofmannsthal, Hugo von
(1.2.1874–15.7.1929)
Ein Brief 74
Aus: H. v. Hofmannsthal: Gesammelte Werke in Einzelausgaben. Prosa II. Hrsg. von Herbert Steiner. Frankf./M.: S. Fischer 1951, S. 11–14 ff.
Der Schwierige 74
Aus: H. v. Hofmannsthal: Der Schwierige. Lustspiel in 3 Akten. Berlin: Fischer 1921.

Hölderlin, Friedrich (20.3.1770–7.6.1843)
Die Weisheit des Traurers 24
Hymne an die Freiheit 24
Briefe an seinen Bruder 24
Aus: F. Hölderlin: Sämtliche Werke und Briefe. Drei Bände. Hrsg. von Jochen Schmidt. Bd. 1. Gedichte. Frankf./M.: Deutscher Klassiker Verlag 1992, S. 85, 550.

Horváth, Ödön von (9.12.1901–1.6.1938)
Flucht aus der Stille 52
Aus: Ö. v. Horváth: Gesammelte Werke. Bd. 8. Prosa, Fragmente und Varianten, Exposés, Theorethisches, Briefe, Verse. Hrsg. von Traugott Krischke und Dieter Hildebrandt. Frankf./M.: Suhrkamp 1972, S. 657 f.

Huelsenbeck, Richard (23.4.1892–20.4.1974)
Erklärung 76
Aus: Peter Schifferli: Das war Dada. Dichtungen und Dokumente. München: dtv 1963, S. 62.

Jean, Paul (21.3.1763–14.11.1825)
Rede des toten Christus vom Weltgebäude herab, dass kein Gott sei 41
Aus: J. Paul: Werke in zwölf Bänden. Bd. 3. Siebenkäs. Hrsg. von Norbert Miller. München: Hanser 1975, S. 271–275.

Johnson, Uwe (20.7.1934–23.2.1984)
Vorschläge zur Prüfung eines Romans 94
Aus: U. Johnson: Hrsg. von Rainer Gerlach und Matthias Richter. Frankf./M.: Suhrkamp 1984, S. 30–36

Kafka, Franz (3.7.1883–3.6.1924)
Vor dem Gesetz 69
Aus: F. Kafka: Der Prozess. Hrsg. von Max Brod. Frankf./M.: Fischer Taschenbuch 1983, S. 182 ff.

Kant, Immanuel (22.4.1724–12.2.1804)
Beantwortung der Frage: Was ist Aufklärung? 15
Aus: I. Kant: Werke in 6 Bänden. Hrsg. von Wilhelm Weischedel. Band 6. Schriften zur Anthropologie, Geschichtsphilosophie, Politik und Pädagogik. Darmstadt: Wissenschaftliche Buchgesellschaft 1998, S. 53–55.

Kästner, Erich (23.2.1899–29.7.1974)
Besuch vom Lande 51
Aus: Michael Speier: Berlin mit deinen frechen Feuern. 100 Berlin-Gedichte. Stuttgart: Reclam 1997, S. 35.

Kerr, Alfred (25.12.1867–12.10.1948)
Das Jahrhundert geht zu Ende 43
Aus: A. Kerr: Wo liegt Berlin? Briefe aus der Reichshauptstadt 1895–1900. Hrsg. von Günther Rühle. Berlin: Aufbau 1997, S. 524–529.

Keun, Irmgard (6.2.1910–5.5.1982)
Das kunstseidene Mädchen 49
Aus: I. Keun: Das kunstseidene Mädchen. München: dtv 1995, S. 43 f.
© by Claasen Verlag Düsseldorf 1979

Kirchhoff, Bodo (*6.7.1948)
Das Schreiben: ein Sturz 107
Aus: Uwe Wittstock: Roman oder Leben. Leipzig: Reclam 1992, S. 211 f., 217 ff.

Klingemann, Ernst August Friedrich
(31.8.1777–25.1.1831)
Nachtwachen des Bonaventura 38
Aus: E. A. F. Klingemann: Die Nachtwachen des Bonaventura. Hrsg. von Jost Schillemeit. Frankf./M.: Insel 1974, S. 9–12.

Klotz, Volker (*20.12.1930)
Für einen zweijährigen Aufenthalt ... 46
Aus: V. Klotz: Die erzählte Stadt. Reinbek: Rowohlt Taschenbuch 1987, S. 167.

Knigge, Adolph (16.10.1752–6.5.1796)
Gestern, meine liebe Philippine ... 25
Aus: A. Knigge: Aus einer alten Kiste. Originalbriefe, Handschriften und Dokumente aus dem Nachlass eines bekannten Mannes. Kronberg: Scriptor 1979, S. 220 f.

Kracauer, Siegfried (8.2.1889–26.11.1966)
Kult der Zerstreuung 53
Aus: S. Kracauer: Das Ornament der Masse. Essays. Frankf./M.: Suhrkamp 1977. S. 313–315.

Lasker-Schüler, Else (11.2.1869–22.1.1945)
Weltende 68
Aus: E. Lasker-Schüler: Gesammelte Werke. Bd.1. Hrsg. von Friedhelm Kemp. München: Kösel 1959, S. 149.

Lavater, Johann Kaspar (15.11.1741–2.1.1801)
Nein, Traum nicht, Schande unsrer Zeit 24
Aus: J. K. Lavater: Nachgelassene Schriften. Bd. 1. Hrsg. von Georg J. Geßner. Zürich: Orell & Füßli 1801.

Lenz, Jakob Michael Reinhold
(12.1.1751–24.5.1792)
Zerbin oder die neuere Philosophie 21
Aus: J. M. Lenz: Werke und Briefe in drei Bänden. Bd. 2. Hrsg. von Sigrid Damm. Leipzig: Insel-Verlag Anton Kippenberg 1992, S. 375–377.
Wir werden geboren ... 22
Aus: J. M. Lenz: Gesammelte Schriften. Bd. 4. Hrsg. von Ernst Lewy. Berlin: Cassirer 1909, S. 71 ff.

Lessing, Gotthold Ephraim
(22.1.1729–15.2.1781)
Die Sperlinge 17
Aus: G. E. Lessing: Werke. Erster Band. Gedichte, Fabeln, Lustspiele. Hrsg. von Herbert G. Göpfert. München: Hanser 1970, S. 238.
Nathan der Weise 17
Aus: G. E. Lessing: Werke. Zweiter Band. Hrsg. von Herbert G. Göpfert. München:

Hanser 1971, S. 205 ff.
Hamburgische Dramaturgie 99
Aus: G. E. Lessing: Sämtliche Schriften. Bd. 10. Hrsg. von Karl Lachmann. Stuttgart: G.J. Göschen'sche Verlagshandlung 1894, S.102–105.

Lichtenberg, Georg Christoph
(1.7.1742–24.2.1799)
„Als ich im Frühling 1792 ..." 6
Aus: G. C. Lichtenberg: Schriften und Briefe. Erster Band, Sudelbücher I. Frankf./M.: Zweitausendeins 1994, S. 794.

Loerke, Oskar (13.3.1884–24.2.1941)
Blauer Abend in Berlin 50
Aus: Wolfgang Rothe: Deutsche Großstadtlyrik. Vom Naturalismus bis zur Gegenwart. Stuttgart: Reclam 1973, S. 164.

Marx, Karl (5.5.1818–14.3.1883)
Der dialektische Gegensatz von Proletariat und Reichtum* 66
Manifest der Kommunistischen Partei 67
Aus: K. Marx: Die heilige Familie. In: Frühe Schriften. Stuttgart: Kröner 1964, S. 317–319, 525 ff.

Modick, Klaus (*3.5.1951)
Sechs goldene Regeln für den sicheren Weg zum Erfolgsroman* 96
Aus: Die Woche vom 15.10.1999. Hamburg: Verlag Die Woche.

Morgenstern, Christian (6.5.1871–31.3.1914)
Der Nachtschelm und das Siebenschwein oder Eine glückliche Ehe 76
Aus: C. Morgenstern: Galgenlieder. Berlin: Cassirer 1905.

Müller-Dyes, Klaus (*20.1.1937)
Gattungsfragen 86
Aus: K. Müller-Dyes: Grundzüge der Literaturwissenschaft. Hrsg. von Heinz Ludwig Arnold und Heinrich Detering. München: dtv, 1. Aufl., S. 324 f.

Musil, Robert (6.11.1880–15.4.1942)
Geistiger Umsturz* 78
Aus: R. Musil: Der Mann ohne Eigenschaften. Hrsg. von Adolf Frisé. Hamburg: Ro-wohlt 1952, S. 54–56.

Nietzsche, Friedrich (15.10.1844–25.8.1900)
Die fröhliche Wissenschaft 72
Aus: F. Nietzsche: Werke in drei Bänden. Bd. 2. München: Hanser 1955, S. 205 f., 522 f.
Also sprach Zarathustra 72
Aus: F. Nietzsche: Also sprach Zarathustra. Ein Buch für alle und keinen. Leipzig: Reclam 1930.

Novalis (2.5.1772–25.3.1801)
Wenn nicht mehr Zahlen und Figuren 37
Aus: Karl Otto Conrady: Das große deutsche Gedichtbuch. 4. Aufl. Düsseldorf/Zürich: Artemis und Winkler 1995, S. 227.

Raabe, Wilhelm (8.9.1831–15.11.1910)
Die Chronik der Sperlingsgasse 46
Aus: W. Raabe: Werke in vier Bänden. Bd. 1

Hrsg. von Karl Hoppe. Freiburg i.Br.: Klemm 1954, S. 13–15.

Reich-Ranicki, Marcel (*2.6.1920)
Über den Roman* 92
Aus: M. Reich-Ranicki: Anbruch der Gegenwart. Deutsche Geschichten. München: dtv 1986, S. 504 f.

Ringelnatz, Joachim (7.8.1883–16.11.1934)
Ich habe dich so lieb 77
Aus: J. Ringelnatz: Das Gesamtwerk in sieben Bänden. Diogenes Verlag, Zürich 1994

Rosenberg, Rainer
Epochen (Auszug) 84
Aus: H. Brackert/J. Stickrath (Hrsg.): Literaturwissenschaft. Ein Grundkurs. Reinbek: Rowohlt 1992, S. 269 ff.

Rousseau, Jean-Jacques (1712–1778)
Emile oder Über die Erziehung 16
Aus: J. Rousseau: Emile oder über die Erziehung. In neuer deutscher Fassung besorgt von Josef Esterhues. Paderborn: Schöningh 1962.

Schiller, Friedrich (10.11.1759–9.5.1805)
Die Räuber 19
Aus: F. Schiller: Sämtliche Werke. Bd. 1. Hrsg. von Gerhard Fricke und Herbert G. Göpfert. München: Hanser 1965, S. 493 ff.
Unglückliche Eilfertigkeit 25
Aus: Sämtliche Werke. Hrsg. v. Gerhard Fricke und Herbert G. Göpfert in Verbindung mit Herbert Stubenrauch. 3. Auflage. München: Hanser 1962, S. 293.
Brief an Herzog Friedrich Christian von Augustenburg 26
Aus: Walter Hoyer: Schillers Leben dokumentarisch in Briefen, zeitgenössischen Berichten und Bildern. Köln: Kiepenheuer & Witsch 1967, S. 430 ff.
Ankündigung der Monatszeitschrift „Die Horen" 32
Aus: Aus: F. Schiller: Werke in drei Bänden. Bd. 2. Hrsg. von Herbert G. Göpfert. München: Hauser 1966, S. 667 f.
Die Schaubühne als moralische Anstalt betrachtet 100
Aus: F. Schiller: Werke und Briefe. Theoretische Schriften. Hrsg. von Otto Damm. Frankf./M.: Deutscher Klassiker Verlag 1992.

Schlegel, Friedrich (10.3.1772–12.1.1829)
116. Athenäums-Fragment 37
Aus: F. Schlegel: Werke. Kritische Ausgabe. Bd. 2. Hrsg. von Ernst Behler und Hans Eichner. Paderborn: Schöningh 1967, S. 182 f.

Schlingmann, Carsten
Methoden der Interpretation 80
Aus: C. Schlingmann: Methoden der Interpretation. Stuttgart: Reclam 1985, S. 6 f.

Schwitters, Kurt (20.6.1887–8.1.1948)
An Anna Blume 77
Aus: „Der Sturm". Wochenschrift für Kultur und die Künste. Hrsg. von Herwarth Walden. 10. Jg., Heft 5, 1919, S. 72.

Sinclair, Upton (20.9.1878–25.11.1968)
Der Sumpf 58
Aus: U. Sinclair: Der Dschungel. Aus dem Amerikanischen von Otto Wilck. Reinbek: Rowohlt 1985, S. 65.

Stadler, Ernst (11.8.1883–20.10.1914)
Fahrt über die Kölner Rheinbrücke bei Nacht 45
Aus: E. Stadler: Dichtungen. Bd. 1. Hrsg. Karl Ludwig Schneider. Hamburg: Ellermann 1954, S. 161 f.

Vesper, Guntram (*28.5.1941)
Erbschaft 65
Aus: G. Vesper: Ich hörte den Namen Jessenin. Frühe Gedichte. Frankf./M.: Verlagsanstalt 1990, S. 79.

Wapnewski, Peter (*7.9.1922)
Gedichte sind genaue Form 88
Aus: Ludwig Völker: Lyriktheorie. Stuttgart: Reclam 1990, S. 424–429.

Wedekind, Frank (24.7.1864–9.3.1918)
Frühlings Erwachen 70
Aus: F. Wedekind: Frühlings Erwachen. Stuttgart: Reclam 1980, S. 7 f.
Infolge von Unglücksfällen ... 71
Aus: F. Wedekind: Werke in drei Bänden. Prosa. Hrsg. von Manfred Hahn. Berlin/Weimar: Aufbau 1969, S. 233.

Wolfenstein, Alfred (28.12.1888–22.1.1945)
Städter 51
Aus: A. Wolfenstein: Die gottlosen Jahre. Berlin: S. Fischer 1914, S. 25

Anonyme Texte
Ça ira* 23
Aus: Walter Grab: Freyheit oder Mordt und Todt. Revolutionsaufrufe deutscher Jakobiner. Berlin: Wagenbach 1979, S. 80.

Kritik über die „Weber" 56
Aus: „Berliner Börsen-Courier" vom 26.9.1894.

Kritik über die „Weber" 57
Aus: „Die Post" vom 27.9.1894.

ABBILDUNGSVERZEICHNIS

S. 5 Montage unter Verwendung einer Zeichnung von Victor Heideloff: Friedrich Schiller liest seinen Freunden aus den „Räubern" vor © AKG, Berlin; S. 42 Zeitschrift „Jugend" 5. Jahrg. Nr. 1/1900 © In: Jahrhundertwende, Studienbegleitbrief des Deutschen Instituts für Fernstudien an der Universität Tübingen; S. 59 John Hartfield: Der Sumpf © Stiftung Archiv der Akademie der Künste, Berlin/John-Heartfield-Archiv/ The Heartfield Community of Heirs/VG Bild-Kunst, Bonn 2000; S. 68 © Hebräische Balladen. Faksimile der Handschrift. Hrsg. v. Norbert Oellers, Marbach am Neckar , 1986. Lizenzausgabe des Kösel-Verlages München